U0826388

知识生产的原创基地

BASE FOR ORIGINAL CREATIVE CONTENT

颉腾文化
JIE TENG CULTURE

职场通识系列

自信表达

演讲家的十项修炼

（原书第7版）

[美] 约瑟夫 · A. 德维托（Joseph A. DeVito）/ 著
杨岱若 / 译

ESSENTIAL ELEMENTS OF

PUBLIC SPEAKING

7th Edition

西苑出版社
XIYUAN PUBLISHING HOUSE
· 北京 ·

图书在版编目（CIP）数据

自信表达：演讲家的十项修炼：原书第7版/（美）约瑟夫·A. 德维托著；杨岱若译. -- 北京：西苑出版社，2022.6
ISBN 978-7-5151-0840-7

Ⅰ. ①自… Ⅱ. ①约… ②杨… Ⅲ. ①演讲－语言艺术－通俗读物 Ⅳ. ① H019-49

中国版本图书馆CIP数据核字（2022）第077641号

自信表达：演讲家的十项修炼
ZIXIN BIAODA: YANJIANGJIA DE SHIXIANG XIULIAN

责任编辑：辛小雪　苏泓睿
特约编辑：程天祥
装帧设计：王建敏
责任印制：陈爱华
出版发行：西苑出版社
地　　址：北京市朝阳区和平街11区37号楼　　邮政编码：100013
电　　话：010-88636419
印　　刷：北京市荣盛彩色印刷有限公司
开　　本：787 mm × 1020 mm　1/16
字　　数：402千字
印　　张：20.25
版　　次：2022年7月第1版
印　　次：2022年7月第1次印刷
书　　号：ISBN 978-7-5151-0840-7
定　　价：89.00元

（图书如有缺漏页、错页、残破等质量问题，请与出版社联系）

The Translator's Words | 译者序

《自信表达：演讲家的十项修炼》一书出版在即，出版方希望我写一篇译者序。收到这个消息，内心忐忑不安恐难胜任之余又有些激动兴奋，似乎确有许多心里话想与读者交流。从教二十余年，每年、每月、每周都在课堂上与众多学子相约，如果说每一节课都是一次公开演讲，那么毫不谦逊地说，自己在这个领域已有多年的“实践经验”，其间的酸甜苦辣不一而足。在翻译的过程中，最大的感触就是与此书“相见恨晚”，每每读到惊艳之处总忍不住感叹，如果自己在学生时代就可以接触到这本书，抑或刚刚踏上三尺讲台之时就可以拜读到这本书，该是多大的幸事！

在此我想结合翻译过程中的心得体会，来分享一下自己对本书的一些认识和想法。

本书作者约瑟夫·A. 德维托是美国著名传播学教授，数十年来他一直从事传播学、媒体、演讲和修辞学领域的研究与教学工作，著述颇丰。从 20 世纪 70 年代至今，他陆续出版了《人类传播的基本要素》《人际沟通手册》《面试指导手册》《50 个沟通策略》《言语心理学与语言》《信息——构建人际沟通技巧》《学习传播学》《人际沟通中的挑战》等数十本著作。

这本《自信表达》自 2011 年问世以来，广受好评，也被美国通识和传播领域视为经典之作，因此一版再版。此次翻译的是本书第 7 版，也是作者以 83 岁高龄在 2021 年推出的力作。对比起前几版，作者又加入了很多新的内容和元素。

从作者的身上，我们可以看到一位学者的勤奋与执着，几十年如一日的耕耘与分享。在亚马逊书评网上，有许许多多受益的读者，对作者的著作给予了高度评价，认为这些著作非常实用，帮助自己在课堂内外都取得了很大的进步。在翻译的过程中，这些感激之言也一直鞭策着我，认真对待书中的每一章节、每一句话，以期更精准地将原书的内容奉献给读者。同时我也由衷地感到，作者的这种治学精神值得我们每一个后辈学习。

语言是思想的载体。如果说美妙的话语字字珠玑，那么公开演讲中的语言也许可以比作王冠上的钻石。因为，每一场公开演讲，无论其长短，其内容都是演讲者思想精华的体现。在每一次的大型会议上、论坛中，我们都可以欣赏到各界权威人士的精彩发言。近一二十年来，我们更是见证了风靡全球的 TED 演讲经久不衰的魅力，见证了中国脱口秀大赛斩获“粉丝”无数。通过各种平台，我们还能欣赏到国内外许许多多类似的优秀节目。这些发言和节目表面上看来千差万别，然则究其本质都是各种各样的公开演讲。在这些不同形式的活动中，公开演讲仿佛为人们的思想插上了翅膀，带着那些或浪漫或理性，或深沉或风趣的哲思的火花，飞向更多的人群与受众，激发出一轮又一轮的思想碰撞。

与此同时，公开演讲绝不仅仅是专家、领导人、明星的专利，我们在日常生活和工作中也越来越多地要用到这种技能。教师的每一次授课，学生的每一次班级分享，单位中的每一场工作汇报，宣讲会上的每一场宣讲……这些其实都是各个人生阶段、各种身份行业的人的公开演讲。无疑，拥有良好的公开演讲技能，可以让我们每一个人如虎添翼，给我们的未来带来更多的契机和更显著的优势。

然而，我们不得不承认，公开演讲并不是每个人与生俱来就能够熟练掌握的。也许少数人在这方面拥有天赋，但绝大多数人，尤其是腼腆含蓄的中国学子乃至成年人，面对这项活动，往往是紧张多于快乐、焦虑多于享受。所以，对他们而言，如果能有一套系统的方法和步骤，去指导他们一步步地学习和掌握这项技能，才是最理想的。

而本书恰恰就是这样一本“手把手”教你公开演讲的书籍，适合各个阶段、各种水平的读者阅读。

在书中，作者将公开演讲细分为十个小的话题，包括如何克服演讲焦虑、如何选择和准备话题、分析受众、收集材料、撰写提纲、组织演讲、完善措辞、正式发表演讲等。这种章节的划分，看似简单平常，实际上细读下来，会发现这些章节的分列和排序，无论是在思想深度还是在学习步骤上，都非常符合学习者由浅入深的学习过程，体现出作者对于整个学习活动的深度把握以及严密的逻辑安排。

在每一章的主体部分，作者都给出了很多具体的范例供读者参考，同时也提供了许多可能的情形让大家思考和分析。在每一章的专栏中，作者又设计了若干有趣且贴近生活的情境，让读者在深入思考中更好地掌握这项技能。

除了系统化的剖析以及“手把手”的身教，本书的另一大特色是它的思想性。它让我们意识到，公开演讲绝不仅仅是语言的艺术，更大意义上，它是为人处世和理性思考的艺术。例如，本书专门辟出一章，讲授应该如何“倾听”以及如何给出评价。在以往的研究和教学中，我们通常都会将演讲的重心放在如何“说”上面，但作者却提醒我们，“倾听”与“说”同样重要，甚至更加重要。作者通过深入浅出的剖析，向我们展示了“倾听”绝非只是一个被动的过程，它同样是一门需要智慧的学问。更重要的是，作者通过细致的梳理，教给我们该如何去倾听，如何去回应。我认为这些技能不仅可以用于公开演讲，更可以用于每个人的日常人际交往。

再比如，关于说服性演讲的第12章，作者不仅细分种类、用实例向读者展示如何进行演讲，还分析了在这类演讲中人们最常犯的一些逻辑错误。笔者近水楼台，发现了很多可以借鉴的内容，因此在近两个学期的硕士和博士课程中，都引入了一些分析逻辑谬误的内容，引发了学生浓厚的兴趣和热烈的讨论。由此也让他们意识到，演讲背后更多的是关于思考的学问。

另外，作者的语言质朴、简洁、清晰。如果说翻译是译者与作者的一次跨时空的精神交流，那么，翻译这本书的过程显然是非常愉悦和顺畅的。无论多么复杂的问题，作者总是善于抽丝剥茧、见微知著，用浅显生动的语言来分析和讲解。所以，虽然牺牲了整个春节和前后数月的休息时间，但每每沐浴着洒进书房的阳光，沉浸在作者的文字与思考中，不啻为一种愉悦的享受。

总之，本书既是一本实操性非常强的公开演讲策略学习书籍，又是一本通畅易读的思想分享书籍。它不但可以让我们学到公开演讲的技能，提高我们日常人际沟通的顺畅度，还可以帮助我们将思想水平更上一个台阶。

译作即将面世，我的内心充满了激动和欣喜，盼望它能拥有更多的读者，也希望读者朋友在阅读过程中都能收获满满。

书卷多情似故人，晨昏忧乐每相亲。

眼前直下三千字，胸次全无一点尘。

整个翻译过程，要特别感谢家人的全力支持，让我可以专注地遨游于这个美好的思想世界。还要感谢编辑人员的辛苦审阅和补阙拾遗。最后，由于译者水平所限，书中谬误难免，望读者不吝指正。

杨岱若

2021年11月7日夜

于沪上峪玥阁

前言 | Preface

欢迎阅读《自信表达：演讲家的十项修炼》(原书第 7 版)。

自信地发表公开演讲，既是人生中最重要的必修课之一，也是非常令人兴奋、极具挑战性的。发表公开演讲，会给你带来一些焦虑和紧张，这些都是正常的。幸运的是，我们完全有能力、有策略来应对这种焦虑和紧张感，本书的开篇就会探讨这个问题。

本书能够帮助你掌握一些必要的策略，让你发表非常有感染力、有说明力、有说服力的或是适合特殊场合的演讲，也让你能够在团队里更加顺畅地发言。本书还会讲授倾听的技巧，尤其是带着批判性的思维去倾听，从而增强你的人际沟通与职场沟通能力。同时，它还可以增加你的学术和职业技能，如组织能力、研究能力和语言使用能力。

我有意让这本书变得精炼，却非单纯地简单化。这是一本关于演讲基本要素的书，但不等于一本初级入门书；相反，这是一本高效能的书。本书旨在成为一种有效的工具，帮助你学会准备说明性演讲、说服性演讲或特殊场合的演讲的必备技能，并且把这些技能应用到各种各样小群体的交流中。

结构变化

新版包含了很多结构和内容上的重大改动。这些改动都旨在让行文更加流畅、重点更加突出。这些改动增加了本书的易读性、适用性（可适用于不同的学习风格）、时新性（更符合最新的公开演讲研究）。

- 在上一版中，受众分析和演讲研究被放在同一章中。在新版中，两个话题被放在不同的章中阐述分析。“分析受众”在第 4 章，“研究演讲”在第 5 章。
- 与之类似，关于完善演讲措辞和排练演讲与发表演讲的讨论被分成了两个章节。“完善措辞与排练演讲”在第 9 章，“发表演讲”在第 10 章。
- 演讲示例之前置于附录中，新版则散落于各章。因此，自我介绍型演讲出现在第 1 章；一篇结构优秀和一篇结构较差的说明性演讲稿出现在第 11 章（为受众做说明性演讲）；一篇结构优秀和一篇结构较差的说服性演讲稿出现在第 12 章（为受众做说服性演讲）。特殊场合演讲上一版是在第 11 章，新版改在第 13 章（在特殊场合发言）。

章节总览和更新

本版包含了全新的或者更新后的观点栏目（包括照片和照片说明）、公开演讲选择点栏目和道德选择点栏目。这些栏目在第 1 章首次出现时都配有相应的说明。为了使本书更具时新性，书中对线上公开演讲也有更多涉及，并且更新了相关研究。为了使文字更加流畅，我对语言风格和组织做了一些改变。以下是各章内容简介以及本版一些值得关注的变化。

第一部分：公开演讲的基础知识，这一部分包含两章，主要介绍公开演讲和倾听。

- 第 1 章（介绍公开演讲）讨论了学习公开演讲的益处、公开演讲的主要构成元素、公开演讲的焦虑、准备演讲的十个步骤，以及自我介绍型演讲。这一章新加的内容拓展了关于道德的讨论，新增了一份关于公开演讲道德的自我测试。对于演讲焦虑的讨论更多地涉及这种焦虑的本质以及导致焦虑的因素。本章还新增了一篇自我介绍型演讲稿示例，并附上注释。
- 第 2 章（倾听与批评）主要涉及倾听在公开演讲中的角色、有效倾听的具体方法、公开演讲中的批判性评估，以及文化在倾听和批评行为中的影响。对倾听的讨论大部分与上一版相同，只是添加了些新的图片，并做了些文字上的改变。

第二部分：准备演讲和发表演讲。这一部分包含八章，主要涉及准备公开演讲的十个关键步骤。

- 第 3 章（选择话题、目的和论题，第一步）主要涉及选择话题、划定话题界限、确定如何表述演讲目的、形成演讲论题、完善措辞并使用论题。本版在此章新增了一幅树状图，让读者明白如何框定话题界限，附上了一个带有讲解的图表，还加入了一些新的例子。

公开演讲选择点

应对焦虑

这是哈里第一次做公开演讲，他很紧张。他害怕自己会忘词，也害怕自己会结结巴巴。因此，他在纠结是否应该让受众知道自己的这种心情。

哈里面对这种情形有哪些选择？每种选择各自的优缺点是什么？你会建议哈里如何去做？

- 第 4 章（分析受众，第二步）主要论述对受众的分析以及如何做出相应的调整，即在演讲时要考虑到受众的哪些具体特征，以及如何根据受众的具体特征来做出调整。这一章增加了许多新的实例，还有一个新的主要部分——所有受众的共性，即需要演讲者理解的受众的共同点（独特性、多样性、寻求利益性、时间有限性、参与性和接纳性）。
- 第 5 章（研究演讲，第三步）探讨了研究的来源、研究的类型、信息的主要来源、评价信息的标准、如何整合与引用研究、如何避免剽窃。本章增加了评估信息的一些具体方法，并且扩充了对剽窃部分的讲解，增加了一个新的自我测试，让读者直观了解什么是剽窃、什么不是剽窃，并且探讨了剽窃的不同类型，如直接剽窃、自我剽窃、拼凑式剽窃和无意识剽窃，以及什么是合理使用和常识。本章还新增了一个关于选择信息来源的说明。
- 第 6 章（收集支撑性材料，第四步）主要探讨常见的支撑性材料：（除了引用、比较、对照、罗列事实、重复和重申，还有）简单举例、案例诠释、案例叙述；类比、定义、证词、数据。本章加入了一些新的实例来说明各种形式的支撑性材料。
- 第 7 章（使用演讲辅助手段，继续第四步）继续讨论如何运用支撑性材料，主要指演讲时的辅助手段：它们的重要性，辅助手段的类型（重新分成了静态和动态两大类）、电脑软件类演讲辅助手段（包含微软演示软件 PowerPoint），还有使用各种类型演讲辅助手段的方法。
- 第 8 章（组织演讲，第五、六、七步）主要涉及在公开演讲过程中三个紧密相关的步骤：形成要点，组织要点，以及构建演讲的开头、结尾和过渡部分。本章的结尾处提供了准备提纲、模板提纲和正式演讲提纲的一些实例。
- 第 9 章（完善措辞与排练演讲，第八步和第九步）主要涉及语言（用词选择及演讲中如何表述句子），还提供了关于如何排练演讲的各种建议。这一章也涵盖了对于抽象化的讨论（原本在“说明性演讲”一章），并且拓展了关于句子写作的内容，还对文化敏感性和文化识别因素进行了更细致的探讨。
- 第 10 章（发表演讲，第十步）讨论了演讲的不同方式（增加了背稿演讲这一类型）、有效的声音表达、恰当的身体语言，以及关于如何利用笔记和如何应对提问的建议。

第三部分是演讲的类型。这一部分包含四章，涵盖了几种最主要的演讲目的：为了说明事物，为了说服受众，为了在特殊场合发言，为了在群体内发言或面向群体发言。

- 第 11 章（说明性演讲）主要探讨说明性演讲的原则，以及三种主要类型的说明性演讲：描述型演讲、定义型演讲和示范型演讲。本章包含了许多新的案例，还新增了一则非常优秀的关于精神疾病的说明性演讲稿（带注解）。

- 第 12 章（说服性演讲）主要探讨说服性演讲的原则、说服性演讲的三种证据（逻辑、情感、可信度）以及三种类型的说服性演讲（事实型、价值型和政策型说服性演讲）。本章还增加了一些新的个案以及一个结构较差的演讲。
- 第 13 章（特殊场合演讲）论述了各种各样的特殊场合演讲，如介绍型演讲、颁奖演说和获奖演说、致悼词、祝酒词，以及赢取好感的演讲，也简要探讨了败选演讲。本章纳入了一个新的板块，主要讲述特殊场合演讲的总体原则，还分别添加了一个介绍型演讲和一个揭幕演讲的实例。
- 第 14 章（在群体内发言）主要关注作为一名成员或群体领导者的技巧，以及表达群体的思想和决定的技巧。

内容特色

本书体系完整，辅以多样的特色内容，使得本书更具趣味性、相关性和实用性。

- 公开演讲的十个步骤。指导你为演讲做准备并正式发表演讲。这个十步骤的体系使得为演讲做准备以及登台演讲的过程更加高效，因为它把整个过程分成了非常细致可控的若干步骤，本书对每一步骤都有详细的说明。第 1 章中用了很大的篇幅来简述这十个步骤。在这里你会了解到从话题选择到材料组织、演讲排练及发表演讲的全过程。剩余的章节会依次论及这十个步骤，并对它们进行细致的阐述，以帮助读者逐渐地优化和完善自己的公开演讲技能。
- 道德。由于公开演讲是一个非常强有力的信息传递方式，有可能产生巨大的影响力，所以公开演讲有很重要的伦理和道德意义。本书的每章都包含了道德选择点，里面会描述一个场景，提出一个涉及道德的问题，让你去思考自己在这种情况下可以有哪些选择，以及你会如何去做。按照本书去做，将不难形成一个逻辑清晰、理由充分的道德标准来引领自己进行公开演讲、倾听以及批判性评估。
- 文化。公开演讲的原则产生的效果也会因文化背景不同而不同。基于不同的文化因素，不同的受众可能会对演讲者做出不同的反馈。由于不同文化背景下受众对于演讲者和演讲内容做出的反馈有巨大的不同，并且由于我们现在生活在一个文化多元的世界中，故而对文化理解的讨论会贯穿本书。在本书中，我们会讨论如下问题：来自不同文化背景的人会如何对公开批评做出不同的回应（第 2 章），演讲者分析受众时应该考虑到文化因素（第 4 章），恰当的文化辨识因素（第 9 章），受众在情感诉求以及可信度诉求方面的文化差异（第 12 章）。

- 公开演讲选择点。这一栏目会为读者提供一些简单的场景，展示出不同的情境。在这些限定情境中，读者需要基于对结果的预测来辨别、评估自己的选择和决定。这些选择点会出现在各个章节中，内容涵盖了各种话题，如焦虑、自我表露、评估研究的信息来源。本栏目还会讨论如何选择要点并写作演讲开头。
- 观点栏目。其目的是让读者思考公开演讲中的各种问题，其中许多问题是需要基于研究来回答的。这些观点往往聚焦于社交媒体、职场和文化等主题。

致谢

我要感谢以下所有人，他们在本书修订过程中的不同阶段帮助我审阅文稿，非常慷慨地奉献了自己的宝贵时间和专业知识，为此我深表感谢。

北伊利诺伊大学的 Ferald Bryan；

路易斯安那州立大学的 Joni Butcher；

麦克亨利县学院的 Ronald Compton；

奥尔巴尼州立大学的 Christine Douglass；

中北技术学院的 Daniel McRoberts；

Naugatuck Valley 社区大学的 Amy Lenoce；

Hudson County 社区学院的 Catherine Sweeting。

我还想感谢许多人，有了他们的辛勤付出，我的书稿才得以顺利出版。我尤其要感谢培生集团和英特格拉（Integra）团队的人们，他们使得整个修订过程非常愉悦。

约瑟夫 · A. 德维托（Joseph A. DeVito）

jadevito@earthlink.net

http://tcbdevito.blogspot.com

Contents | 目录

第三部分 演讲的类型

① 原书参考文献由于体量较大，未便在纸书上呈现，有需要的读者可从“颉腾文化”微信公众号下载使用。——出版者注

公开演讲的基础知识

1 第一部分

第 1 章
介绍公开演讲

Jamesteohart/Shutterstock

第一步往往是最艰难的，然而，这也是追求卓越的必经之路。

面对面或者通过线上的形式向受众发表事先准备好的演讲——公开演讲，是当今社会中每个人都需要掌握的核心技能之一。换言之，随着一个人在社会阶梯上逐级攀升——例如从实习生到初级分析师，到部门经理，再到公司的首席执行官，公开演讲对其来说也会变得越来越重要。本书将对准备和发表有效的公开演讲所需要掌握的基本技能与策略进行讲解。

也许人类学会开口说话之后不久，公开演讲的规则就开始发展起来了，但我们公开演讲的传统却是从古希腊和古罗马时代开始的。从古典时代[①]延续至今的那些实验、调查、实地研究以及历史研究，丰富了这项希腊—罗马传统。

本书主要探讨当代的公开演讲，并将其重点放在演讲内容、演讲者道德责任及组织策略上。它基于古代传统而来，但也融合了人文科学、社会与行为科学、计算机科学与信息技术的观点。同样地，我们在公开演讲的研究中还纳入了不同文化的观点。

也许最值得关注的变化莫过于线上公开演讲的出现，它们以播客、网络会议和 YouTube 视频的形式出现，内容从如何拆解你的苹果手机、如何烤蛋糕、如何修理割草机到如何进行白内障手术，应有尽有。一方面，这种新形式的公开演讲同样遵循由面对面公开演讲发展而来的原则；另一方面，也会有一些专门针对线上公开演讲的特别原则。

本章是导入章，主要探讨学习公开演讲（无论是面对面演讲还是线上演讲）给我们带来的益处、公开演讲的基本要素、如何管理公开演讲中的正常恐惧感，以及准备演讲和发表演讲所需的十个步骤。最后会讨论如何做自我介绍。

学习公开演讲的益处

在学习本书之前可以问自己几个问题：我能够从中获得什么？我付出的时间和精力能带给我哪些收获？接下来，我们将介绍本书带给你的三个益处。

公开演讲的能力

首先，很明显，你将学会如何更加成功和有效地进行公开演讲，无论是线上（采用播客、网络会议或 YouTube 视频的形式）演讲，还是线下面对面演讲。演讲者不是天生的，而是后天造就的。这个成长过程需要一定的指导，需要参加不同的演讲，与不同的受众接触，了解受众对自己演讲的反馈以及积累自己的学习体验。如此，你也一定能够成为一个更成功的演讲者。无论如何，通过得法的训练，你准备和发表演讲的效率都会获得提升，这也正是本书

---

① 古典时代即古希腊和古罗马时代。——译者注

撰写的初衷。

熟读本书后，你会成为一名能力更高、自信心更强的高效演讲者。同时，你还会成为一名更优秀的倾听者——既开放胸怀又理性批判，既同理思维又明辨是非；对于公众传播信息，你的评论会更具效力和辨别力。此外，你还能学会针对不同的受众群体，采用不同的方式梳理和阐释复杂的概念，并用清晰有效的方式传递给他们。最后，你还将学会采用多样的说理方式来支撑自己的观点，以及向不同类型的受众展示说服性诉求。

领导者往往需要高超的公开演讲能力。演讲者希望受众可以理解并接受自己的信息。受众需要在做决定之前进行合理评估及批判性的分析。评论人需要评价和判断每天听到的数以千计的公众传播信息。不管你是哪种身份，都要掌握公开演讲的能力。

个人及社交能力

其次，在公开演讲的学习中，你将获取各种各样的个人及社交能力。也许其中最重要的一点就是如何管理你在日常交际场合以及公开演讲中的恐惧情绪。也许你无法完全消除这种情绪，但你可以学会管理自己的恐惧，让它成为你的助力而非阻力。这个话题我们会在本章“管理沟通焦虑”那一节进行重点论述。

在展示自己和自己观点的过程中，你能够培养出更强大的自信心。一直以来，自信心都是雇主在招聘和晋升员工时最为看重的特质之一。

当你掌握了公开演讲的技能时，你的个人影响力也会增长，你能更有效地影响他人的思想和行为。同时，这种影响力还能使你为他人赋能，无论你的身份是机构管理者、政治领袖、博主、家中的哥哥姐姐，还是某个群体中的成员。

学术技能和职场能力

最后，学习公开演讲，你还可以收获许多学术技能和职场能力，因为它们在很大程度上就是指一个人的沟通能力（研究一下招聘中层管理者的广告，你就会得出这个结论）。例如，你能学会：

- 打造舒适又有效的沟通风格（无论是与朋友交谈、在 Instagram 上发帖，还是进行重要的工作面试）。
- 更清晰、更有说服力地使用语言信息和非语言信息。
- 利用目前为止最新和最好的方法，高效且成功地开展研究。
- 利用各种信源去分析和评判观点与论据。
- 理解人的动机，有效利用自己的见解，在辩论交锋中使自己更有说服力。

- 通过传递你的能力、个性与魅力，赢得他人的信任。
- 对批评做出合理的反馈，增加对自身优缺点的了解，并且为他人提供实用且有价值的反馈。

观点

职场应用

本书所有的“观点”栏目都会就公开演讲的某一个方面询问你的观点和意见。因此，当你看到这个栏目的时候，请一定仔细阅读相应的问题，并进行思考。

想象一下 5 ～ 10 年之后自己的职业生涯。

公开演讲的技能能让你在职业生涯中如何受益？

Yuri_Arcurs/E+/Getty Images

公开演讲的基本要素

图 1-1 呈现了公开演讲的模式，展示了其中重要的概念和流程，且在本节中都会涉及。

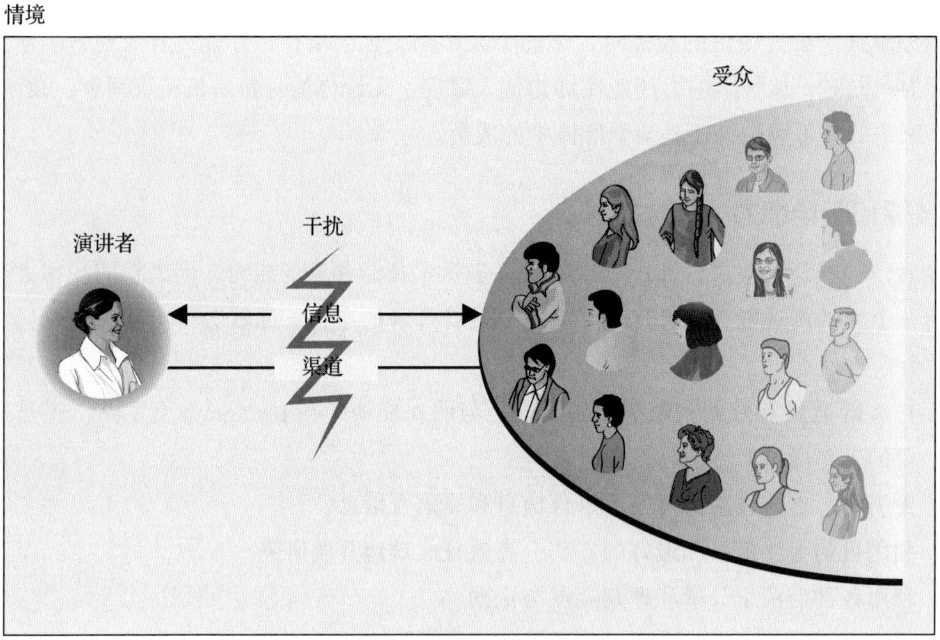

图 1-1　公开演讲基本要素的模式

演讲者

在日常会话中，人们的话语经常会出现停顿，内容比较短，而且经常被打断。公开演讲与此不同：演讲者会发表一个完整的演讲，中间通常不会被打断。作为演讲者，你是整个活动的中心，你和你的演讲是大家聚集在一起的原因。但值得注意的是，演讲者同样在接收信息，这些信息不仅来自倾听或者阅读你自己的材料，也来自受众的反应。因此，图 1-1 用双向箭头来说明信息的流动是双向的。

在大学中学习演讲，犯错误是很自然的，但你也会受益于他人对你的反馈（你也会给予他人有建设性的反馈）。在职场中，作为公开演讲者，你在很大程度上是要向他人说明某个事物（作为教师、医疗保健工作人员、工程师等），或者你要去说服他人（作为律师去为客户申辩，作为父母在家长会上发言，以及作为销售代表来成交一笔交易，等等）。

受众

受众指的是一群人，他们收听或者观看信息或演讲。公开演讲的受众群体一般较大，从 10 ～ 12 人的小组到数十万人甚至数百万人不等。

现场受众通常参加的是面对面的演讲或是网络会议。远程受众则是通过其他的渠道听演讲，也许这些受众在博客上读到了这个演讲的相关信息，在电视上观看了这个演讲，从推特（Twitter）或脸书（Facebook）上获取了关于这个演讲的一些评价。图 1-1 中用一条抛物线圈起这些受众，说明从潜在可能性来说，受众的数量可以是无限的。

无论是从历史的角度，还是从某一个具体公开演讲的角度，意识到现场受众和远程受众的存在，对于理解公开演讲的影响力都非常重要。亚伯拉罕・林肯的葛底斯堡演说现场受众人数并不多，但是其影响力远远超越了特定的时空。当马丁・路德・金做名为“我有一个梦想”的演讲时，当时在场的受众有数千人，但是演讲影响的人可能数以百万计。即使你的演讲活动规模较小，

公开演讲选择点

准备制作播客：公开演讲的重要性

在本书中，你会看到许多名为“公开演讲选择点”的栏目。这个栏目会简短地介绍一些需要做出决定的情境并提出问题。这些问题旨在鼓励你将相关章节中学到的内容应用到具体的情境中。你可以分析你所有的选择，根据各自的优缺点来对其进行评估，并做出最终的决定。

凯西在准备两个播客节目，话题都是关于公开演讲的价值，一个针对高中生，另一个针对管理培训生。哪些内容是凯西在两个节目中都需要提及的？哪些内容是她应该在一个播客中提及，而在另外一个播客中无须提及的？

也可能有类似的效应。当你对二三十位受众演讲时，这二三十人也许会把你的信息和论点传递给他人，而这些人又会继续加工这些信息。随着社交媒体的出现，远程受众的数量越来越多，也越来越重要。随着你的影响力和公开演讲能力的逐渐提升，无论是对现场受众还是对远程受众来说，你演讲的影响力都会逐渐增强。

值得注意的是，一条信息被传播得越远，其被歪曲的程度可能越大，也越容易偏离演讲者的本意。就像我们玩的打电话游戏——游戏中一个人把信息传递给另外一个人，然后这个人再传递给下一个人，以此类推，这个游戏能很好地说明这个问题。随着每一次传递的推进，信息扭曲的程度会越来越严重，当信息被重复到第 6 遍或第 7 遍的时候，它可能跟原来的信息已经几乎没有什么共同之处了。

公开演讲同样包含着受众的积极参与。倾听者或观看者也同样是演说者，因为他们也会发出信息，正如演讲者也同样是一个受众。在一些公开演讲的场合，受众也许会给演讲者直接发送评论，而演讲者也愿意对这些评论做出回应。类似地，其他的受众可能会看到这些评论，然后会做出进一步的评论，或者受众之间会彼此评论。在网络论坛中，如果演讲者允许受众在演讲过程中或演讲结束后立刻提问，那么这种反馈是即时的。但如果是受众事后在诸如 Yelp 或博客上发表评论，那么这种反馈就是滞后的。在面对面的公开演讲中，受众会用他们的身体语言将诸如全神贯注、厌倦、赞同等信息反馈给演讲者。

信息与渠道

公开演讲中传递的信息是指用于说明或说服的语言或非语言的信号。公开演讲中的信息可以通过多样的渠道来传递。公开演讲中的渠道是指传递信息的媒介。如面对面的交谈、社交媒体、报纸都可以是渠道。在某些情况下，信息会很长，尽管通常时间不会超过 60 分钟。在另外一些情况下，信息会很短，比如说一则推特中的信息（本质上说，这也是一种公开演讲）。TED 演讲都必须遵守约为 18 分钟的时长限制。

传统上，公开演讲通常是有一位演讲者站在所有的受众面前。这种形式依然是所有公开演讲的基础，但是这样的形式也在发展变化。现在，视觉和听觉渠道在公开演讲中仍旧非常重要。通过听觉渠道，你传送了口头信息（包括词语和句子）；通过视觉渠道，也就是目光交流、肢体语言、手势、面部表情、着装等，你传送了视觉信息。

在越来越多的情况下，公开演讲有了中间的传输渠道。例如，公开演讲经常是在电视台录影棚中完成的，然后数以百万计的人在自己的起居室里观看，或者是将演讲拍摄成视频，分享在社交媒体中。类似的演讲或者播客都可以通过数字方式来录制和存储，这样不管是白天还是黑夜，互联网用户都可以观看。如今，政界人士和商业领袖都会在网页、博客、推特和新闻组中发布他们的演讲。

干扰

干扰是指所有会歪曲信息并阻止受众按照你的本意去接收信息的事物。干扰可能是现实世界中的（有人大声喧哗、汽车喇叭鸣响、难以辨认的笔迹、对于一篇文章缺乏阅读权限），可能是生理上的（听力或视力受损、发音障碍），也可能是心理上的（先入为主的观念、心不在焉的思绪），还可能是语义上的（误解的意义、模棱两可的表述）。

大多数公开演讲不仅有声音信息还有视觉信息，所以必须意识到这种干扰也有可能是视觉形式的。遮掩面部表情的墨镜、PowerPoint 或 Prezi 黑色底色幻灯片上颜色较深的字，或者网络会议时跳上你膝盖玩耍的宠物狗，都属于演讲过程中的干扰。

所有的公开演讲场合中都会有干扰。你无法完全消除干扰，但是你可以试着减少干扰带来的影响。尽量使自己的表达更准确，演讲结构更有逻辑性，网络视频陈述时幻灯片的背景更加清晰，用一些辅助手段来加强信息，这些方法都可以帮助你减少干扰。

情境

如图 1-1 所示，公开演讲者和受众都是在特定的情境中进行互动的。情境是会对演讲者和受众都产生影响的现实的、社会心理的、时间和文化的背景。

- **现实情境**是指演讲的地点（房间、大厅、公园、礼堂等，以及是面对面还是由电脑作为媒介）。在一个面积较小、人们互相之间坐得很近的房间内进行的演讲，与一个播放给上班途中受众的播客，它们的需要是完全不同的。
- **社会心理情境**是指演讲者和受众之间的关系。例如，是一个工头在对工人讲话还是工人在对工头讲话？是一位校长在对教师发言，还是一个家长在对校长发言？社会心理情境还包括受众对于演讲者的了解，以及对演讲话题的看法。

公开演讲选择点

缺乏文化敏感性

利亚姆要做一场批评斗牛表演的演讲。在他看来，这种活动对动物是非常残忍的。然而受众中有很多人却很自豪地认为这是他们文化的一部分。利亚姆可以通过哪些方法来引入这一话题？各种方法的优缺点分别是什么？利亚姆应该怎么做才能够既忠实于自己的信念，又不会冒犯受众，让受众感觉他缺乏文化敏感性呢？

- **时间情境**是指演讲发生的具体时间，以及演讲是在一系列事件中的哪个阶段进行的。例如，在你演讲之前是否刚刚有人发表过立场完全不同的演讲？你是否已经是连续第六个选择同一话题的演讲者？

关于时间情境，另一个需要考虑的问题是，你的演讲是共时性的还是异时性的。这听起来很复杂，其实是两个很简单的概念。在共时性公开演讲中，在演讲者做演讲的同时受众就在倾听。这通常发生在面对面的演讲或者网络论坛中，这样的演讲一般包含一定程度的受众参与。在异时性公开演讲中，演讲者在一个时间发表演讲，而受众是在另一个时间来倾听。这往往发生在制作播客或者上传视频等情形下。受众跟演讲者的互动可能就局限于通过电子邮件发表评论、通过推特发表看法，或者在社交媒体上用“喜欢”“赞”“不认可”等标签或言论来评价演讲。

- **文化情境**是由演讲者和受众各自内心中与演讲话题和目的相关的信仰、生活方式、价值观及行为等组成的。在很大程度上，由于文化给男性和女性灌输了不同的态度、信仰、价值观和沟通方式，所以性别也可以被视为一个文化变量。

道德

因为你的演讲会对受众产生影响，所以你有义务去考虑道德问题，即是非问题或者你的信息带来的道德影响。当你论述话题、分享研究、提出说服性诉求或做其他任何与公开演讲相关的行为时，都必须考虑相关的道德问题。

基于你的观点来回答以下小测试中的问题，说明下列情形是道德的还是不道德的。

1. 一名演讲者在谈论证据的时候，只给出支持自身观点的证据，却忽略那些与自身观点相矛盾的证据。或者与之类似，一名演讲者在援引证词时只给出证人的正面资料，却忽略此人的负面资料。

2. 为了支持自己所倡导的立场，演讲者在引用一位著名科学家的话时做了改动。

3. 演讲者在网络上找到一些图片或视频来作为演讲的辅助材料。

4. 演讲者调动受众的情感欲求，如对于生病的恐惧、对于地位的向往等，来说服受众。

5. 演讲者裁剪一张照片，将其中与自身立场相反的部分裁剪掉。

6. 演讲者在论述一个变化很快的问题时，用的数据是一二十年前的民意测验结果，但在演讲中并未提及这个民意测验的发生时间。

7. 演讲者从网络上抄袭演讲内容，并把它作为自己的原创内容来讲述。

大多数作家以及公开演讲的培训者，对于这些问题的看法如下。

1. 一名演讲者在谈论证据的时候，只给出支持自身观点的证据，却忽略那些与自身观点相矛盾的证据。或者与之类似，一名演讲者在援引证词时只给出证人的正面资料，却忽略此人的负面资料。一名演讲者并没有义务去讨论那些与自己立场不相符的证据，或者让受众了解证人的负面资料。这些都是他的对手应该做的事情。但是如果一个演讲者有意隐瞒一些相关的细节，并由此影响受众对于立场的判断，那么这就是不道德的。
2. 为了支持自己所倡导的立场，演讲者在引用一位著名科学家的话时做了改动。这是不道德的，直接引用时需要跟原话完全一致，而且也要符合作者的原本意图。当然在保持原意的基础上，演讲者可以对原来的措辞稍做改动，以增强效果，这就像写作中的转述一样。
3. 演讲者在网络上找到一些图片或视频作为演讲的辅助材料。如果这些资料是用于演讲者的课堂演讲，通常是非营利性的、以教育为目的的活动，那么只要注明了出处，通常被认为是可接受的。然而，如果你能够从演讲中获得经济利益，那么你在使用这些资料的时候，应该获得许可。
4. 演讲者调动受众的情感欲求，如对于生病的恐惧、对于地位的向往等，来说服受众。通常，诉诸情感是公开演讲采用的一种很重要的手段，尤其是在你做说服性演讲的时候。一般来说，这种行为是没有什么道德问题的。然而，如果演讲者利用这种情感欲求来掩盖自己论据的缺乏，或者去破坏受众的思考过程，那就是不道德的。
5. 演讲者裁剪一张照片，将其中与自身立场相反的部分裁掉。这是不道德的，因为演讲者妨碍了受众看到摄影师用整张照片所反映出来的事实真相。
6. 演讲者在论述一个变化很快的问题时，用的数据是一二十年前的民意测验结果，但在演讲中不提及这个民意测验的发生时间。这样做是不道德的。演讲者在故意隐瞒一些关乎受众能否清晰地、合乎逻辑地思考这个问题的信息。
7. 演讲者从网络上抄袭演讲内容，并把它作为自己的原创内容来讲述。这种行为显然是不道德的。我们经常会提到一个关乎道德的概念，那就是剽窃。这样的行为就是典型的剽窃。在第 5 章，我们会再次详细讨论这个话题。

管理沟通焦虑

沟通焦虑与公开演讲焦虑是一组相对的概念，前者是指在所有沟通情境下的一种恐惧感，后者主要是指线上或线下做演讲时的恐惧感。而我们现在要讨论的主要是后者。

有一部分人会害怕人际沟通或者小组讨论，但是大部分人比较害怕的是公开演讲。无论你是制作成千上万人收听的播客，还是面对几十人的群体做演讲，你都是全场的焦点；另外，你会被人评价。所以说，这种恐惧感是很正常的。幸运的是，我们完全可以管理这种恐惧感，并且将它转化为我们的动力。因此，接下来让我们来探讨这种恐惧感，并且说明我们应该如何去管理它。

现在我们先暂停一下，请你通过做一个测试来了解自己的公开演讲焦虑。

公开演讲焦虑的个人报告（Personal Report of Public Speaking Anxiety，PRPSA）

说明：以下是 34 条论述，请判断各条论述对你的适用情况，并根据相应的选项来打分。

非常不符合 =1；不符合 =2；一般 =3；同意 =4；非常同意 =5

____ 1. 在准备演讲时，我感到紧张不安。

____ 2. 我在读到演讲和公开演讲的字眼时会感到紧张。

____ 3. 做演讲的时候，我的思绪会变得混乱。

____ 4. 做完演讲之后，我觉得它是一段愉快的经历。

____ 5. 一想到即将要做演讲，我就感到焦虑。

____ 6. 我不害怕做演讲。

____ 7. 尽管在开始演讲前我很紧张，但开始之后我很快就平静下来，感到安宁舒适。

____ 8. 我很期待做演讲。

____ 9. 当接到演讲任务时，我能感觉到自己的情绪变得紧张。

____ 10. 做演讲时我的手会发抖。

____ 11. 做演讲时我很放松。

____ 12. 我很享受准备演讲的过程。

____ 13 我会一直担心自己忘记演讲的内容。

____ 14. 如果有人问我关于演讲内容的问题，我回答不出，那么我会感到很焦虑。

____ 15. 我预期自己可以带着自信做演讲。

____ 16. 做演讲的时候，我觉得可以完全掌控自己。

____ 17. 做演讲的时候我思路清晰。

____ 18. 我不惧怕做演讲。

____ 19. 演讲开始之前我会出汗。

____ 20. 当我开始演讲时，我的心跳得很快。

____ 21. 在我的演讲开始前，坐在房间里，我感到深深的焦虑。

____ 22. 做演讲时，我身体的某些部位感到紧张僵硬。

____ 23. 做演讲时，当我意识到时间所剩无几时，我会觉得很紧张。

____ 24. 做演讲时，我自信可以控制住自己的紧张和不安。

____ 25. 在开始演讲之前，我的呼吸变得急促。

____ 26. 在做演讲前的一两个小时里，我感到非常舒适和放松。

____ 27. 由于过度紧张，我在演讲中表现不佳。

____ 28. 当被分派一个演讲任务并规定日期的时候，我会感到很不安。

____ 29. 当我在演讲中犯了一个错误时，我发觉自己接下来很难集中注意力。

____ 30. 在重要的演讲中，我会有一种无助感在内心积聚。

____ 31. 演讲前夜我很难入睡。

____ 32. 我在做演讲时心跳加速。

____ 33. 我在等待做演讲时感到很不安。

____ 34. 做演讲时，由于过度紧张，我忘记了原本知道的事情。

请遵循以下几个步骤，算出你在本测试中的得分。

第一步：把第 1、2、3、5、9、10、13、14、19、20、21、22、23、25、27、28、29、30、31、32、33、34 条的分数相加。

第二步：把第 4、6、7、8、11、12、15、16、17、18、24、26 条的分数相加。

第三步：完成以下公式：

PRPSA = 72 – 第二步的得分 + 第一步的得分

如果你的得分为 131 分或者更高，那么你有高度的沟通焦虑；如果你的得分在 98 分到 130 分之间，那么你的焦虑是适度的；如果你的得分低于 98 分，那么你很少有焦虑感。

假设你跟大多数人一样，得分高于 98 分，不要感到绝望。有很多种方式可以帮助你管理这种公开演讲焦虑。让我们先来讨论一下沟通焦虑的本质，然后再思考四个应对公开演讲焦虑最重要的策略：①减少引发焦虑的因素；②重构认知；③练习临场表现视觉化；④消除内心的敏感。图 1-2 是对这些策略的预览，它们可以帮助你管理在大多数社交和工作沟通场合的焦虑感、不安感和不适感。

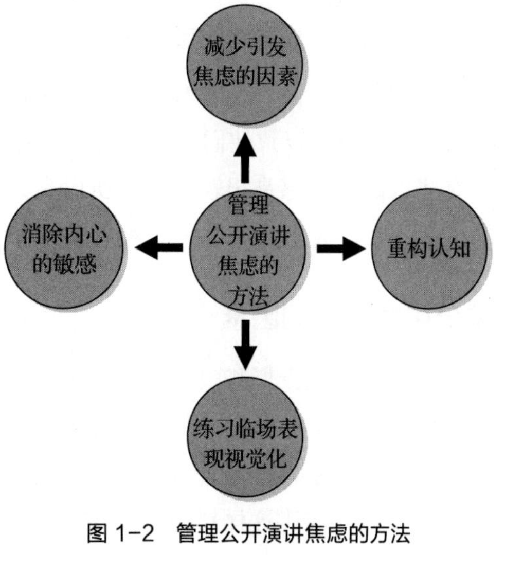

图 1-2 管理公开演讲焦虑的方法

沟通焦虑的本质

沟通焦虑可以作为一种特征存在，也可以

作为一种状态存在。它以一种连续体的形式存在（从温和到严重）。我们来看一下它的这些特征。

性格焦虑和情境焦虑

有些人天生焦虑，焦虑感几乎无处不在，那么这些人所具有的就是性格焦虑。他们在日常小组讨论和公开演讲的场合都会有恐惧感。所以不难想到，如果一个人有高度的性格焦虑，那么无论在何种社交场合，他都可能感觉到尴尬不安。类似地，拥有高度焦虑感的人，在职场中也会出现一些问题。例如，他们可能会在求职面试中表现得很糟糕，或者在小组会议中无法贡献自己的想法。

还有一些人只在特定的沟通场合产生沟通焦虑。这些人的焦虑感叫作情境焦虑。这是一种只在特定的沟通场合才会产生的恐惧感。例如，某人可能在跟两三个人交谈时谈笑自如，却在公开演讲时感到恐惧；也有人在公开演讲时毫无紧张感，在求职面试时却非常不安。情境焦虑是非常普遍的：有些人会觉得网上的公开演讲比面对面的要容易，而另外一些人会感觉正相反。

与我们普遍的认知不同，无论是性格焦虑还是情境焦虑都未必是有害的。事实上，焦虑也可以给你带来益处。恐惧感可以激活你的能量，可以让你工作更加努力、更有动力。其结果是，你准备的演讲也许比你没有焦虑感时更为出色。如果你能够意识到，其实受众看不出你正在经历的焦虑，那也是有帮助的。也许你以为受众能听到你心跳加速的声音，但实际上他们不能。他们看不到你的膝盖在颤抖，感觉不到你的喉咙在发涩——至少大部分时间是这样。而且也有证据表明，公开演讲中表现出的紧张感，未必会导致受众负面的评价。

焦虑以一种连续体的形式存在

沟通焦虑可能是非常轻微的，也可能是非常严重的，它是作为一个连续体而存在的。有些人非常焦虑，以致他们在任何沟通场合都无法有效地行动，所以会尽可能地逃避各种沟通。还有些人的焦虑感是很轻微的，所以在外人看来他们丝毫都不紧张。他们会积极地寻找交流的机会。我们大多数人处于这两个极端之间。

减少引发焦虑的因素

如果能够减少那些引发焦虑的因素，会不会在很大程度上减轻焦虑感？针对造成公开演讲时恐惧感的那些因素，许多研究有以下几条建议。

- **减少陌生感**。通过获得相关的经验以及训练来减少公开演讲的陌生感。任何人在面对像公开演讲这样新的或者与平时不同的情境时，都会感到紧张，所以要试着去降低这种情境的陌生感和独特性。方法之一就是尽可能多地去体验公开演讲。有了这些体验之后，你会意识到从公开演讲的成就感里获取的快乐要远大于起初的焦虑感。同时，尽可能地让自己熟悉公开演讲的情境，例如，尽量在你将要进行演讲的地点进行排练。

- **减少自我关注**。试着在你的脑海中把公开演讲想象为一次交谈，以此来减少过多的自我关注。当你成为注意力的焦点时，你会感觉自己特别突出，也就经常会增加焦虑感。因此，一个很有效的做法是把公开演讲想象为另外一种类型的交谈，有些理论称之为“会话拓展”。或者，如果你在小组中发言时感到很放松，那就在脑海中将你的受众想象为一个小组。
- **减少差异感**。通过强调相似度来降低你与受众的差异度。当你感觉自己与受众非常相似而非迥然不同时，你的焦虑感可以减轻。如果你的受众拥有跟你不同的文化背景，这一点就显得尤其重要。因为在这样的场合，你会感觉自己与受众很难有什么共同点，也就会产生更大的焦虑感。所以当我们面对受众，尤其是来自多元文化背景的受众群体时，要更多地强调我们的共同点，如共同的态度、价值观或信仰。这样的策略会让你感觉自己更贴近受众，从而在演讲时也会更有自信心。
- **减少对失败的恐惧**。认真地准备和练习有助于减少对失败的恐惧。恐惧感很大一部分来自对失败的害怕。充分的甚至是额外的准备能够降低失败的可能性，从而减轻随之而来的焦虑感。由于焦虑感往往在演讲开始时最为明显，所以最好将开场白熟记于心。如果内容中有复杂的事实或者数据，那么一定要把它们写出来，并做好（必要时）读出来的准备。这样的话，你就不用担心会把它们彻底忘了。
- **减少消极思想**。减少任何消极的念头。把关于失败的担忧放到一边，把注意力聚焦在积极的方面——你正在学习一门会令你终身受用的新技能，应该积极面对。
- **减少对重要性的感知**。减少你对这次演讲重要性的感知。看起来这条建议似乎与我们强调公开演讲的重要性是相互矛盾的。但这条建议针对的是演讲中个人表现的重要性，而不是学习技能的重要性。一种方法就是使用 10/10/10 方法（Welsh，2009）。这种方法是建议你询问自己：无论演讲结果如何，在 10 分钟之后意味着什么，10 个月之后意味着什么，10 年之后又意味着什么？这是一个行之有效的策略，可以帮助你在应对日常生活中的许多问题和选择时变换不同的视角。另一种方法是尽量减轻公开演讲中“公开”二字的分量。不要把你的演讲看成一次公开的表演，而是把它想象成与一群朋友在一起交谈。
- **减少完美主义倾向**。减少任何完美主义的态度或者信念。如果你在开始演讲任务的时候，先入为主的想法是必须做到完美，那你很可能会失望。毕竟人无完人。你处于一个学习的环境，在这个环境中无论经历成功还是失败，都可以让你受益匪浅。

- **减少制造焦虑的多余精力**。通过来回走动或者深呼吸来减少你多余的精力。身体的运动——无论是小幅度地动一下手、脸、头还是大幅度地移动整个身体，都可以减轻焦虑感。利用演讲辅助手段，也能够暂时将受众的注意力从你身上转移走；而且，当你移动身体为受众做相关演示时，还能释放体内多余的精力。另外，在登台演讲之前试着深呼吸几次，你会感觉到自己的身体逐渐放松下来，这也有助于你克服刚刚登台时的那种恐惧感。
- **避免服用各种化学药物**。不要服用任何化学药物来舒缓情绪。除非是医生开具处方的，否则不要为了减轻焦虑而服用任何药物。镇静剂之类的药物并不能解决问题，反而会带来很多问题。而且这些药物会损害你的记忆力，让你有可能遗忘部分演讲内容，也无法精准地接收受众的反馈，无法规划自己的演讲时间。与此不同，相关研究会建议你考虑各种各样的练习和饮食。例如，适度的训练和类似于泡菜这样的发酵食物，都可以用于减轻压力和焦虑，因此也可以用于减轻各种演讲焦虑。

重构认知

重构认知是一种经过验证的可以有效降低各种恐惧感和压力的方式。这一策略背后的理念是，对于某个场合的想法会决定你在这个场合的表现。如果你能够改变自己对一个场合的思考方式（重新架构、重新组织或重新评估），你也就能够改变自己对此场合做出的反应。因此，如果你认为公开演讲会带来压力（恐惧、焦虑、不安），那么重新评估这个局面，把它作为日常会话，就不再有那么大威胁，也就会减少自己的压力、恐惧、焦虑和不安。

许多公开演讲焦虑是基于一些不现实的思考，或者一些自我贬低的思考。例如，你可能觉得自己的演讲能力很差、演讲的内容很无聊、受众不喜欢你或者你必须做到完美。与其去设想这些不现实且自我贬低的假设，不如去做一些更现实的思考，尤其是当你没有过公开演讲这样的经历时。

积极的、鼓励性的想法可以帮助你重构认知。多想想自己成功的经历，多想想自己的强项和优点。把注意力放在自己的潜力上，而不是自己的局限性上。采用一些自我肯定的语言，如“我很友好”“我能把这些内容在演讲中表述清楚”“我可以控制自己的恐惧感”“我是一个有能力的人，并且可以成为一名非常优秀的演讲者”“我可以犯错误，但能从错误中学到东西”等。

练习临场表现视觉化

认知重构的方法之一是临场表现视觉化，这种技巧专门用于减少焦虑的外在表现，并减少产生焦虑感的负面思维。

第一种方法是培养积极的态度和积极的自我认知。在脑海中想象自己是一个非常成功的演讲者。在这幅画面中，想象自己走向房间的前部，充满自信，并能掌控整个场面。受众们都聚精会神。当你结束演讲时，他们爆发出热烈的掌声。在脑海中播放这些画面的全过程中，避免任何消极的想法。当你在头脑中想象自己是成功的演讲者时，还要想象出你是如何走路，如何注视着你的受众，如何手持笔记及如何回答各种问题的。除此以外，还可以畅想一次成功的公开演讲经历会带来怎样的感受。

第二种方法是力量激发。这种技巧旨在让你拥有自信，感觉到自己的能力。尽管对于力量激发有许多争议，但你还是不妨一试。做公开演讲之前，力量激发的方法包括：摆出“有力的姿势”（即做出一个比较有力的姿势，并保持一两分钟）；回忆一个你很有力量的时刻；阅读一些著名人士的资料，或读一些能够带给你力量的隽语。

第三种方法是效仿一名非常优秀的演讲者。观看一位非常有影响力的公开演讲者的视频。YouTube 和其他视频网站上都很容易找到这样的视频，观看视频时，把自己代入演讲者的角色中，变成那个你所崇拜的演讲者。

消除自身的敏感

系统脱感法是一种技巧，用于应对各种恐惧，包括公开演讲带来的恐惧感。它的总体思路是建立一个活动层级，逐渐带领你完成想做但又害怕的事情（如当众发言）。一个具体的层级结构如下。

5. 在项目组做演讲。
4. 把另外一个演讲者介绍给项目组。
3. 在项目组全员面前进行小组发言。
2. 在项目组里回答一个问题。
1. 在项目组里提出一个问题。

公开演讲选择点

应对焦虑

哈里第一次公开演讲，他非常紧张。他担心自己会忘词或者犯其他错误。所以他在想是不是应该将他的这种恐惧感告诉受众。面对这个问题，哈里有哪些选择？每种选择各有什么优点和缺点？你会建议哈里怎么做？

这种设计的主要目的是让你学会放松，从相对容易的任务开始，逐级升格到让你感到焦虑的任务（如在项目组全员面前做演讲）。你从最底层开始，先在脑海中反复操练第一种行为，直到你能在脑海中很清晰地浮现一幅画面：你在项目组里提问而不感到尴尬。一旦你做到了这一点，就继续第二层。在第二层，你在头脑中勾勒出一个更令你紧张、更具有挑战性的行为——回答一个问题。完成之后，你再推进到第三层，以此类推，直到你完成自己想做的事情。

在建立层级时，应该设置比较小的步骤，这样有助于你比较容易地从一步走到下一步。每一次的成功都会使下一步走得更加轻松。在你能够很轻松地在头脑中构想这些画面之后，就开始实际演练提出问题、回答问题，等等。

观点

减少恐惧

在上述减少焦虑的方法中，你认为哪些方法可能对你最有效？

Mikolette/E+/Getty Images

准备演讲和发表演讲：简述十个步骤

在前文中我们已经了解了公开演讲的本质、公开演讲的益处，以及如何应对沟通焦虑，如何去管理这种情绪。接下来，我们来学习准备一次成功的公开演讲所需的十个重要步骤。如图 1-3 所示，这些步骤是：①选择话题、目的和论题；②分析受众；③研究演讲；④收集支撑性材料；⑤形成要点；⑥组织要点；⑦构建演讲的开头、结尾和过渡；⑧完善措辞；⑨排练演讲；⑩发表演讲。

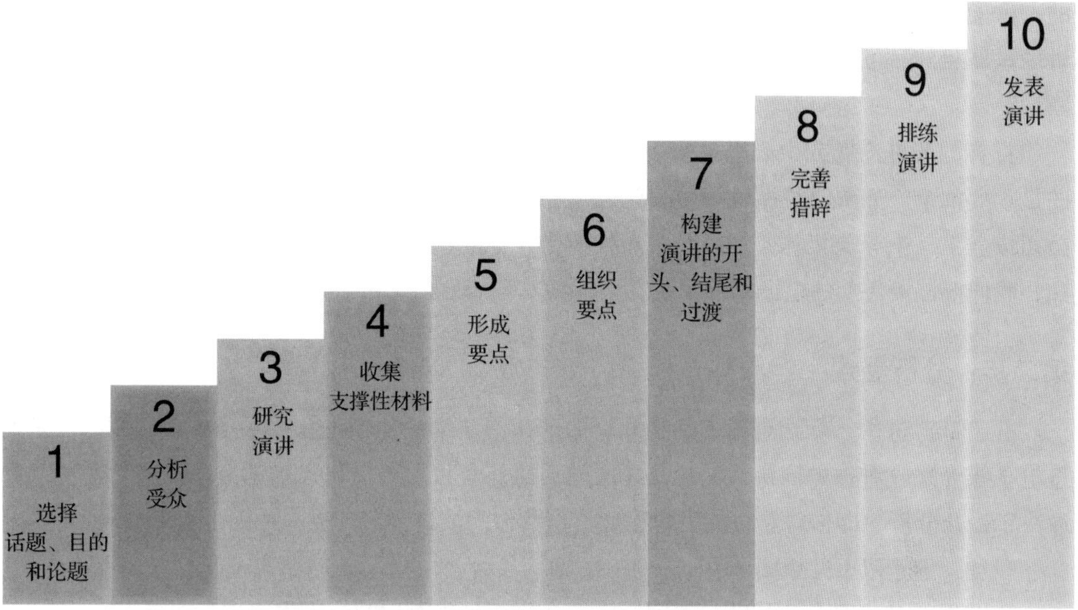

图 1-3 准备演讲和发表演讲的步骤

不同的演讲者在实际操作中采用的步骤在顺序上可能不同。例如，有的演讲者倾向于先做受众分析，他们会问自己受众最感兴趣的是什么，然后来选择话题和目的。有的演讲者在开展广泛的调查之前，先明确自己的要点，而有的演讲者却喜欢在研究中形成要点。这里给出的十个步骤的顺序对于大多数情况下的演讲者都是非常有用的，但你可以根据需要采用不同的顺序。只要你的准备过程包含了所有这十个步骤，就可以说是准备得比较充分了。

第一步：选择话题、目的和论题

你要开展的第一步是选择话题，确定总体目的和具体目的，并明确演讲论题（或主要观点）。

选择一个对于你（你作为演讲者感兴趣且愿意了解的话题）和受众（受众感兴趣且愿意了解的话题）来说都恰当的话题，并且话题范围具体，具有文化敏感性。

明确你的总体目的。在说明性演讲中，你的目的是定义一个术语或者一种理论，描述某一件东西的工作原理，或者展示如何去做某一件事。在说服性演讲中，你的目的是影响受众的态度和行为：加强、削弱或改变这些态度和行为，或者敦促他们行动起来。而特殊场合演讲通常既尝试传递信息，也尝试说服受众。例如，你需要介绍另外一个演讲者发言、向某人致以敬意、娱乐受众、赢得受众的好感或者是实现其他各种各样的礼节性功能。

明确你的具体目的。例如，一个说明性演讲的具体目的，可能是向受众介绍一项教育预算的情况，或者是向受众描述电视节目的试播如何进行受众测试。一个说服性演讲的具体目的，可能是说服受众支持一项提议的预算，或者是让他们去给某人投票。而一个特殊场合演讲的具体目的，可能是为班级同学介绍嘉宾演讲者、庆祝节日，或者在朋友的婚礼上发表祝酒词。

把你的演讲论题或中心思想用一句话表述出来。这是你演讲的核心，是你希望受众记住的最重要的事。如果是说明性演讲，论题就是你希望受众理解的主要思想。例如，一家报业公司成立了三个分支机构。如果是说服性演讲，论题就是你希望受众接受或相信的观点。例如，我们应该接受新的电子邮件系统。

第二步：分析受众

在公开演讲中，受众是你的话题和目的的核心，无论他们是在线下跟你面对面，还是通过电子媒介来收看你的演讲。无论是说明性演讲还是说服性演讲，你的成功在很大程度上都取决于受众分析，即你对受众的了解程度，以及你的演讲内容与受众的贴近程度。

例如，思考以下几个问题：

- 你需要基于受众的年龄、性别构成或文化背景来对你的演讲内容进行调整吗？
- 根据受众对这个演讲话题的不同了解程度，你需要做出不同的调整吗？如果他们对这个话题的了解比较多，那么你的演讲应该基于他们已经知道的知识来构筑；如果这个话题对于他们而言是全新的，那么你需要从最基本的概念入手。
- 你需要基于受众的态度、观念和观点来对演讲内容做出一些调整吗？

第三步：研究演讲

如果你希望自己的话题是有意义的，并且你和受众都可以从中受益，那么你需要研究该话题——即针对话题的相关信息，做一个系统的信息搜集。做研究最显而易见的好处是可以得到很多实例、例证和定义来帮助你去向受众做出说明，你也可以找出很多证据、统计数据和论据来支撑你的观点，或搜集一些名人轶事、名人名言或者故事来使你的话题更生动。

研究话题还可以树立你的可信度——你的能力、你对于材料的把握。如果受众觉得你是可信的，也就是说，你确实围绕这个话题做了研究，那么他们除了对你的具体论题产生信任感，对你本人也会充满信任。

与写学期论文一样，在公开演讲中也要简洁明了地注明研究的出处，这一般称为口头引用。例如你可以说，“在我对 ××× 进行解释时，我遵循的是 ××× 的观点，这些可以在《×××企业向导》中找到”。或者可以说，“正如在新一期的《华盛顿邮报》中提到的”，或是“联邦统计局的统计显示……”如果在需要的地方没有给出恰当的口头引用，那么你的行为就相当于剽窃；换句话说，就是直接引用了别人的研究成果，却不加以说明，这是一种必须要避免的知识盗窃（具体见第5章）。

第四步：收集支撑性材料

一旦你明确了自己的论题，了解了自己的受众，并且开始做研究，那接下来就应该把注意力放在如何去支撑演讲中的各个要点上。例如，告诉受众对报业公司的分支机构应该知道些什么，或者去说服受众这个新的电子邮件系统比当前的更好用。

说明性演讲中，支撑性材料通常包括定义、统计数据、实例、例证、视频资料或者音频资料等，它们有助于你更好地下定义、描述或者展示你想陈述的内容。在说服性演讲中，除了上述已经提到的，支撑性材料还包括证据，即所有能够给你提供证明、论据、激励性诉求，并且可以证明你的可信度的材料。

公开演讲选择点

寻找合适的支撑性材料

假设你的演讲题目是流行符号（尤其是电脑图标）的发展，有哪些支撑性材料可供选择？

第五步：形成要点

一旦你已经很清楚地表述了论题，接下来要做的就是确认你想要阐明或者支持话题的主要观点。我们称之为演讲的要点。你可以通过询问自己一些策略性的问题，来找出这些要点。对于说明性演讲，最有帮助的问题是“什么”和“怎么样”。例如，对于“一家报业公司现在有三个分支机构”这样的话题，你可以问：“有哪三个分支机构？”对于这个问题的回答可能会形成如下提纲：

> 论题：一家报业公司现在有三个分支机构。（有哪三个分支机构？）
>
> 1. 出版部负责为整份报纸做决策。
> 2. 编辑部负责制作新闻和特色栏目。
> 3. 业务部负责广告出售以及报纸印刷。

对于说服性演讲，你要问的问题是“为什么”。例如，如果你的论题是“我们应该采用新的电子邮件系统”，那么不可避免的问题就是：“为什么我们应该采用新的电子邮件系统？”对于这个问题的回答能够帮助你厘清演讲的主要部分，示例如下：

> 论题：我们应该采用新的电子邮件系统。（为什么我们应该采用新的电子邮件系统？）
>
> 1. 新系统更易操作。
> 2. 新系统有更好的拼写纠错功能。
> 3. 新系统提供了更多种组织信息的方式。

第六步：组织要点

对于要点的合理组织有助于受众理解和记忆你所讲述的内容，可以让受众更好地沿着你的思路来思考。事实上，也许你需要告诉受众你是如何组织要点的。例如，“我会按照时间顺序来描述那些引发骚乱的事件”，或者“我会首先陈述当前体制的问题，然后去分析这些问题的解决方法”。

第七步：构建演讲的开头、结尾和过渡

在演讲的开头努力完成以下三个目标。

- 第一，吸引受众的注意力。一组惊人的统计数据，一个几乎不为人所知的事实，一个有趣的故事或是对于话题重要性的解释都可以达到这种效果。
- 第二，建立演讲者、受众和话题三者之间的关联。要达到这个目的，你可以告诉受众，你为什么要选择这个话题，为什么会关注这个话题，以及为什么你有能力来讲解这个话题。
- 第三，为受众做演讲导入。告诉受众你接下来要讲的大致内容。

在演讲的结尾也可以做三件事（虽然不是所有的结论都需要做这三件事）。

- 第一，总结你的观点。例如，你可以重申要点，总结说过的内容。
- 第二，激励受众。例如，你可以让受众做出具体的回应，例如，去当地的医院做志愿者。你可以重申问题的重要性，建议受众下一步的行动（这一做法更加适用于说服性演讲）。
- 第三，结束演讲。设计一个简明的结束方式，让受众明白你的演讲已经结束了。

通过“过渡”来联结演讲的各个部分，以便受众能够更好地跟上演讲者的思路。在以下

几个地方使用“过渡”：

- 在演讲的开头和第一个要点之间。例如，“现在，让我们来看一下这三个要素中的第一个”。
- 在每个要点之间。例如，“吸烟对吸烟者有害，对不吸烟者也同样有害”。
- 在最后的要点和结尾之间。例如，“如刚才所述，有三个证据对这位男管家不利：动机、财产和机遇”。

第八步：完善措辞

由于受众只有一次机会听到你的演讲，所以一定要确保你所说的内容让受众当场就能听懂。你不用刻意将语言简单化，但一定要让你的思想（甚至是非常复杂的思想）在第一次表述时就非常容易理解：用简单、具体而非复杂、抽象的语言；用个人化、非正式的语言而非没有感情色彩、正式的语言。

第九步：排练演讲

你已经准备好了演讲内容，所以接下来就是排练。在正式演讲之前，你应该至少进行四次排练，每次都从头到尾地大声练习。在练习时应该为演讲计时，确保你能够在规定的时间内讲完。在提纲中加入关于演讲方式的笔记，以便提醒你演讲中需要记住的事项，如使用辅助手段或者引用名言等。

准备好脱稿演讲，在排练的时候尽量避免去背词。当然，你最好记住一些要点及其顺序，以及演讲的开头和结尾。

第十步：发表演讲

在真实的演讲中，用声音和姿势来强化你的信息，让受众更容易听懂你的演讲。要避免各种异常声音，以及那些会转移受众注意力，让他们不再关注你说话内容的身体动作。以下是一些较为实用的建议。

- 当轮到你演讲的时候，充满热情地登台。即使你感到紧张（这是大多数演讲者都会有的心情），也要显露出你与受众交流的欲望。
- 当你站定了以后，不要立刻开始，而是先暂停一下，目光注视受众片刻再开始对他们进行演讲。
- 在整个演讲的过程中，与所有的受众保持目光交流，不要把目光只停留在其中几个人身上、看向窗外或盯着地板。

自我介绍型演讲

现在你已经大致了解了准备演讲和发表演讲的十个步骤。这十个步骤在后面的章节中也会逐一详细讨论。假如你要在工作中向新同事介绍自己，或者在你的播客和网络论坛上做自我介绍，自我介绍型演讲是必不可少的。通常这种演讲的时长为 2 ～ 5 分钟，包含几百个字。（在后续章节我们会探讨另一种形式的介绍型演讲，即你向受众介绍另外一名演讲者，通常是一位较有名望的人。）

观点

拉近距离的方法

自我介绍通常会给受众留下关于你的第一印象。第一印象往往很持久，而且很难改变。基于这些认知，在自我介绍中，演讲者应该怎样说才能让受众对其形成正面的第一印象？又有哪些演讲内容会导致受众形成负面的第一印象？

Rawpixel.com/Shutterstock

自我介绍型演讲的指导原则

以下是自我介绍型演讲的一些指导原则。

1. **演讲要包含完整的结构。**即使演讲时长只有 2 分钟，也需包括几大主要部分——开头、主体和结尾。
2. **思考是否要提及演讲焦虑感。**大多数人都会害怕公开演讲，所以考虑一下你是否要把你的恐惧感在受众群体面前提起。提起这种恐惧感的好处是，即使只是简单的一句话，也会让受众产生一种共鸣。缺点是你会提醒受众去注意你的那些紧张的表现，甚至暗示自己以后一直会害怕公开演讲。
3. **不要超出时间限制。**演讲的时间是规定好的，所以每个人都应该在规定的时间内完成演讲。
4. **把话题主要放在你跟受众的共同点上。**例如，你的专业、你的兴趣、你的工作、你的职业目标，以及你希望从公开演讲中得到的收获。
5. **告诉受众你希望他们了解什么。**你无须透露自己内心深处的想法，也不必有这样的压力，只要把自己想要表露的向受众表述出来即可。

自我介绍型演讲稿示例

图 1-4 是一份自我介绍型演讲稿的示例，可以具体阐释自我介绍型演讲的主要指导原则。这份演讲稿记录了一名学生向同学进行自我介绍时可能会说的内容。如果你想在网络论坛上进行自我介绍并以此来强调自己的可信度，你的发言内容自然会完全不同。

开头

大家好，我的名字是帕特 · 史密斯。这不是一个很特别的名字，事实上，史密斯是美国最常见的姓，有250万个姓史密斯的人。

> 一个简短但又包含自身重要信息的开场白是成功演讲的好方法。开头不用花太多的时间。在比较长的演讲中，开头自然也会相应长一些。

接下来我会介绍一下我从哪里来，为什么我在这儿，以及我想做些什么。

> 在这么短的一个演讲中，这个介绍部分也许不是最重要的，但是它的确可以让受众了解演讲的结构。

主体

我来自纽约的布朗克斯，出生于1973年。顺带说一下地点，是在塞奇威克大道上。嘻哈音乐诞生在离那里不远的地方，当然那里还有新洋基球场。所以离开家乡来到这座小城（这也是我在布莱克的第一个学期），一切对我来说真的非常新奇。这里没有高楼大厦，街角处没有星巴克，没有地铁，也没有送货卡车，在半夜时分不会吵醒沿街楼里沉睡的人们。但到目前为止，我很喜欢这些改变。班里的同学都非常友善，看起来也很有趣，跟高中似乎有很多不同。

> 演讲者讲述了新的体验带给他的积极感受，也许这些体验能引发许多受众的共鸣。演讲者还提到了关于嘻哈音乐的一个鲜为人知的小知识，也许会让受众觉得很有趣。

我修这门课的原因是，我想要消除自己的怯场感，在受众面前变得更加自如。我的理想是成为一名辩护律师，所以我必须在陪审团面前非常自如且自信地发言，去说服他们。当然我要付出很多努力。但无论如何，我在计划这一切。我想要攻读传播学和政治学双学位，希望日后能进一家好的法律院校继续深造。

> 略微谈一下你为什么要上公开演讲课，通常也是很有意思的。听到不同人学习这门课的不同理由，也能够更了解公开演讲的广泛应用，还能够让大家从新的视角来看待这门课。

眼下，我想要结识每一个人，并且加入摄影俱乐部。我听说这个俱乐部非常棒，而且我也期待着能够参加每年一度的外出摄影活动，今年是在冰岛。

> 演讲者又一次展现了非常积极的一面，并且简单地谈到了自己未来的计划。

在校外，你可以在米奇汉堡店找到我。在那儿有时我忙着烤汉堡，有时做服务员。有些顾客真的很难对付，他们会点一些我们店里没有的东西，然后因为我们没有而生气。还有一些人非常匆忙，所以想立刻拿到汉堡；还有一些人总是举棋不定，要花很长很长时间来做决定。但是大多数顾客还是非常友善的，我也很喜欢这份工作——起码在大多数的日子里。

> 因为许多学生可能都会兼职打工，所以可能你会愿意分享一下自己的打工经历。

结尾

所以，这里对我而言是全新的，我有些紧张不安。我同样也期待着在布莱克度过非常美好的时光。

> 在这类简短的演讲中，结尾必须干脆利落，让受众知道你的演讲要结束了。如果你愿意，可以加上一句“谢谢大家”或者“谢谢大家倾听”，但无论如何演讲的结尾一定要简短。

图 1–4　自我介绍型演讲稿示例

第 2 章

倾听与批评

CREATISTA/Shutterstock

事实证明，无论是线上还是线下的沟通，倾听都是非常重要的，这是一项值得努力精进的技能。

公开演讲中的倾听

考虑到脸书、推特、维基和博客这样的媒体，我们需要把过去对倾听的定义（即只局限于接收和处理听觉信号）进行扩充。如果在社交媒体上发布信息是人类沟通的一部分（毫无疑问，事实的确如此），那么阅读这些信息也必定是人类沟通的一部分，而且从逻辑上说也是一种倾听。所以这里我们可以将倾听定义为接收、理解、记忆、评估、回应各种语言和非语言信息的一个过程。

有效的倾听可以帮助你增加信息量，减少获取信息所需的时间。它能够帮你辨别诉求，分析其是否合乎逻辑，由此可以降低被误导的可能性。有效的倾听也能够帮助你成为一个更好的演讲者。认真地去听取其他演讲者的演讲，你能更清楚地知道什么样的做法是可行的，什么样的做法是不可行的，以及原因是什么。这种分析也有助于你明白公开演讲的具体原则，并且去遵循这些原则，避免走弯路。

演讲者也有责任来帮助受众倾听，让他们在倾听的时候感到更加轻松和自在。正如你在本书中会读到的，演讲者能够帮助倾听者的最好方法，首先就是遵循公开演讲的原则。例如，为受众简单介绍演讲的大致内容，这样他们可以更清楚重点是什么。其次，演讲要逻辑清晰，这有助于受众跟上你的思路。最后，要用简单明了的语言，再辅以适度的重复和重申，这样受众会更容易理解你要传递的信息。

根据我们现有的定义，倾听是一个技能的集合，这一集合包括注意力和专注度（接收）、学习（理解）、记忆力（识记）、批判性思维（评估）、反馈（回应）。加强这些技能可以提高倾听能力，而这些技能也构成了整个倾听过程的五个步骤，正如我们在图 2-1 中看到的。

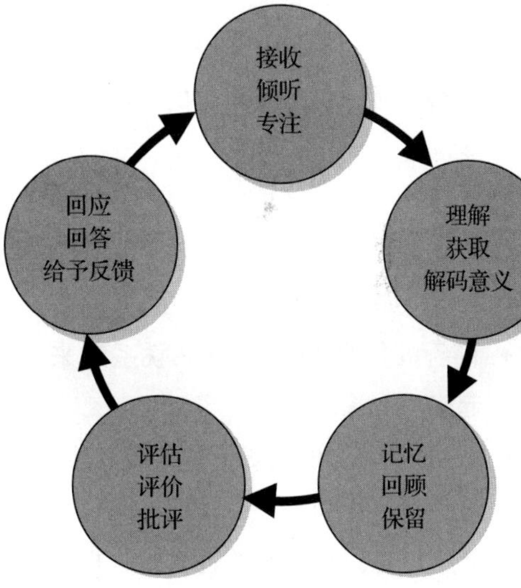

图 2-1　倾听的过程

接收

听见和倾听是两种完全不同的过程。听见只是倾听的第一个过程——接收，这意味着在听力刺激范围内接收到声音信号。倾听却完全不同。它的起点（而非终点）是接收到演讲者的信息。倾听者所接收到的信息，既可能是语言的，也可能是非语言的。这些信息包含语言、手势、面部表情、音量、语速以及许多其他的元素。

在这个阶段，你接收到的不仅仅是演讲者说出来的内容，还有他们没有说出来的内容。例如，你听到一位政界人士总结了他在教育方面的成就，但同时注意到他只字不提自己在医疗保健方面没有做到的承诺；你听见朋友嘴上说马上要结婚很开心，但同时发现他的语气中没有任何热情，脸上也看不到任何笑容。

接收信息是一个高度选择性的过程，你无法接收到所有能够听到或看到的声音刺激及视觉刺激，而是选择性地接收其中的某些信息，筛选掉其他一些信息。总的来说，对于你认为有价值或者特别有趣的信息，你会听得非常仔细。同时，对于那些你认为没什么价值或没有趣味性的信息，你就不会那么关注。因此，如果老师说即将有一场考试，你可能会听得非常仔细，但是如果他在讲一个很长的故事或者做一些日常性的宣讲，你可能就听得不那么认真。以下建议可以帮助你提高接收信息的技能：

- 目光注视着演讲者。让你的思想与身体配合，把注意力聚焦在演讲者的身上。
- 关注所有语言和非语言信息。留心演讲者的语言和非语言信息，了解演讲者说了什么及没有说什么。
- 把注意力放在信息上。思考演讲者讲述的内容，而非你对这个演讲者的质疑或者反对意见。
- 忽略干扰。忽略环境中的光线和噪声干扰。

理解

理解演讲者意味着不仅能够明白演讲者表达的思想，还能够捕捉伴随着这些思想而来的情感和语气，如演讲者的语言中的喜悦感、哀伤感或急促感。以下这些方法可以增强理解：

- 将新的信息和旧的信息联系起来。将演讲者提供的信息和你已经掌握的信息联系起来。
- 从演讲者的角度来思考其带来的信息。在没有完全明白演讲者想要表达的内容之前，避免做出评判。
- 转述信息。在倾听的过程中，把演讲者的思想用自己的话转述出来。

记忆

你接收和理解的信息至少需要保留一段时间。就公开演讲而言，你可以通过记笔记或者录音的方式来增强记忆的效果。

你所记住的并非演讲者所说的所有内容，而是你认为他所说的所有内容。关于演讲的记忆是无法复制的，你不能简单地利用回忆复制出演讲者所讲的所有内容。相反，记忆是一个重构的过程。事实上，你是把自己听到的信息，用一个对自己有意义的方式进行了重构。为了增强你的记忆效果，可以考虑使用以下几个方法：

- 明确论题和要点。了解演讲的中心思想和要点有助于你重构演讲的剩余部分。
- 重复演讲中提到的姓名和核心概念。为上述框架添加重要的细节以及重要的证据。
- 了解组织模式。了解整个演讲的组织模式，有助于你在头脑中视觉化信息并且理解演讲者所讲的内容。
- 用笔记的形式来总结信息。用可保存且自己易懂的形式来记笔记。

评估

评估包括对信息做出判断并评价演讲者的可信度、真实度和演讲内容的实用性。在这个阶段，你自身的偏好和偏见会特别有影响，它们会影响你对哪些内容进行评估或者对哪些内容不予置评，也会影响你认为哪些内容是好的或哪些是不好的。在某些情况下，评估在本质上更接近于批判性分析。想要让你的评估更有成效，可以尝试以下几个建议：

- 不要在没有完全理解信息之前做出评估。等到你认为自己能够完全理解（起码是基本理解）演讲者的观点之后，再做评估。
- 辨别事实和非事实。区分出这个演讲的内容中哪些是事实，哪些是观点，哪些是演讲者的诠释，哪些是你个人的理解。
- 识别演讲者的偏见。要留意有可能导致演讲者立场倾斜的任何自身利益或偏见。
- 识别自己的偏见。要意识到你自己的偏见可能会使你记住与你观点相符的内容，却忘记那些与你的想法相矛盾的内容。

回应

回应发生在两个阶段：①在演讲者演讲的过程中，你做出的非语言（或偶尔是语言的）回应；②在演讲者结束演讲之后，你做出的回应。演讲过程中的回应，应该是积极的、鼓励的，显示出你在认真地倾听（演讲者和倾听者之间的相互作用，在线上公开演讲中是没有的，因为演讲者无法看到倾听者）。这些回应包括某些非语言沟通，研究者称之为“渠道返回信号”。例如，让演讲者知道你在倾听的一些姿势，比如点头、微笑、身体前倾等。

演讲结束后，你做出的回应往往更加详细和具体，它们可能包含提出问题、要求解释（如“我不确定你说的重新分类是什么意思”）、表示赞同（“在这一点上你完全正确，如果投票的话，我会支持你的提议”）或不赞同（“我不认为日本的产品优于美国的产品”）。为了提升回应的技能，可以尝试如下的建议：

- 渠道返回。使用多种不同的鼓励性的反向沟通信号。如果只用一种方式（如不停点头），会让人感觉你不是在倾听，而只是在重复一种机械性的无意识行动。
- 给予演讲者支持。在你最后的反馈中说一些积极的话语。
- 说明反馈仅代表个人观点。表达清楚你的反馈仅代表个人的想法和感受。使用“我”来做主语。例如，可以说“我认为，新提议所需的花费比你预算的要多”，而不是说，“这个提议花费太多，大家都会反对它”。

观点

倾听的意愿

什么会促使你去认真倾听一场演讲？什么会让你昏昏欲睡？

Chris Ryan/OJO Images/Getty Images

倾听的指导原则

公开演讲中，倾听的技能之所以重要，至少有两个原因。首先，倾听（无论是倾听上级还是朋友的讲话，倾听真实生活中的公众人物的演讲，还是倾听电视上或网络上播放的演讲）在你日常生活的沟通中占据了很大比重。因此，充分利用这些时间是非常有必要的。其次，你需要仔细倾听并且进行批判性思维，这样才能避免被说服，去接纳一些无益的或无价值的观点。你也可以把这样的倾听能力运用到个人生活和职场生活中。一直以来，倾听都是雇主或恋爱关系中的伴侣非常看重的技能。要想让你的倾听更加有效，可参考以下指导原则。

积极倾听

要提高倾听能力，首先要意识到这不是一种消极的活动。倾听的过程充满困难。从许多角度而言，听比说要求更高。在说的过程中，你控制着局面，可以用你喜欢的方式谈论自己想谈论的内容。然而，在听的时候，你必须跟随说话者的节奏、内容和语言。

积极倾听是指把你所有的注意力放在说话者身上。你可以回想一下，在你听到一个非常重大的新闻时，你的身体语言是什么样的。你上半身挺得笔直，头部向说话者倾斜，并且保持着相对的静态。这一切动作似乎都是条件反射，因为如此倾听才最有效果。这并不意味着你必须一直保持紧张和不自在的状态，而是说你的身体要能够反映出你在积极思考。

- 合理利用倾听时间。在倾听的过程中，思考演讲者在讲什么，总结演讲者的思想，形成问题，并且在你的旧知识和新知识之间建立起联系。同时尽量避免去想无关的事情，比如说上周六做了什么或者今晚的计划是什么。
- 努力倾听。倾听并非易事，所以要做好积极参与的准备。不要有“娱乐综合征”，即希望演讲者把自己逗乐或者带来娱乐效果。把干扰注意力的东西（比如手机、笔记本电脑、耳机）放在一边，这样你的倾听过程也就少了很多干扰的诱惑。
- 在内心预设演讲者的话语是有价值的。不要在心里假定你要说的内容会比演讲者的话语更有意义。
- 必要的时候记笔记。记笔记有助于你针对演讲中具体的内容进行提问，或者把其中具体的某一句陈述加入你的批判性评估当中。

礼貌倾听

通常人们认为礼貌只是属于演讲者的一种态度，也就是说，这种功能仅属于编码和发送信息的过程。但实际上，倾听的过程也可以传递出礼貌或无礼。关于如何表现出你的确是在礼貌地倾听，本书有以下几条建议：

- 给出表示支持的倾听信号。这些信号可能包括点头、微笑、非常认真的坐姿。倾听的时候要能够表现出你认为演讲者所说的内容是非常重要的。在某些文化中，礼貌倾听的信号是一些赞同的手势（日本文化在这方面比较典型）。在其他的一些文化中，礼貌倾听的信号通常是表现出专注或者鼓励，而不是赞同的手势（如美国）。
- 保持目光交流。在美国的大部分地方，这也许是唯一也是最重要的原则。如果你没有跟演讲者进行目光交流，那看上去你根本就没有在倾听（至少没有在礼貌地倾听）。
- 给予积极的回应。在整个倾听的过程中，尤其是在演讲结束之后，积极的回应被视为礼貌的，而消极的回应则被视为无礼的。如果你必须给出负面的反馈，那么也尽量不要攻击演讲者本身。例如，在批评前先说你赞同的内容和你对演讲者欣赏的地方，以表明你的善意。

公开演讲选择点

积极倾听

亚历克斯的公开演讲是下午 4:00 开始，他意识到要让受众认真听他的演讲，可能需要付出特别的努力，因为在这个时间，大多数受众都会觉得长长的一天即将结束。亚历克斯能做些什么来鼓励他的受众认真倾听呢？

听取完整的信息

信息的意义不仅仅在于说话者说了什么，还在于他没有说什么。例如，当一个演讲者在谈论当前美国的社会问题时，如果他没有谈及无家可归的人，也没有谈及毒品问题，那么这种忽略其实也传递出了重要的信息。例如，倾听者可能会由此认为演讲者准备得不够充分，调查得不够完整，或者说演讲者试图通过忽略这些问题来愚弄受众。因此，作为倾听者，你应该对那些非常重要的忽略所传递出来的信息保持敏感。作为演讲者，你应该意识到，如果你谈论问题不够全面，受众从中得出的结论大多是负面的，这种情况会对你的可信度以及演讲的总体效力都带来负面的影响。

演讲者的非语言行为、手势、面部表情和声音的音量、语速等也能传递出意义。

- 语言和非语言信息都要关注。去鉴别演讲者的语言和非语言信息是否一致，以之为信号推断出演讲者想要传递的信息。有疑问的时候可以提问。
- 先看森林，再看树木。把所有的细节都跟演讲者的论题联系起来，而非仅仅去记忆一些孤立的事实和数据。
- 同时关注表面意义和隐含意义。在试着揭示演讲者的深层（隐含）意义的时候，也不要忽略字面（表面）意义。
- 不要把有难度的或者令人不快的信息过滤掉。你自然不想听到你认为不对的内容，或者也不想听到你所尊重的人做了不道德的事，然而，这恰恰是需要你非常关注的信息。如果你过滤掉这一类信息，就有可能错过纠正谣言的机会，或者错过全新的重要见解。

带有同理心的倾听

同理心指的是一种思维活动，通过这种思维活动，你能够感受他人的感受，理解他人的观点，并体会他人的处境。当然，你不可能跟演讲者有一模一样的感觉，但你可以试着去感受他的感受，去倾听他的思想。

我们可以把怀有同理心的倾听理解为两个阶段。首先，带着同理心去感受演讲者，这样你可以更好地理解他的思想和情感。其次，在演讲结束后给出回应时也要具有同理心，这样演讲者就知道你真的理解了他要表达的内容，也明白他的感受。针对第一个阶段，本书有以下一些具体的建议：

- 从演讲者的角度看问题。在明白演讲者所说的内容之前，你首先要从演讲者的角度来看问题。把自己设想成演讲者，然后试着从他的角度来看待这个话题。
- 理解演讲者的思想和感受。如果你不能完全明白演讲者的思想和感受，那就不能认为你的倾听是完整的。
- 避免“无礼的倾听”。不要只凭只言片语就断章取义，用这些内容来攻击演讲者或挑剔演讲内容。
- 不要用非敌即友的态度来歪曲信息。换句话说，不要只想听到对朋友的正面评价或者关于敌人的负面论述。例如，即使你不喜欢弗雷德，对弗雷德的演讲也要有客观的心态，在必要的时候也能够给予积极的评论。

第二个阶段是用同理心回应演讲者。这个阶段可以分两个步骤来完成，分别对应着思想同理心和感受同理心。

- 思想同理心，即表达出对演讲者所述内容的理解。例如，当你对这个演讲进行评论的时候，可以转述演讲者的部分话语来表明你理解了他所要表达的意思，这样的行为就是在传递思想同理心。如果你在倾听的过程中点头，表示赞同演讲者的论题，你也是在传递思想同理心。
- 感受同理心，即表达你对演讲者感受的理解。如果你面部表情流露出来的情感与演讲者谈话的语气相符，那你就是在传递感受同理心。通常你可以用简短的回应来同时表达你的思想同理心和感受同理心，例如“我能够理解跟这样一位总是很抑郁的同伴生活在一起的感受（思想同理心），你一定也觉得很抑郁（感受同理心）”。

带有开放心态的倾听

用开放的心态去倾听并非易事。当听到攻击你所珍视的信条的言论时，心里是很不舒服的。通常人们在听到这样的话语时就不再倾听了。然而恰恰是在这种情形下，如果你能够继续以开放的心态和公正的态度去倾听，则是非常有意义的。要想拥有开放的心态，要试着避免做预判、筛选、同化，也要意识到自己的偏好和偏见。

- 不要预判。在你完全理解演讲的内容和传递的信息以及演讲意图之前，避免给出任何正面或负面评价。另外，不要预先判断这个演讲与你无关，或者没有任何趣味性。应该给演讲者机会。

- 不要过滤有难度、令人不快或者你不想听到的信息。不要用过度简化或者淡化信息的方式来歪曲信息——有时我们会删除细节，并为了方便记忆而简化信息。
- 不要同化。同化是指向着有利于自己的态度、偏见、需要和价值观的方向来重构信息。例如，当你听到一条比较中立的信息（管理层准备在时间安排上做出非常大的改动）时，把它重新构建为支持你态度和信条的信息（管理层又要把我们的时间计划搞砸）。
- 认识自己的偏见。偏见或偏好是一种先入为主的想法，它们可能会妨碍你准确地倾听，让你歪曲信息来支撑自己的观点。偏见还会导致锐化——这种效果会让部分信息格外重要，因为它们与你原有的成见或者观点相符。

带有批判性思维的倾听

在许多公开演讲的场合，你需要进行批判性评估或判断。带有批判性思维的倾听是指受众用逻辑性思维，不带情感色彩地去倾听演讲。用开放的心态去倾听有助于你更好地理解信息；用批判性思维来倾听，有助于你更好地分析和评估信息。带有批判性思维的倾听主要体现在以下几条原则中：

- 不要过滤掉或过分简化那些复杂的信息。同样，也不要过滤掉你不喜欢的信息。很明显，人们都不愿意听到自己相信的东西是不真实的，你所关心的人是不友善的，或者你怀有的理想其实对人生是很不利的。然而，在倾听这类信息时，重新审视自己的信念是非常重要的。
- 抵制“锐化”的倾向。要特别警惕，不要突出、强调甚至修饰某条信息的某一个或几个方面。我们往往锐化的其实只是别人的一些无心之语，机缘巧合下我们却觉得这些话语特别重要。例如，在第一次相亲时你可能会锐化对方所说的“谢谢，我度过了一个愉快的夜晚”，由此以为整个约会是非常成功的。然而你却忽视了“一切不过如此”的信号，如整晚没有多少目光交流，有很多尴尬的沉默，以及时不时的来电干扰。
- 留心语言谬误。辨识出那些用意不良、给不出充分的理由但又想要说服你，或是为了欺骗你的语言。

有道德的倾听

作为倾听者，整个沟通过程的成败都与你相关。不仅如此，沟通过程带来的道德影响力也与你有关。因此，在听和说的时候都不要忽略道德问题。有道德的倾听主要应遵守以下两大原则：

- 带着真诚的态度去倾听。你无须赞同演讲者的话，但应该尽最大努力在情感上和思想上去理解演讲者的意思，再基于所获取的信息来决定接纳或者摒弃演讲者的思想，而不是基于片面的理解或者偏见。
- 给予演讲者真诚的回应和反馈。有道德的倾听，意味着给予坦率且有建设性的批评意见来帮助演讲者进行改进。它还意味着对演讲者提出的问题给予诚实的回应。正如倾听者有权期待一个非常积极的演讲者，演讲者也有权利去期待积极互动而不只是被动倾听的受众。

美国最高法院大法官奥利弗·温德尔·霍姆斯（Oliver Wendell Holmes）曾说过一句话："倾听是智慧所赋予的特权。"表 2-1 会提供一些倾听建议，它们同样适用于网络论坛或播客讲座，一边阅读一边思考你有什么想要添加的建议。

Julie Edwards/Alamy Stock Photo

观点

演讲者的影响

哪些演讲者特征会影响你倾听的意愿，或者会影响你开放的心态？

表 2-1　倾听的建议

总体指导原则	具体策略
做好倾听的准备	• 坐姿端正，选择一个舒适的座位以便清晰地看到演讲者及视觉辅助设备 • 记住在倾听的时候，要耳眼并用。无论是线上还是线下的场合，倾听时，你的目光应该注视着演讲者
避免干扰	• 避免各种干扰，比如说笔记本电脑、智能手机或报纸，也不要开小差
特别关注开头，这里会有对于全篇的简介，也会帮助你对演讲的提纲有较好的理解	• 留心定位词、关键词和短语，例如"另外一个原因""三个主要原因""首先"这样的词 • 用这些线索帮助你总结演讲提纲

（续）

总体指导原则	具体策略
用提纲的形式记笔记	• 留心小标题，用这些小标题充当提纲里的主要标题。例如，当演讲者说到“噪声有四种”时，你就可以列出小标题，并写好数字列表
预设你所听到的东西是与你相关的	• 有时，也许到最后你才发现演讲内容与你无关（在非常不走运的情况下），但是，如果你在听演讲之前就预设这个演讲与你无关，那你就不会有任何收获
为了理解而倾听	• 在没有完全理解演讲之前，不要有任何质疑；在你完全理解之后，你则可以提出异议。如果在还没有完全听懂之前就提出异议，你可能会错过额外的解释和说明

公开演讲中的批判性评估

对任何形式的艺术而言，评论家的批评都是很重要的组成部分。批评（criticism）一词来自拉丁文 criticus，意为“有能力察觉”“有能力评判”。因此，演讲批评就是去评估一个演讲，判断它的价值。注意，批评本身并不必然是负面的。批评既可以是负面的，也可以是正面的。

公开演讲中批评的主要价值在于它能够帮助你提高公开演讲的技能。通过他人有建设性的批评，你能够更有效地掌握公开演讲的原则。你可以了解自己哪里做得好，哪里需要改进，以及如何改进。作为倾听者和批评者，你在评价他人演讲的过程中也可以进一步掌握公开演讲的原则。正如你可以在“教”中学，你同样可以在“评”中学。

当你在公开演讲的场合发表批评意见的时候，你是在向演讲者表明你已经认真倾听了演讲内容，并且很重视这个演讲，所以你愿意提出改进的建议。

当然，做出批评并不容易，不管对于批评者还是对于被批评者而言。作为批评者，你也许会感到批评他人让你尴尬或不自在，你甚至有可能想，我有什么资格去评判别人的演讲，我自己的演讲也好不到哪里去；或者你不想冒犯他人，害怕自己的批评会让演讲者感到不自在；又或者你认为批评是一种对抗，其弊大于利。

但请思考一下另一种观点：给出批评是对演讲者的一种帮助，让他能从一个新的角度来看待问题，这对他未来的演讲是很有帮助的。当你给出批评的时候，你并非在宣称自己做得更好，而只是提供一个不同的角度。的确，在给出批评的时候，也许你的观点与他人不同，而恰恰是这些不同才使得公开演讲更具挑战性。

接受批评也非易事。在经历了一段时间的准备过程以及各种常见的演讲焦虑之后，你最不想要的场面，也许就是站在受众面前，听他们评价你哪里做得不够好。公开演讲是围绕着自我展开的，所以，听到批评的时候会认为这些批评针对的是自己，这很正常。但学会如何给出和接受批评会有助于你提升公开演讲的能力。

有一个很实用的评估演讲的标准，就是这场演讲与公开演讲的原则相符的程度。基于这样的标准，当演讲符合批评者、理论家和公开演讲实践者所总结出来的公开演讲原则时，你就给出积极的评价；当演讲背离了这些原则时，你就可以给出负面评价。这些原则包括：选择一个有价值、有意义、有相关性和趣味性的论题；针对特定的受众群体来设计演讲内容；演讲应该以科学的研究为基础。

关于如何让评价的过程更加有效，以及避免批评带来的负面影响，后文会给出一些具体的建议。在此之前，让我们先思考以下一些批判性论述，找出每一句论述有什么问题（为了达到练习的目的，假定以下几个论述都是批评者完整的评语）。

1. 这个演讲对我一点用都没有。
2. 我喜欢这个演讲，它很棒，真的很棒。
3. 这个演讲很差劲。
4. 你的立场对我们来说不公平，奖金是我们靠努力挣来的。
5. 我喜欢这个演讲，校园的确需要更多的警察。
6. 开头没有吸引我的注意力。
7. 我发现你的演讲有四个问题。首先，……
8. 你需要再好好研究一下。
9. 没人能理解你在说什么。
10. 我们听不清你在说什么。

给予批评

对于公开演讲的批评可以分为三个步骤：①给出一些积极的评价；②说出演讲中对你而言不是太有效果的地方；③对于你认为不是很有效果的地方给出具体的改进建议。

图 2-2 列出了遵循本节建议的一个简短批评的示例。

做批评时，应把以下几个原则记在心里（见图 2-3）。它们解释了为什么上面几个批评性论述不够有效，并且给出了可以更加有效地表达批评意见的方法。

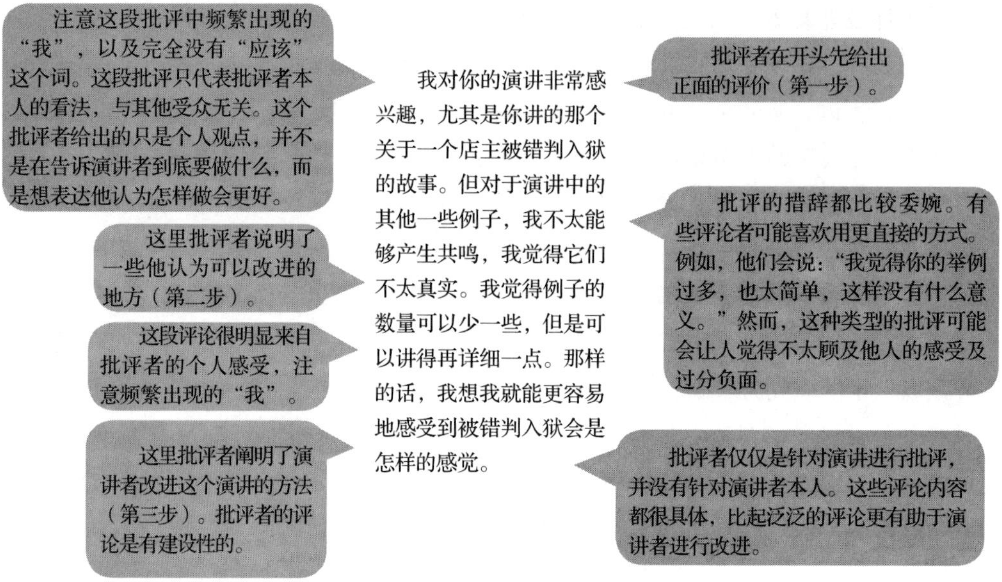

图 2-2　一个批评的示例

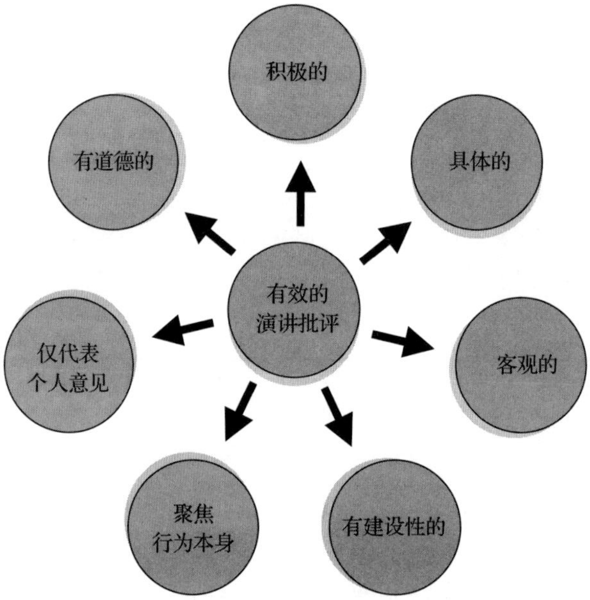

图 2-3　有效的演讲批评的特征

图中列出了有效的演讲批评的七个特征，你还能想到更多特征吗？

强调积极的一面

自尊心是脆弱的，公开演讲又是非常个人化的。作为批评者，你的部分目的是帮助演讲者进一步强化他已经做得很好的方面。积极的评价本身很重要——给出负面评价之前，我们必须先给出正面的评价。任何演讲都有自己的优点，我们应该先聚焦于这些优点。因此不要像上面提到的论述那样说："这个演讲对我一点用都没有。"而是应该先告诉演讲者你喜欢演讲里的哪一部分，再指出他的某个弱点，并且给出如何改进的建议。

如果是对一个演讲者的第二次或第三次演讲进行批评，那么能够指出具体的改进之处是特别有帮助的（"你的这次演讲真的吸引了我的注意力。""我觉得这次演讲你的把控力比第一次演讲好多了。"）。

记住，沟通是不可逆的。一旦你说了某一句话，就不可能再收回。在给出批评的时候要记住这一点，尤其是当你要给出负面评价时。如果心存纠结，那么宁可选择温和一些的方式。

要具体

批评的话语越具体就越有效果。如果只是泛泛评价，例如"我觉得你的演讲很糟糕""我认为你的例子非常棒"，或者像前面列出的论述一样——"我喜欢这个演讲，它很棒，真的很棒""这个演讲很差劲"，这些表达都不是很好的评价方式。因为这些论述既没有具体说明演讲者怎样做才能改善自己的演讲效果，也没有提供什么具体的例子来解释为什么这样评价。在我们评价演讲的过程时，可以评论一些具体的方面，例如目光交流、声音的大小或者任何其他的重要因素。当评价演讲中的例子时，可以告诉演讲者这些例子为什么好：是它们很贴近现实，还是它们特别有趣，抑或是它们讲出来特别有戏剧性？

如果要给出负面的批评，要尽可能给出具体的说明，并且要说出理由，以及有哪些更好的选择。以下是一个范例：

> 我认为你介绍数据的方式比较模糊。我不太确定这些数据的来源是什么，以及它们的时效性和可靠性如何。这样表达可能更好一些，"2020 年美国人口统计数据显示……"这样我会知道这些数据是最新的，也是较为可靠的。

要客观

在评论一场演讲时，要尽量摆脱自己的偏见。尽量用客观的眼光去看待这个演讲，不要因为演讲者跟你的想法不一样就忽视该演讲。从一个不偏不倚的角度来审视这场演讲。例如，你可以去评价这场演讲论据的有效性、对受众的适合度、演讲的语言、演讲的支撑性材料等。反过来说，也要尽量避免因为一场演讲跟你的立场相同就去称赞它。

要有建设性

受众应该让演讲者知晓对他日后的公开演讲有用的东西。例如，如果仅仅是说“你的开头没有吸引我的注意力”，就没有告诉演讲者怎样做才能吸引你的注意力。你或许可以说：“开头如果你讲述那个关于电脑出故障的故事，也许可以更好地吸引我的注意力。”

另一个让你的批评更有建设性的方法，就是限制批评的数量。将演讲者的缺点分类，如“我发现你的演讲有四个问题”，这样会让人觉得你提出的问题过多，很难接受。如果你是唯一的批评者，也许你的批评需要比较宽泛；但如果你是众多批评者之一，那么你的批评应该集中在一点或者最多两点上。总而言之，指导原则就是要让你的评价对于演讲者而言是有价值的。

要聚焦行为本身

你评价的对象应该是演讲者在真实演讲中的话语或行为，而不要去妄自揣测演讲者头脑中的想法，去假定你知道他为什么这样做而没有那样做。试着比较一下表 2-2 中两种不同的评论方式。注意左边这栏的“攻击性评价”，这种批评总是试着找出演讲者这样说或这样做的原因，也试着去猜测演讲者的想法。因此，他们往往会把发生的一切都归咎于演讲者本人。而右边这栏“鼓励性评价”，就会把评价的注意力放在具体的行为上。同时也要注意到，左边这栏的评价很容易激起演讲者的反驳，你几乎可以听到演讲者在说：“我对你说的可‘真’感兴趣啊。”而右边这栏的评语，就不会让人非常反感，反而会让人觉得这是对演讲做出的非常坦率的评价，也会让被评价的人心存感激。

表 2-2　攻击性评价和鼓励性评价

攻击性评价	鼓励性评价
“我对演讲话题不感兴趣”	“我期待你在演讲的时候可以用更多的方式，这样会让我觉得你对话题非常感兴趣”
“你应该在准备演讲时花更多的时间”	“如果你在演讲过程中不是一直看着笔记，我觉得可能会更有效”
“你根本不在乎受众”	“如果在演讲中你能够注视着我，我感觉会更好一些”
“你对话题了解得不够充分”	“我希望你能够向我们更多地介绍你对这个话题所做的研究，以及你在这个问题上的个人经历”

仅代表个人意见

在进行批评的时候，要说明这些批评来源于自己，要为它们负全部责任。达到这个目的最好的方法就是多用“我”，而不是用“你”来做主语。也就是说，在评价的时候尽量不要去说，“你需要做更多的研究”，而是说，“如果你能够做更多的最新的研究，我对此会更加信服”。

仅代表个人观点，还意味着不能因为你认为演讲有哪些问题，就推断其他人也这么想。不要说“没人能理解你在讲什么”，而是说“我在理解演讲内容上有些困难，如果你能说得再慢一点，也许会更有帮助”。要记住，你的批评之所以重要，就是因为这些批评是你对于演讲内容的个人看法及建议。代表整个受众群体来发言（“大家都听不清楚”“没人会被你说服”)，对于演讲者而言是没有帮助的，而且往往是不太道德的。

用“我”来做主语还有一个好处是可以避免说“应该”，而“你应该如何如何”这样的话语几乎毫无例外地会引发对方的反感和憎恶。诸如“你早应该这样做”或“你当初不应该那样做”这样的话语，是把自己放在一个更优越的位置上，而且在暗示你所说的就是正确的，而演讲者所说的是不正确的。另外，当你能够表明你的评价仅代表个人意见时，你给出的就是个人观点，然后由演讲者来决定是接受还是拒绝它们。

意识到自己的道德责任

正如演讲者和倾听者都有道德责任一样，批评者同样也有道德责任。

第一，有道德的批评者可以区分对于演讲者的个人情感和对于演讲内容的评价。对于演讲者本人的喜爱，不能必然带来你对演讲内容的正面评价；反过来说，对于演讲者本人的不喜爱，也不能必然带来你对演讲内容的负面评价。

第二，有道德的批评者可以区分个人对问题的感受和对于论据有效性的判断。有道德的批评者会认可一个有效的论据，哪怕这个论据所论证的观点是与他深信不疑的观点相矛盾的。同样地，有道德的演讲者也能够辨别支撑自己观点的论据中的谬误。

第三，有道德的批评者对于文化背景是很敏感的，可以意识到自己的民族中心主义，不会因为一场演讲的习惯和形式与自己熟悉的文化不同，就给出负面评价。同样地，有道德的批评者也不会因为一场演讲的内容与自己的文化信仰和价值观相符，就给出正面评价。有道德的批评者不会因为性别、种族、国籍、宗教、年龄群体等特征去歧视或偏爱某个演讲者。

回应批评

一方面，我们要学会有效地表达我们的批评；另一方面，我们也要学会有效地去倾听批评。以下建议是关于如何把倾听批评的过程变得不那么艰难，也更具成效。它们适用于像公开演讲课堂这样的学习性环境，在这种场合中，批评是一种学习工具。而商务演讲或专业演讲与此不同，倾听者并不会提出改进的建议，他们只会把注意力放在你提出的问题上。

道德选择点

倾听的开放性

你正在听一个演讲，其倡导的立场是你强烈反对的。你的第一反应是不再听下去。然而与此同时，你也希望自己能够怀着开放、平等、真诚的心态去听取演讲者的演说，毕竟你应该能理性地倾听各种声音，而不仅仅是那些你赞同的声音。应该怎样做才能既忠实于自己的信念，又能够用平等的心态，遵循道德原则，去认真倾听演讲者的演讲呢？

接受批评者的观点

批评反映的是受众的认知，因此批评者总是正确的。如果批评者说你给出的证据并不令人信服，那么这时候你列举 10 ～ 12 个研究来源也没有用。批评者告诉你的是他自己的感受，他没有被说服。因此，取而代之，你应该考虑的是你的证据为什么没有说服力。或许你并没有清楚地解释这些证据和你的论题有什么关联性，又或许你在讲解的时候匆匆略过，讲得不够详尽。如果你听见自己在心里说“但是，我真的……”，那么也许你并没有真正接受批评者的观点。

用开放的心态去倾听批评者的意见

如果你已经做过演讲，就会知道公开演讲是高度个人中心的。也正因为如此，它经常会屏蔽批评。毕竟，听取别人的批评并非易事，尤其是在一个公开场合。但如果你真的对所有的批评充耳不闻，你可能会错失一些实用的改进建议。要意识到，犯错误是成功的一部分。如果这是你第一次接触公开演讲，那么肯定会有很大的改进空间。因此，在倾听批评的时候要抱有开放的心态，让批评者知道你真正在意他所说的内容。这样批评者也会更加自由地表达他的想法，在这个过程中你就可以更多地了解在受众眼中你演讲的效果如何。

观点

开放的心态

倾听与你意见相左的内容，比起倾听与你意见相同的内容，你心态的开放程度是否会有所降低？这种思维和倾听方式会带来什么样的后果？

GlobalStock/E+/Getty Images

区分对演讲的批评和对演讲者的批评

有些演讲者会把别人对演讲的建议看成针对他个人的批评，所以把批评视为一种人身攻击。即使这个感觉不是有意识的，这种行为也会影响你接受批评的程度。所以要意识到，当你的演讲被别人批评时，你的性格、你的人格或你作为个体的价值，并没有受到批评或攻击。所以，在听取别人对你演讲的批评时，就应该像你在做生物实验的时候老师指导你如何调显微镜，或者某个计算机专家教你如何把照片放到博客中一样，无须感情用事。

寻求清晰的解释

如果你对批评无法理解，那就需要寻求进一步的解释。例如，如果别人说你演讲的目标太过宽泛，但是并没有提到你该如何把话题收窄，你可以让批评者来做进一步的说明（这样做的时候要避免显得咄咄逼人或心怀不满）。即使批评是正面的，如果你不明白或者批评不够具体，你也可以寻求进一步的解释。如果有批评者说，演讲的开头很精彩，你可以进一步问："开头吸引了你的注意力吗？""我的开头有没有把我接下来要说的内容介绍清楚？"用这样的方式可以鼓励批评者进行详细的说明。

对批评进行评估

用开放的心态听取批评，并不意味着你一定要按批评者所说的去做。你可以对批评者的建议进行评估，甚至在你下一次排练或正式演讲中尝试这些建议。但是，最终要由自己来决定哪些批评你会听从，哪些批评你会调整和改动，还有哪些批评你会完全不理会。

倾听、批评与文化

文化会影响公开演讲的方方面面，倾听和批评也不例外。以下是文化产生影响的一些方式。

倾听与文化

倾听是有难度的，一部分是由于听者和说者的沟通系统之间有不可避免的差异。个体都有自己独特的经历，其沟通和意义系统也不尽相同。倾听者和演讲者如果来自不同的文化背景，那他们之间的差异以及差异带来的影响也会更大。以下列举几种有可能发生误解的情况。

语言差异

即使演讲者和倾听者操同样的语言，他们在说话的时候肯定也会有不同的表达习惯，不同的口音。没有任何两个人的说话方式会完全相同。每个演讲者都会说一种个体语言，也就是自己母语的一种独特的变种。同一个语种的演讲者，由于各自的经历不同，有时相同的词语表达的意思也会不同。

如果倾听者和演讲者有不同的母语背景，并且英语都是他们的第二语言，那么他们在传递和理解意思的时候就会有更大的困难。翻译从来不是精确无误的，也无法捕捉到语言中的全部含义。如果你从小生长的街区人人都有自己的独栋房屋，每栋房屋周围有很多空地环绕，而另一个人长大的地方高楼林立，里面是一套套出租的公寓，那么两人沟通“房子”这个概念时就会有一定的困难。虽然两个人听到的是同一个词，但是他们对之在脑海中的构建是完全不同的。要调整你的倾听，尤其是在跨文化交际的情境中，要明白演讲者的意思也许跟你认为的意思是非常不同的，尽管你们使用同一门语言。

语言差异的另一个方面是演讲者的口音。从语言学的角度来看，每个人说话都带有口音，但通常他人的口音与我们相同时，我们不太会特别关注，但是如果他人与我们的口音不同，我们就会特别留意。因此，当演讲者的口音与我们的有较大差异时，我们也许会把注意力放在口音上，而忽略了演讲者究竟在说些什么。美国有各种各样的口音，无论是来自当地的人还是外国人。中文也有不同的口音，会出现声调的区别（同一发音的不同声调会带来非常多的差异），有些母语是中文的人在说英语时所带有的一些语调可能就会让英语母语者听上去感到不太自然。日本人可能很难分清 L 和 R，因为在日语中对这两个音没有区分。地区差异也会使来自密西西比州和缅因州的人互相沟通时很难不注意到对方的口音。当你接触的差异化的语言越多，你对口音的关注就会越少。

非语言差异

当你在倾听他人的时候，你可能也会“听取”他们的非语言沟通信息。如果演讲者的非语言信息与你基于他们的语言信息所做出的判断有很大的差异，那么这种非语言信息可能就是一种噪声或干扰，或者它们传递了一种矛盾的信息。

另外，来自不同文化背景的演讲者，也会有不同的情绪表达规则，即用于判定公开场合什么样的非语言信息是恰当的，什么样的是不恰当的文化规则。不同文化对相同的非语言表达也会有不同的理解。例如，美国人通常会认为目光交流表示真诚和坦率，日本人却将其视为一种缺乏尊重的表现。日本人很少会去注视对方的脸，并且每次也只停留片刻。在一些拉丁美洲国家和美国的印第安人当中，师生之间的目光对视被认为是不恰当的或者是无礼的，恰当的做法应该是学生避免与教师的目光交流。

民族中心主义

对比其他文化，你对自己的文化有什么样的理解？例如，你是否认为其他文化较为落后，自己的文化较为先进？你是否认为其他文化应该向你的文化学习？你是否认为人们在你的文化当中生活会比在其他文化环境下更幸福？你是否认为其他文化背景下的人不如你自己文化背景下的人更值得信任？

如果你对这些问题的回答都是肯定的，那么很可能在你的思维中存在民族中心主义。民族中心主义是指一种思维趋势，它促使人们认为自己文化的价值观、信念和行为比其他文化的要更积极，更具逻辑性，也更自然。与之相反，非民族中心主义者就会认为自己和他人的文化是平等的，并没有孰优孰劣的差别。

能够认清这种民族中心主义倾向是抵制任何过度行为的第一步。另外，不妨试着遵循贯穿本章的所有关于有效倾听的建议，尤其身处一个跨文化的公开演讲场合时。让自己多去接触不同的文化，但尽量不要用自己的文化滤镜去评估它们。

Art_Photo/Shutterstock

观点

性别差异

根据你的经验，你认为男女间的性别差异符合事实吗？你对这个讨论还有什么补充？

倾听和性别

德博拉·坦嫩（Deborah Tannen）在她的畅销书《你误会了我：交谈中的女人和男人》中指出，女性向往建立和谐及更深层次的关系，所以她们利用倾听来达到这个目的；而男性与女性不同，他们往往想要表现自己的专业技能，并强调这一点，而且还想用这种专业技能来主导整个互动。女性一般会淡化自己的专业技能，更感兴趣的是对沟通的支持。坦嫩认为男性交谈的主要目标就是获得尊重，所以他要展现自己的知识、专业和才能，而女性希望得到的是喜爱，所以她表达赞同。

男性和女性也会表现出倾听方式的不同。女性常会表现出自己在倾听，比如她们会说“是呀”“是吗”，并且点头表示赞同，面带微笑。男性却往往沉默地倾听，不发出任何声音的反馈。然而，坦嫩也认为，男性倾听女性的确比女性倾听男性要少，究其原因，是倾听把人置于稍微劣势的位置，说话却把人放在较优越的地位。

正因如此，男性在对话中往往展现出一种战斗的姿态，仿佛随时准备好争论。他们往往会问一些更具争论性的问题，以这种方式来破坏他人的地位，并且展示自己的专业技能。女性更多地问一些鼓励性的问题，或者给出比较正面的评价。在公开演讲的场合，女性受众也会让演讲者知道她们在倾听，而男性却不太会给出倾听信号。

无论是对男性演讲者还是女性演讲者，男女受众的做法都是这样，他们这种正常的沟通方式并不会随着演讲者的性别而改变。没有证据表明这些差异背后有任何恶意的动机，或者说男性是有意识地用这种方式来显示他们优于女性，以满足自己的内心诉求。相反，这些倾听差异是由两性的社会化形成的。

批评与文化

关于公开演讲的批评，究竟什么样的方式是恰当的，在不同文化背景下有不同的看法。例如，对于批评的看法，来自个人主义文化背景和来自集体主义文化背景的人会大不相同。个人主义文化非常强调个体的重要性，会把个体的目标放在首要位置；而集体主义文化会更加重视集体，会认为集体的目标是最重要的。

一些来自高度个人主义和竞争性文化背景（代表性国家有美国、德国、瑞典）的人，会认为公开演讲中的批评是学习过程中很正常的一部分。而集体主义更强调集体而非个体，来自这种文化背景（代表性国家有日本、墨西哥、韩国）的人，他们会认为直接给出或者接受直接的批评是让人很不自在的。例如，日本人的文化原则是维持友好的关系，许多亚洲国家的文化也认为礼貌是一种常规，而美国的文化常规是倾听者应公开表达批评，因此这些常规之间是有冲突的。

集体主义文化非常重视给人留面子，即通常对人都是公开予以肯定的。在这样的文化背景下，人们往往不愿意在公开场合给出一些负面评价。他们也可能不愿意说任何正面的事情，以免有任何遗漏会被理解为负面的。在“维护面子非常重要”的文化背景下，以下的一些沟通原则比较常见。

- 在公开场合不要表达负面评价，相反，应该称赞对方。

- 不要证明某人是错的，尤其是在公开场合。即使你认为这个人是错的，也要表达赞同。
- 不要去纠正某人的错误，甚至不要去揭示这些错误。
- 不要问一些很难的问题，以免演讲者不知道如何回答，这样他会觉得很丢面子或尴尬。通常情况下不要去问任何有可能让对方感到尴尬的问题。

如果可以公开讨论这些差异，也许这些差异所引发的沟通困难就可以降低。如果能够事先解释清楚，在公开演讲中批评是一种常规，那么面对这些批评，参与者就不会那么尴尬了。还有些人会用书面批评来代替公开的口头批评，以缓解尴尬。

准备演讲和发表演讲

2 第二部分

第 3 章

选择话题、目的和论题（第一步）

Shutterstock

终于找到合适的演讲话题，这种感觉有时会像历尽艰辛后的成功一样，非常激动人心，这是探索世界的一种有趣方式。

前面我们学习了准备公开演讲的基本步骤、控制焦虑的一些基本原则以及倾听和批评的基础知识，现在我们可以开始学习公开演讲过程的第一个步骤——选择话题（并缩小话题范围，以便在有限的时间内讲述完毕），确定目标，以及中心思想或论题。

针对第一步的重要建议之一，就是要及早准备。拖延时间，迟迟不开始准备对公开演讲来说是一个很常见的问题。我们应该摈弃这种低效的习惯，尽早开始工作，这样可以给自己留出更多的时间来克服各种不可避免但又无法预料的突发情况带来的困难。例如，一个原本非常有用的网站现在关闭了；一个原本想采访的人现在联系不到了；原本周末要准备演讲，邻居的周末聚会邀请却让计划泡汤了……及早开始还能给你留出充裕的时间来排练演讲，确保你的演讲效果比较理想，也有助于减轻你可能会有的演讲焦虑。及早开始甚至能够帮助你避免很多与拖延症相关的健康问题：研究表明，有拖延症的人会更容易患感冒、流感，出现肠胃问题以及被失眠困扰。

以下是几条有助于你克服拖延习惯的建议：

- 把任务放在心上。要意识到拖延只会让准备变得更难，而且很有可能会增加你对公开演讲的天然恐惧感。下定决心及早开始：在电脑中创建针对演讲的专门文件夹，收集信息并归档这些文件，以便日后查询。
- 不要自我欺骗。一个常见的认知误区是以为人们在压力下会表现得更好。除了极少的例外，事实完全不是这样的，在压力下你只会表现得更糟糕。
- 避免干扰。干扰无处不在，所以我们更要避免去制造干扰。例如，在开始准备演讲之前，没有必要先去更新你的脸书状态，或者是跑去打扫房间。当你有冲动想去做其他事时，要马上提醒自己，这样做实际上是拖延手头任务的一个借口。
- 每次完成一点。如前所述，准备演讲有十个步骤，这条建议就是基于这十个步骤而来的。幸运的是，每个步骤本身就是一个比较小的行动单位。腾出 20 ～ 30 分钟（通常以比较短的时间段开始），看一下你能够针对第一个步骤做些什么。随着准备活动的开展，再逐渐增加每次的时长。

演讲话题

当你开始思考公开演讲，尤其是思考自己未来的演讲时，也许你脑海中的第一个问题就是：“我该讲些什么？”这个问题的答案会随着你生活状态的变化而变化。未来，你的演讲话题可能就来自你的工作、社交活动和社会活动。从理论上来说，有数以千计的话题可以谈论。当然有些话题要比其他话题更胜一筹。判定话题好坏的标准是：好的话题具有实质性内容、适合演讲者、适合受众、对文化敏感。下面我们来简单讨论一下这几种特征。

- **有实质性内容**。好话题最重要的评判标准就是它涉及的应该是实质性问题。所以你选择的话题应该有一定的重要性，值得一群聪明的人花时间和精力来倾听。可以问问你自己：这个话题会吸引受众的注意力吗？一家有声望的报纸会报道这个话题吗？受众会认为这个话题与他们的社交生活相关吗？
- **适合演讲者**。你应该寻找一个适合自己的话题。这条特征最好的评判方式就是问自己一个问题：基于受众对你的印象，以及你准备的演讲内容，受众是否会认为你对这个话题了解充分且为人可信？如果答案是肯定的，那么你已经有了一个适合自己的话题；如果答案是否定的，那么也许你应该继续寻找。
- **适合受众**。另外，你选择话题时也应该考虑到受众的兴趣和需求。当考虑话题的时候，一定要想想你的受众群体，并且尽量去预估他们对这个话题会有何反应。毕竟，受众把时间和注意力交给了你，选择一个能够符合他们的需求和兴趣的话题也是理所应当的。
- **对文化敏感**。一个好的演讲话题是对文化敏感的。选择话题时应该有文化敏感性，不要选择有可能冒犯其他文化背景下的受众的话题。这样做可以提升你在受众心目中的形象。一条总体原则是屏弃固有成见，不要以为某个群体中的所有成员都是一模一样的。对于如何保持文化敏感性，已有许多具体的建议。例如，许多亚洲国家、阿拉伯国家和非洲国家的文化中，在无论男女受众面前讨论性事，都会被视为非常下流猥琐和不礼貌的。然而，在斯堪的纳维亚文化中，人们却对公开讨论“性”这个话题没有任何不适或尴尬。以下事项是跨文化专家建议美国人出国旅游时注意的一些禁忌。当然，随着时间的推移，这些禁忌话题也可能会变化，所以现在禁忌的话题，以后也许会被接受。
  - 在西班牙尽量避免讨论家庭、宗教、工作，也不要对斗牛做出负面评价。
  - 在加勒比海国家，避免讨论种族、当地政治或宗教。
  - 在巴西，避免讨论政治或宗教，并且避免讲民族笑话。
  - 在日本，避免讨论第二次世界大战，也避免身体接触，比如说拍某人的背，或者伸出胳膊去搂某人的肩膀。
  - 在墨西哥，不要谈论美墨战争、毒品或非法移民。
  - 在伊斯兰国家，不要讨论宗教、政治和性，也不要说有可能被认为亵渎神灵的话。

寻找话题

以下是话题的五个来源：①你自己；②头脑风暴；③调查；④新闻报道；⑤话题列表（见图 3-1）。

观点

话题

关于什么样的话题能够吸引受众的注意，可能每个人都有自己的看法。你会如何描述这样的话题呢？

Viorika/E+/Getty Images

你自己

也许寻找合适演讲话题的第一步，就是考虑自己的兴趣。你对什么感兴趣？你平时把时间花在什么事上？如果你在网上看新闻标题，什么样的标题会让你愿意点开，什么样的标题会让你足够感兴趣，愿意去仔细阅读这篇文章？对于什么你想了解更多？简而言之，从思考自己的兴趣开始，你的受众也许会跟你有类似的兴趣。如果你计划的演讲话题是自己感兴趣并且想要了解更多的，那么你会很享受整个准备的过程，也会从过程中获益匪浅。这个研究的过程会很有意义，你在过程中所发现的事实也会更加有趣。并且你对于这个话题的兴趣，也会使你在演讲时更加有激情，不会引发过多的焦虑，从而更加吸引受众。总的来说，通过选择一个你特别感兴趣且与自己非常相关的话题，你就已经迈出了成功的第一步。

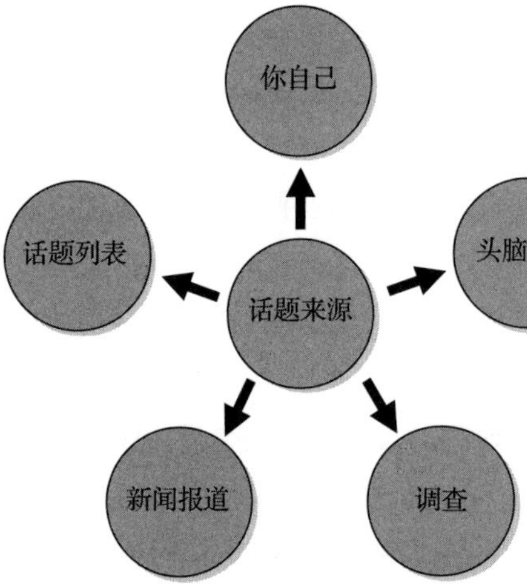

图 3-1　话题来源

除了考虑自己的兴趣，也同时考虑一下你的经历。你经历过什么？你曾经历过什么知名的事件或者去不同的地方生活过吗？你有特殊的才能吗？你对于一些新奇的或者独特的话题有了解吗？你的兴趣爱好是什么？如果你是一个集邮爱好者，那么对于独特的邮票、某些邮票的价值或者是邮票印刷方式方面的演讲，可能会非常感兴趣。如果你喜欢洞穴探险，那么关于洞穴的形成，以及它们对于某个地区生态的意义，这样的话题可能也是不错的选择。

头脑风暴

寻找话题的第二个有用的方法是头脑风暴。这个方法让你能够在短时间内生成大量的话题。头脑风暴需要从“问题”出发，在准备公开演讲时，这个问题就是“我要谈论什么”。接下来，把你所有的想法都写下来：允许自己自由联想，不要限制自己，而是让自己的思绪尽可能地自由发散。你想到的主意越多，找到合适话题的可能性也就越大。当你生成了一个数量比较可观的话题列表时（通常这个过程不会超过 5 分钟），把这个列表再通读一遍，或者说重新浏览一下。列表中有没有什么话题让你又想到一些新的话题？如果有的话，把这些话题也记录下来。你能合并或者拓展这些想法吗？哪一个想法看上去最可行？

调查

去查看一些民意测验或者研究组织所做的全国性或地区性事务的调查。例如，On the Issues① 网站就会调查很多的问题，例如流产、预算、经济、犯罪、教育、家庭和孩子、枪支管制、国土安全、移民和基础设施建设等。兰德（Rand）公司的网站上有各种问题报告，例如美国《平价医疗法案》、知识产权、空气污染、军人配偶就业问题、风险控制问题、保健质量、患者保护等。Issues in Science and Technology② 网站上的内容会涉及诸如气候、竞争、性教育、能源、环境、外交政策、国家安全、公共卫生和交通等问题。

现在调查数据比以往更容易获得，因为许多大型民意测验的结果都可以在网上找到。在盖洛普咨询公司（Gallop Organization）的网站上就有许多国内国际的调查，涉及政治、社会、消费者，以及其他演讲者通常会谈到的问题。Polling Report③ 网站也很有用，它会提供海量的关于政治、科学、商业新闻、健康、社会科学等方面的民意测验数据。最好和最易使用的工具之一是皮尤研究中心（Pew Research Center）的研究，其话题涵盖政治、媒体、社会趋势、宗教、网络科技和全球事务。许多搜索引擎和浏览器都提供热点话题列表，这也是一个非常有用的调查起点。这些都是人们正在谈论的话题，因此也能够成为很棒的演讲话题。

或者你也可以自主开展一项调查。去浏览一下书店的非虚构题材书籍，你也可以去访问亚马逊或巴诺书店（Barnes & Noble）网站，这样你就可以迅速生成一个购书者认为重要的话题清单。浏览一下网上的畅销书榜单，可以在更短的时间内给你一个话题总览。

新闻报道

在美国，寻找新闻报道最简单的方法就是去浏览 Google、必应、雅虎或《赫芬顿邮报》

---

① 意为“关于这个问题”。——译者注
② 意为“科学技术方面的问题”。——译者注
③ 意为“民意测验报告”。——译者注

新闻头版的内容，或者去阅读你喜爱的任何报纸和杂志。这样获取的信息可能多到看不过来，但是你可以从中找到自己最感兴趣的作为合适的演讲话题。

你可以依照自己的兴趣去查看专业的网站、杂志和报纸，如那些专业的财经、社会媒体或政治类的新闻媒体。编者论或者读者邮件也是一些很有用的材料，它们能够揭示出人们现在关心的是什么。

上网的时候不要忽略国际刊物，这些刊物可以带给你不同的新闻视角，网络翻译工具可以让这些原来无法使用的资源变得易于使用。

话题列表

研究和寻找潜在话题的最容易的方法之一就是去看一些话题列表。各种各样的教育网站或商业网站上都会有一些话题生成器，你只要按个按钮就可以反复生成各种各样的话题。例如，WritingFix[①] 网站可以帮助你确定写作话题（很多时候，将这些话题做一些改动，就可以成为演讲话题）。麦克马斯特电子商务研究中心（McMaster eBusiness Research Center）的话题生成器可以生成商业类话题。还有，数量众多的传播学教师或英语教师也设计出各种话题列表。例如，夏威夷大学有一个名为 Topic Selection Helper[②] 的网站上列出了数以百计的话题。与此类似，辛辛那提技术和社区学院也有关于说明性演讲或说服性演讲的话题列表。

还有一种网站，它们会向你出售演讲稿或学期论文。你在寻找话题的时候可能也会遇到这类网站，要避免使用它们。许多高校现在都有识别剽窃的软件，窃用别人的成果很容易被发现。剽窃的后果非常严重，考虑到这一点，你不值得去冒这样的险。还有一个不要使用这些网站和服务的原因是，如果你让别人做了原本应该你做的事情，你就永远学不会这些技能。

限定话题

演讲初学者容易犯的一个最主要的错误就是，试图在很短的时间内谈论一个非常大的话题。其不可避免的结果就是演讲内容流于肤浅，没有任何深度。而恰当的公开演讲话题应该是有一定的范围限度的，它应该符合相关的时间限制，使你在规定的时间内能够进行有一定深度的讲解。

另外，收窄话题也有助于缩小相关材料的查找范围。如果话题太宽泛，那么你就不得不查看大量的资料。而如果收窄了话题，你就可以更高效地找到相关信息。收窄与限定话题的

① 意为“搞定写作”。——译者注
② 意为“主题选择助手”。——译者注

方法有以下三种：主题范式、细分法和树状图。

主题范式（话题系统）

主题范式是指话题系统，它是一个来自古希腊和古罗马古典修辞学的语汇，但是今天更广泛地被用于指“创造性思维的激发物”。使用主题范式的时候，你可以针对最初的较宽泛的话题提出一系列问题。这个过程有助于你发现更具体的话题，直到找出你可能想要聚焦的问题。表 3-1 提供了一个示例：总的话题是“无家可归”，左栏是几个宽泛的问题（谁？什么？为什么？什么时间？什么地点？什么方式？结果如何），它们各自带有一些子问题（这些子问题会根据话题的不同而不同）。右栏说明了如何从左栏的宽泛话题中衍生出具体的题目。以下问题有助于你使用宽泛的话题来生成具体的想法。这种简单又古老的方法可以生成的话题数量会让你惊叹。

表 3-1　主题范式（话题系统）：无家可归

宽泛的话题	话题——具体的想法
谁？他是谁，或者他们是谁？谁应该负责？应该对谁负责？	谁无家可归？谁是典型的无家可归者？谁造成了无家可归现象的加剧？谁在意无家可归者？
什么？这是什么？它的影响是什么？它是什么样的？它有什么不同？具体有哪些例子？	无家可归意味着什么？无家可归给这些无家可归者带来什么影响？无家可归者对社会的总体影响是什么？无家可归对你和我意味着什么？
为什么？为什么会发生？为什么没有发生？	为什么会有无家可归的现象？为什么会有那么多无家可归者？为什么这一切会发生？为什么这个现象在美国大城市比小城镇更严重？为什么在有些国家比另一些国家严重？
什么时间？什么时间发生的？什么时间将要发生？什么时间结束？	无家可归现象从什么时间开始变得那么普遍？一般它会发生在人生的哪个阶段？
什么地点？它来自哪里？它要去往哪里？它现在在哪里？	无家可归者最常出现在哪里？哪里没有无家可归者？
什么方式？它是如何运作的？它怎么使用？你如何做这件事？你怎么操作它？它是如何组织的？	这些人是怎么沦落为无家可归者的？我们如何帮助无家可归者？我们如何防止更多的人无家可归？
结果如何？这意味着什么？它的重要之处在哪里？我为什么要关心这些？谁会在乎？	为什么无家可归是非常重要的社会问题？为什么我们必须关注这一现象？这一切会如何影响到我？

细分法

限定话题的另一种方法是把一个大的话题分成几个部分。所有的总话题都可以被细分为几个分话题，分话题又可以再继续分为更细的话题。这个方法就是从你感兴趣的总话题开始，按照其属性将其分为几个部分，所以划分的方式也会依话题的不同而不同，以下是几个例子。

- **时间**。历史性的话题或者事件，可以根据时间阶段来划分。例如，关于太空探索的总话题就可以分为早期科幻作品中的太空探索，后来苏联的太空探索，再到最近的关于美国火星探索的讨论。太空探索是个太大的话题，而这些细分话题看上去就好多了。
- **空间**。大多数的实物类话题可以按空间或地理区域来划分。因此，如果你的话题是家庭装修（这个话题太宽泛），那么你可以选取其中的一个房间，比如说装修厨房或者整理书房；如果你的话题是园林景观，那么你可以把它分为设计走道、花园、停车道或者园林特色等几个部分。
- **类型**。有许多话题都可以很容易地按类型来划分。例如，你想讲关于电视的话题，那么可以根据节目类型——喜剧、戏剧、脱口秀、比赛、真人秀或体育运动来划分。关于食品的话题也可以用多种方式来划分：健康食品和非健康食品；蛋白质、脂肪和纤维；加工食品和新鲜食品。在此基础上还可以进一步划分。例如，健康食品可以被进一步划分为蔬菜或素食、有机的或非有机的，或者所谓的“超级食物”[①]。
- **人**。另一个缩小话题范围的实用方法就是缩小话题所牵涉的范围。因此，如果你的话题是美国的民权运动（很显然这是一个比较大的话题），你可以把它限定为具体的人群，这样你的演讲对象就可以限定为某位民权运动人士或某个民权运动群体，例如瑟古德·马歇尔[②]和全美有色人种协进会（NAACP）。

树状图

限定话题还有一种方法，类似于细分法，就是利用树状图。你以总话题作为起点，然后把它分成许多分话题。图 3-2 提供了一个简单的例子。例子中的总话题是“性骚扰”，这也是一个比较宽泛的话题。把性骚扰分成两种类型：敌意环境中的性骚扰（让其他工作者感觉不舒适的与性有关的话语和行为）和交易型性骚扰（职场中的性骚扰，以职场机会来做交换）。然后你选择其中一种，例如，你选择了交易型性骚扰，然后进一步把它按照发生的背景（军队、学校、企业和影视圈）分成几类，再把性骚扰分为对男性的性骚扰和对女性的性骚扰，这时你就有了一个比较可控的话题。当然你也可以按照自己的兴趣把这个话题再做细分，例如你可以把性骚扰这个话题再分为历史的和当代的，或者根据不同的侵犯者类型来进行划分。

① 即“营养全面、热量低、有利于人体健康的天然有机食品”。——译者注

② 瑟古德·马歇尔（Thurgood Marshall）是美国历史上第一位担任美国联邦最高法院大法官的非裔美国人，也是一位积极的民权人士。——译者注

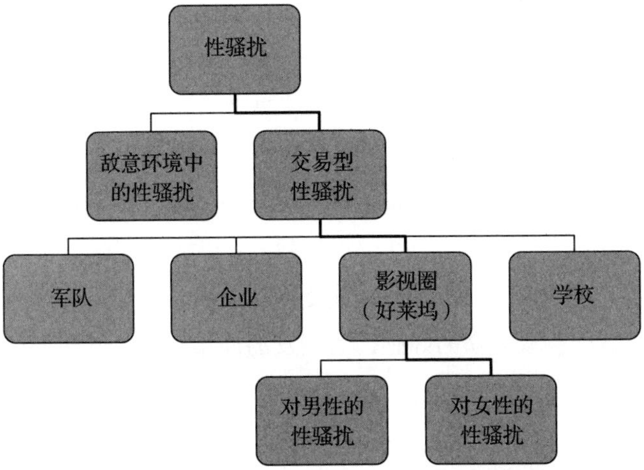

图 3-2　限定演讲话题的树状图：性骚扰

这个树状图示范了如何把一个大的话题划分为适合简短演讲的容易管理的小话题。试着给诸如霸凌、漫画书、法律、营养、政治这些话题或其他任何宽泛的话题构建一个简单的树状图。

公开演讲选择点

限定话题

丽塔想做一个关于女性权利的演讲，可是她似乎无法把话题收窄到可控的范围。她觉得自己读到的各种材料似乎都很重要，都应该被包含在内。要想限定具体的话题，丽塔有哪些选择呢？什么样的话题会是较好的话题？

演讲目的

总的来说，演讲的目的就是你想要实现的目标，即你希望演讲在受众身上产生的影响。在建构你的演讲时，首先要明确你的总体目的：这个演讲是说明性的、说服性的，还是特殊场合演讲；再确定演讲的具体目的（你具体想要完成什么任务）。

总体目的

演讲的场合、你面对的受众以及你工作的性质，将会决定你接下来的演讲是说明性的还是说服性的。如果你是一名律师，在审判庭上做总结陈词，那么你的演讲必须是说服性的；如果你是一名工程师，在解释一张新的图纸，那么你的演讲一定是说明性的。如果你是一名大学教授，那么你的演讲在很大程度上是说明性的；如果你是一位政界人士，那么你的演讲大多是说服性的。

有三种主要类型的演讲：说明性演讲、说服性演讲、特殊场合的演讲。

- 在说明性演讲中，你的目的是让受众理解，即解释问题、启蒙心智、消除误解或展示某件物品如何工作。在这类演讲中，你最需要的是可以对事物进行放大说明的材料，例如简单举例、具体诠释、下定义、使用视觉辅助材料，等等。
- 说服性演讲的目的是影响受众的态度或行为，这类演讲旨在加强或者改变现有的态度，或者动员受众开始行动。这类演讲中，你最需要的是可以提供证据的材料，例如证据、论据、心理诉求等。
- 特殊场合演讲中既包含说明，也包含说服。例如，向受众介绍另一个演讲者或另一群演讲者，向某人表达敬意，试图获取受众的好感，为朋友的周年纪念致贺词或仅仅是让受众开心，等等。

观点

你的职场生活

公开演讲会如何融入你的职场生活？你喜欢做什么类型的演讲？

Zone3/Alamy Stock Photo

具体目的

一旦你选定了总体目的，则可以明确自己究竟想要什么，以此来制定具体目的。在说明性演讲中，你的具体目的就是能够说明你想要传递给受众的信息。例如，你要做个关于干细胞研究的演讲，以下是几种可能的具体目的：

总体目的：说明。
具体目的：向受众说明胚胎干细胞研究和成年人干细胞研究的区别。
向受众说明两个研究领域的进展。

你也许会发现，把说明性演讲的具体目的用描述行动的语言表达出来会比较有效；换句话说，就是要明确你想让受众听完演讲后能够获得哪方面的能力。以下是几个例子：

- 在听完我的演讲之后，受众应该可以描述系统脱敏法的过程。
- 在听完我的演讲之后，受众应该可以掌握积极倾听的三个技巧。

在说服性演讲中，你的具体目的是明确你想让受众相信什么、持何种观点或者如何去行动。以下是几个例子：

总体目的：说服。
具体目的：说服受众使用系统脱敏法来减少焦虑。
说服受众更多地使用积极倾听。

在制定具体目的时，遵循以下五个指导原则：①使用表达目的的句式；②聚焦受众；③把具体目的限定为一个想法；④把具体目的限定在合理范围内；⑤使用清晰的语言。

使用表达目的的句式

先写明总体目的（说明、说服），再进一步阐述具体目的。例如：

向受众说明新的注册流程。
去说服受众为图书馆资金筹集活动捐赠一本书。
为受众介绍当日的主要演讲者。

聚焦受众

在每一次描述具体目的时务必提及受众，因为只有这样，你才能把关注点放在你想要去告知或说服的人身上。这可以提醒你，在演讲中所做的一切，都需要围绕着你想要在特定受众群身上达到的效果而展开。在日后的生活和工作中，你可能会面对各种各样的受众，所以每一次你都需要把受众的独特性作为考虑的重点。

把具体目的限定为一个想法

把具体目的限定为一个想法的建议适用于大多数情形，尤其是在你刚开始学习公开演讲的阶段。描述具体目的的语句里尽量不要有“和”字，因为这通常标志着你有不止一个目的。

公开演讲选择点

具体目的

哈里对循环利用的重要性比较感兴趣。针对一个 10 分钟的说明性演讲，有哪些选择可供哈里用作演讲的具体目的？

把具体目的限定在合理范围内

把具体目的限定在规定时间段内能够合理阐述和实现的范围内。过于宽泛的具体目的是无用的，以下是一些例子：

> 向受众说明服装设计问题。
> 说服受众要改善健康状况。

在一次演讲中涵盖这样的话题是不可能的，以下这些具体目的会更合理一些：

> 向受众说明服装设计中色彩的重要性。
> 说服受众每周锻炼三次。

使用清晰的语言

使用清晰的语言来描述具体目的。具体目的描述得越准确，它就能越好地指引你开展后续的演讲准备步骤。刚才我们看到了过于宽泛的例子（如服装设计、改善健康状况等都包含了几百个小话题）。与其用“说服受众帮助无家可归者”这样过于宽泛的表达，不如用一个具体的表达：“说服我的受众每个月花几小时帮助‘无家可归者联盟’打电话。”

一般来说，在公开演讲中，我们未必会直接说出演讲的目的，但有时你可能想明确表达你想取得的效果。例如，凯特·赖兰（Kate Ryland）2012 年在一场反对不为孩子接种疫苗的演讲中，就开门见山地表达了自己的目的：

> 今天我来到这里，就是为了说服你们帮助我一起阻止那些不打疫苗的行为，绝对不要再有任何孩子被夺走生命。

演讲论题

除了具体目的外，我们还要特别关注论题。在本节我们会说明演讲论题该如何措辞，以及在你准备演讲和发表演讲的过程中如何使用这个论题。

公开演讲论题的本质

论题是演讲的中心思想、主旨和精髓。论题是你的观点，是你想要受众从整个演讲中得到的东西。例如，林肯总统第二次就职演讲的论题是“南方和北方应该联合起来，为祖国的利益而努力”，马丁·路德·金的“我有一个梦想”演讲的论题是“真正的平等是美国黑人和所有人的权利”。

在说明性演讲中，你的论题明确了你想让受众了解到什么。例如，关于嫉妒的说明性演讲的一个较为合适的论题可以是“有两种关于嫉妒的理论”。这里我们要注意一点，在所有的说明性演讲中，论题相对都是中立和客观的。因此，在说明性演讲中，许多过来人更喜欢用“中心思想”而非“论题”来表述。

在说服性演讲中，你的论题指明了你想要受众相信或接受什么，它概述了你的主张及立场。例如，你现在计划做一个反对用动物来做实验的演讲，你的论题可以是“应该禁止用动物做实验”。

这里要说明的是，说服性演讲的论题往往提出了一种观点或意见，而这个论题是可争论和可辩论的。

论题和具体目的之间的区别

论题和具体目的类似，因为两者都能指引演讲者选择和组织演讲材料。正是由于它们目标相似，所以经常容易被混淆。然而，它们有三个主要区别。

- 论题和具体目的在表达形式上是不同的。具体目的通常用表达目的的句子片段来表述，例如，“向受众说明关于新的教育预算的规定”，或者“说服我的受众投票赞成新的教育预算”。与此不同，论题通常是一个完整和说明性的句子，例如“教育预算必须增加”。
- 论题和具体目的的重点不同。具体目的的重点在于受众。它明确了你希望针对特定受众群体所达到的效果。例如，你的具体目的是让受众获取信息去相信某件事，或者用某种方法行动起来。对比之下，论题是以信息为中心的。它明确了演讲的主要思想，总结并浓缩了演讲的内容。它指明的是一个中心思想，是你希望受众在听完演讲之后很久，即使遗忘大部分内容，仍能记住和留存的唯一想法。
- 论题和具体目的对于实际情况带来的限制有不同的考虑。论题也许是非常全面并且野心勃勃的，而演讲的具体目的却需要考虑到演讲的规定时间、受众对你和演讲话题的态度。因此，具体目的的措辞应该考虑到这些实际情况带来的限制。例如，演讲论题也许是“大学教育出来的学生并不适合当今社会”。然而演讲的具体目的却可能分为几个，例如：①让我的受众相信，大学必须跟随世界的改变而改变；②说服受众修改教育提案；③说服受众退学。论题浓缩了整个演讲的精华，但它不考虑实际的限制，如时间规定或者是当前受众的态度。

以下例子可以进一步说明具体目的和论题之间的区别：

> 总体目的：说明事物。
>
> 具体目的：向受众说明节约电话开支的三种方法。
>
> 论题：你可以减少电话开支。

尤其在你学习公开演讲的初期，要学会制定具体目的以及写出论题句。有了这两项内容做指引，你就可以构建出更加连贯也更易于理解的演讲。

论题的措辞和论题的使用

以下是一些关于如何措辞及如何使用论题的建议。

把论题限定为一个中心思想

务必把论题限定为唯一的中心思想。例如，“应该严禁用动物做实验和从事动物实验的公司应该被起诉”，这样的论题句就包含了两个而非一个中心思想。每当你看到“和”这个字或者分号，那么这个论题句中也许就包含了不止一个中心思想。

观点

1 : 2

几乎所有的公开演讲教科书都一致建议学生：演讲的具体目的和论题应该是单一的。然而许多当代的演讲都有不止一个具体目的和论题，通常是有一个说明性的论题来解释某一个提议，然后以说服性的论题来影响受众支持这个提议。你认为把演讲的目的和论题限定为一个有什么优点呢？这样做有缺点吗？

Matej Kastelic/Shutterstock

把论题句写成一个完整的陈述句

在为论题措辞时，应该使用完整的陈述句，例如“仇恨言论具有破坏性”“勇敢表达对于仇恨言论的反对”。

这样有助于你找到思考的重点、框定材料范围并明确组织模式。不要把论题表达为疑问句或句子片段，这样无法提供清楚、明确的重点，而这样的重点对有效论题来说是必不可少的。

用论题来吸引受众的注意力

鉴于论题可以将受众的注意力集中到演讲的中心思想上，并能够揭示出演讲者希望达到的目的，所以我们应该考虑一下在表述论题时的几种选择。以下是一个范例，在这个例子中，演讲者清楚地表达了自己的论题，并自然地过渡到演讲的导入部分。

> 当地警方DNA取样的不透明性和强制性是一种不公正的行为，使得资料收集工作永无止境。《密歇根种族与法律期刊》(*Michigan Journal of Race and Law*) 刊文称这是对警方“拦下路人，开始盘查”老传统的一种危险的扭曲。因此，今天我们要一起来探讨此问题的原因及解决方法。

用论题来生成要点

每一个论题中都蕴含着一个核心问题，使你能够继续探索和划分这个论题。你的目标是找到这个问题并利用它来发现演讲有哪些要点，或者有哪些主张或提议可以支持演讲论题。例如，让我们假设有一个提议法案，暂且称之为《心脏法案》，然后你的演讲论题是“《心脏法案》为老年人提供了必要的服务”。这时针对论题的问题就是：“必要的服务是指什么？”针对这个问题的回答，可以揭示你的演讲可以分为哪几个主要部分。例如，答案可能是：健康、食品、住所和娱乐设施。那么这四点就成为你演讲的四个要点。

演讲者也可以把要点囊括在论题中。如果你选择这样做，那上述演讲的论题句就变成“《心脏法案》提供了老年人所必需的健康、食品、住所和娱乐设施”。你可能会发现，有的演讲适合用简短的论题句和目的句，而有的演讲适合用较长的论题句和目的句。

无论你使用的论题句是长是短，关于要点的提纲一般是按以下方式来罗列的：

1.《心脏法案》提供了必需的健康服务。
2.《心脏法案》提供了必需的食品服务。
3.《心脏法案》提供了必需的住所服务。
4.《心脏法案》提供了必需的娱乐服务。

演讲余下部分的内容用支撑性材料来补充。例如在上述的第一个要点之下，你可以说明几种不同的健康服务，并且解释《心脏法案》会如何提供这些服务，用提纲形式可以表达如下：

Ⅰ.《心脏法案》提供了必需的健康服务。

A. 成立社区诊所。

B. 开设医疗热线。

在完整的演讲中，第一个要点及其两个分论点可能会展开阐述如下：

《心脏法案》提供了老年人所急需的健康服务，我来给大家举一些例子。最重要的健康服务之一就是建立社区医疗诊所，这些诊所能够帮助老年人在家门口获得必需的健康建议以及医疗看护。

第二个重要的健康服务是医疗热线。这些电话号码专供老年人使用。这些热线可以让老年人与受过专业培训的医疗工作人员直接通话。这样他们可以给老年人提供健康咨询，并且在需要的时候提供紧急医疗服务。

用论题来提供演讲的组织模式

在选择如何组织要点时，演讲论题可以提供很有用的指导原则。例如，假设演讲论题是"我们可以改善大学教育"。这个论题所蕴含的问题就是："我们该如何去做？"对于这个问题的回答能够给如何组织这篇演讲带来启发。例如，假设你提供的对策是以操作时的先后顺序排列的，那么演讲可以用时间顺序来组织。如果你列出的几个条目都是可能的解决方案，其重要性完全相同，那么话题关系模式会比较适合。如果演讲的论题是"提议中的附加福利套餐有其优点和缺点"，那么你的演讲可以从逻辑上分为两个部分——优点和缺点。这些组织模式都会在第 8 章进行详细讲解。

用论题来吸引受众的注意力

因为论题句可以吸引受众的注意力，让他们明白演讲的中心思想并且揭示出演讲者希望在演讲中实现的目的，所以演讲者需要考虑如何来陈述论题句以达到最佳效果。关于陈述论题句的时机和方式，以下有几条指导原则，可以帮助你做出比较明智的选择：

- 在说明性演讲中，要开门见山且清晰地表达论题。例如，"腕管综合征可以通过外科手术来治疗"或"智能手机可用于安排日常生活"。
- 在说服性演讲中，如果受众的立场跟你是一致的，可以尽早且清晰地在演讲中表达论题。例如，“你可以通过休息和锻炼来避免腕管综合征”或“(我们应该) 用电子设备来安排我们的生活”。

- 在说服性演讲中，如果受众跟你的立场是相反的，那么先给出你的论据，逐渐带领受众进入比较赞同你的立场的思维模式中，再清楚地表达出你的论题。
- 如果你的受众是受教育程度相对较低或者认知相对较贫乏的受众，那么最好非常清楚地陈述论题。如果论题不够明晰，那么倾听者可能就无法理解演讲论题，也就不太可能改变他们的态度或行为。
- 要意识到演讲论题的陈述方式也存在文化差异。例如，在一些亚洲文化背景下，太过直截了当或者直接要求受众的赞同，可能会被视为无礼的甚至是具有侮辱性的。

公开演讲选择点

论题陈述

米兰达想要做一个关于支持单身人士收养儿童的演讲。米兰达可以怎样论述她的论题？如果米兰达面对的是与她意见相左的受众，你会给米兰达什么样的论题陈述建议？如果米兰达面对的受众与她的观点相同，她只是想要加强这种想法，那么你又有哪些建议？

第 4 章

分析受众（第二步）

Rawpixel/123RF

无论是一个只有五六个人组成的小组，还是数以千计的参加网络论坛或收听某播客的受众群，所有的受众都是独一无二的。学会根据受众的独特性做出调整，是公开演讲成功的关键。

受众是带着共同目的来倾听演讲的一个群体。你可以向他们说明某件事物，或说服他们认同某个观点，但前提是你要知道这些人是谁、他们知道什么及他们相信什么。在了解这些信息之后，你可以根据特定的受众来调整你的演讲。本章主要探讨当今社会中受众群体的一些普遍特征，如何去了解受众，如何从社会学和心理学角度分析受众，以及如何在演讲过程中针对受众做出相应的调整。

受众的一些共性

在传统的公开演讲中，受众都是在现场的。演讲者和倾听者面对面，演讲者说、倾听者听。如今，公开演讲的受众有许多不同的规模和形式。虽然现在仍有许多公开演讲是在现场进行的——受众就坐在演讲者面前（例如 TED 演讲），但也有很多的演讲是针对不同时间和空间的受众的（例如 YouTube 上的 TED 演讲）。播客和 YouTube 上的受众可以在任何他们想要的时间收听演讲，也可以任意次数地重播这个演讲。电视和收音机受众在实时收看演讲时还可以得知媒体人士的评论。这些内容现在很快都有了各自的网络数据库，方便人们去搜索查阅。网络论坛的受众跟现场受众很接近（演讲者和受众同时在场），唯一的区别是它通过电脑作为媒介来传播。而且演讲还可以被录制下来，方便人们在任何时间观看。另外，还有一些社交媒体的用户会在推特或脸书上关注演讲者，因此演讲者可以通过这些媒体宣传和上传自己的演讲，从而接触到更大的受众群体。

尽管受众类型各不相同，但当今的受众群体还是有很多共性的，比如独特性、多样性、利益寻求性、时间有限性、参与性和接纳性。接下来我们简单探讨如图 4-1 所示的这些共性。

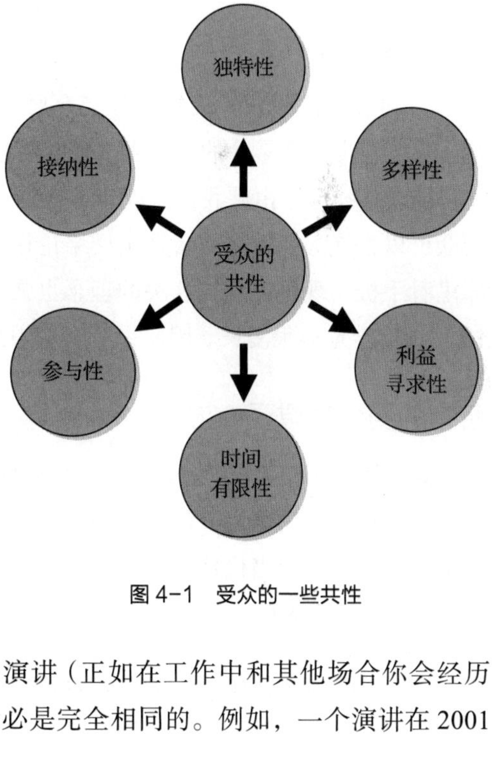

图 4-1　受众的一些共性

所有的受众都有独特性

你所面对的每一个受众都是独一无二的。受众具有独特性是由于个体都是独一无二、与众不同的，即使你是在对同一个人做不同场次的演讲（正如在工作中和其他场合你会经历的），相同的个体在不同的时间面对你，他们也未必是完全相同的。例如，一个演讲在 2001

年 9 月 10 日和 2001 年 9 月 12 日面对同样一批受众，然而他们中的大多数人很有可能在两次演讲中已经有了完全不同的态度和观点①。世界大事和个人经历（新的情感关系、孩子诞生、毕业、换新工作）都会给我们带来不同程度的改变。

所有的受众都具有多样性

与独特性同样重要的是受众群体的多样性——他们在年龄、种族、性别、宗教、国籍、经济状况、恋爱关系、职业、政治身份、态度、价值观、信仰等数百个方面总会有所不同。相同年龄的人会有种族、性别、宗教等不同，而相同宗教信仰的人又会有年龄、国籍、政治背景等不同。在你试图去了解受众的时候，一定不要忽略多样性这个特征。这有助于你明白受众群体是许多独一无二的个体所构成的混合体，而非融合体。

所有的受众都在寻求某种利益

受众来听演讲都怀有自己的目的：学习新知识，学习某个实用的技能，在选举前了解一个候选人，去了解一些不同的观点或者只是想放松一下。所以，要时常问自己，你的演讲内容是否能让受众有所收获。这样的思考是很有帮助的。

所有的受众都时间有限

与利益动机紧密相关的就是受众愿意投入在倾听上的时间。正如在电视上观看一部影片，你会根据这部影片的趣味程度来判断是否需要花时间观看。如果影片看起来没什么意思，你可能就会换台。由此我们可以想象得到，网络受众尤其如此。如果觉得演讲不值得花时间，受众可以直接关闭播客或者退出网络论坛。即使是现场的受众也可以直接离席，或者是坐在那里看手机。现代人速战速决的理念也强化了时间的这种有限性。打开网站时，哪怕要等待 10 秒钟都会觉得很漫长。因此，受众希望演讲者能够最大化利用这段时间。

所有的受众都想要参与

现在的受众不同于 10 年或 20 年前的受众。过去受众往往是被动的，他们只是倾听演讲。也许在演讲的结尾，他们会用提问的方式做出回应；但是大多数情况下，倾听者所做的基本只是倾听。而当代社会的受众则是参与性的，他们会在谷歌上查找演讲者的简历，去维基百科了解演讲者的背景，在推特上给演讲者或其他人发送自己的评价，在脸书上上传照片，

① 2001 年 9 月 11 日发生了震惊世界的“9・11”事件。这里是指“9・11”事件改变了很多人的想法和信念。——译者注

或者在 Yelp 上给演讲者评分。

所有的受众都具有接纳性（在某种程度上）

除了极个别受众想要完全屏蔽演讲者以外，大多数情况下，受众的倾听都是带有接纳性的。受众收听你的播客、观看你的 YouTube 视频或者走进礼堂，这些行为本身就证明了他们对于你所要讲的内容是有接纳性的。意识到这一点有助于减轻你的焦虑，也能够帮助你感受演讲者和倾听者之间这条无声的情感纽带。

Randy Duchaine/Alamy Stock Photo

观点

受众的共性与演讲者的关系

在读完关于受众共性的论述之后，思考一下这些共性与自己作为倾听者和演讲者两种身份的关系。例如，作为倾听者，你希望得到什么收获？作为演讲者，你可以给受众带去什么？

了解受众

总的来说，我们可以通过观察、数据收集、面谈和推断四种方法来了解受众（Spargue 和 Stuart，2008）。接下来我们将逐一阐释这些方法。

公开演讲选择点

来自手机的竞争

做演讲的时候，你注意到受众纷纷在查看手机和手表上的时间，你意识到自己的演讲超时了。这时你可以做些什么呢？

观察

观察受众的外部特征。例如，基于他们的穿着打扮，你能推断出他们的经济状况如何吗？服装是否能透露他们对于经济的态度？能否透露出他们闲暇时间做些什么，他们住在哪里，他们谈论些什么？他们能代表不同的文化群体吗？你的观察结果是否能让你大致了解他们的兴趣和关注点？

> **道德选择点**
>
> **自己的利益和受众的利益**
>
> 最近有一家广告代理公司雇你来设计一个宣传活动，宣传对象是一款含糖量和反式脂肪酸含量都很高的麦片。你知道这两种成分都是极不健康的。然而这份工作非常重要，如果这次活动搞得很成功，你未来在广告业的位置也可以得到保证。现在的问题是你不想去宣传不健康的食品，然而你又想得到这份工作，这两个目标是不兼容的。面对这个两难境地，你有哪些道德的选择？你会怎么做？

系统地收集数据

收集数据的两大方法是民意测验网站和调查问卷。民意测验网站可以让你了解各种各样的人对于不同话题的态度，而调查问卷能够帮助你了解特定的受众群体是怎么想的。

民意测验网站

有一个了解人们想法的好起点，就是去访问各种各样的民意测验网站。你会在那里看到人们对于经济、商务、政治、生活方式、购买习惯等各种问题的五花八门的态度和观点。在搜索引擎中搜索“意见调查”，你会发现最知名的一个民意测验网站是盖洛普咨询公司旗下的。许多报纸也会进行民意测验，其中比较有代表性的是《华盛顿邮报》。另外一个很实用的网站是 Polling Report，这个网站会追踪美国公众舆论的趋势。

许多大学也会开展民意测验，并把测验结果放在它们的网站上。其中最好的有康奈尔大学社会经济研究院（Cornell Institute for Social and Economic Research）的网站（上面有形式多样的测验和调查）、马里斯特学院的民意研究所、昆尼皮亚克大学的民意测验研究所和菲尔莱狄更斯大学的舆情研究中心等。

受众调查问卷

另一个获取受众信息的有用方法是使用调查问卷。假如你正在准备做一场关于如何设计精彩网页的说明性演讲，那么你有必要知道这场演讲的受众对于网页设计的知识了解多少。因此，设计一份调查问卷来了解受众在设计方面的经验，有助于你判断这个演讲中话题和信息应该深入到什么程度，并且知道自己需要解释哪些术语。或许你还想知道受众对于 HTML

编程有多少经验。

为了获取相关信息，你也许需要设计一张调查问卷。如果你的受众可以在在线群组中沟通，或者在推特上都已互相关注，那么调查问卷的发放是非常容易的。你可以把调查问卷发给群组中的所有人，或者在自己的推特网页上发布调查问卷。诸如 SurveyMonkey 和 Doodle Poll 这样的网站也可以帮助你发放调查问卷。

对于说服性演讲而言，要了解受众背景，发放调查问卷尤其有用。例如，你准备做一场赞同单身人士收养孩子的演讲。为了使演讲达到说服效果，你应该先去了解受众们对于单身人士收养孩子的态度。他们是赞同还是反对这样的想法？他们有什么保留意见吗？如果有的话，是什么？受众对这个问题的观点是不是犹豫不决？要回答这些问题，你需要一份如图 4-2 所示的调查问卷。

在设计调查问卷时要保持问卷的简洁，在问卷中对接受调查的人表示感谢，并且提供所有相关的背景信息，例如对于一些专业术语的定义。一般来说，最好不要在调查问卷中透露你的演讲论题——毕竟你要先有了这些信息，才能够形成你的论题。另外，在演讲中，你可能想先为受众提供一些具体的例子和证据之后再陈述论题。

Sheff/Shutterstock

观点

受众调查问卷

根据你的下一场演讲话题来构思一份受众调查问卷。在设计这份调查问卷并由此了解受众的态度、信念和价值观的过程中，你会秉承哪些具体的价值观？

与受众面谈

在现场，你很容易花时间来找受众进行面谈，这样可以更加了解他们。但如果受众在演讲前没有机会与你见面，那么也许你可以找那些比较了解这些受众的人来面谈。例如，你可以与邀请你演讲的人交谈，以此来获悉受众的文化、年龄、性别、知识背景、教育水平和宗教背景等。

这份问卷是基于四个受众因素（这些因素会在本章后文中进行讨论）制定的，说明了几种不同类型的问题。

> 清晰的标题可以让调查对象把注意力聚焦于你的话题上。注意标题并未透露演讲者的目的或论题。这样可以确保调查对象坦诚作答，无论是赞同还是不赞同，都不会感到不自在。

单身人士收养孩子调查问卷

> 这个简要的介绍明确了该问卷的目的。

大家好！我计划做一个关于单身人士收养孩子的演讲，希望能够了解大家对这个话题的感受，非常感谢！

> 这类问题（经常不包含“不确定”这个选项），迫使调查对象必须选择一个立场，这样有助于你了解受众对于这个话题大致的赞成度。

1. 您赞同单身人士收养孩子吗？

- 赞同
- 不赞同
- 不确定

> 这类问题有助于你大致了解受众对这个话题的倾听意愿。这类问题得到的回答种类也会比问题1多。你可以把选择前两项的和选择后两项的人数分别相加，这样可以得到一个更清楚的数据。

2. 这个问题对您而言重要吗？

- 非常重要
- 重要
- 既不重要也不是不重要
- 不重要
- 非常不重要

> 这类问题能够揭示受众对于这个话题的了解程度。调查对象通常也比较喜欢这种很常见的10分制打分。

3. 您对这个话题了解多少？如果采用10分制，您会如何给自己的相关知识打分？

（所知甚少）1 2 3 4 5 6 7 8 9 10（非常了解）

> 这类开放性问题能够让你很好地了解受众认为什么是重要的。除此之外，你还可以问诸如“如果你反对单身人士收养孩子，你主要的反对理由是什么”“如果你赞同，你赞同的主要原因是什么”这样的问题。这类问题能够让你了解如果想影响受众，你需要在演讲中涉及哪些内容。像这样的开放性问题，通常可以给你提供一些可用于演讲的趣味实例。

4. 就单身人士收养孩子而言，您认为什么是最重要的？

____

____

____

> 一句简单的“谢谢”是应有的礼貌。

谢谢！感谢您花时间完成问卷！

图 4–2　一份受众调查问卷的示例

用推断力和同理心

利用你对人类行为和人类动机的知识，并试着采纳受众的观点；换句话说，智慧的推断和同理心有助于你去预估受众的态度、信仰、价值观，以及他们对于话题的想法和感受（Sprague和 Stuart，2008）。

从社会学角度分析受众并对演讲做出相应的调整

社会学角度的受众分析要考虑六个主要的社会学和人口学变量，即年龄、性别、性取向、教育程度、宗教和宗教性、文化因素。如果像一些网络会议一样，需要受众预登记，那么从受众的登记资料中你就可以获取许多关于受众的信息。

年龄

不同的年龄群体有不同的看法和信仰，很大程度上是因为他们来自不同背景，有不同的经历，也有不同的未来。更复杂的是，文化也会影响人们对于年龄的态度。例如，对于美国印第安人而言，年长者和长辈通常是非常受尊敬的。年轻人会向他们征询意见和建议。而在美国社会的某些群体中（尽管不是所有的群体，甚至不是大部分人），年长的人通常是被忽略的，甚至是被贬低的。在为下一次演讲做准备时，你需要思考受众的年龄对你所讲的话题，以及对话题的阐述方式、论证方法和措辞方式可能会产生的影响。

不同的年龄群体会有不同的目标、兴趣和日常的关注点，而这些可能都会与你的话题和演讲目的相关。例如，思考一下，受众对以下几个话题分别会做何回应：①取得职场成功；②供养家庭；③成功的工作面试。

如果受众是比较常见的 18 ～ 24 岁的年轻人，他们对这几个话题的反应很可能会是这样的：

1. “职场成功这个话题不错，但我现在还没到那个阶段。我首先要做的是踏入职场的大门。”

公开演讲选择点

了解受众

雪莉是一名工程学教授，她受邀去给一群大一新生做一场关于学校工程学课程的演讲，这些学生对于专业的选择仍然犹豫不决。雪莉应该事先从哪些方面去了解受众？她可以怎样去获取所需的信息？

2. “供养家庭很重要，但不是我现在需要考虑的，起码好几年后才会考虑。”

3. “工作面试与我有关，这个演讲能够帮助我达成眼前的目标，例如，找到一份工作。”

与此同时，你应该知道取得职场成功也许与中层管理者比较相关，而供养家庭对于年轻的父母来说会比较有趣，工作面试对于一群年长的人来说既不相关也没有什么吸引力。

在多数情况下，受众年龄都可以让你大致了解他们或许会对什么感兴趣，对什么不感兴趣，他们的目标、感受以及需求是什么。如果你的演讲可以向受众表明他们能更成功地实现自己的目标，他们就会更加感兴趣与专注。

不同的年龄群，对于话题及其支撑性材料的了解程度也会不同。例如，如果你准备用音乐家来举例，像迪兹·吉莱斯皮或霍奇·卡迈克尔这样的名字，对于二十多岁的年轻人来说可能毫无意义，但是对于七八十岁的老年人来说却会非常熟悉。而对于像 Lady Gaga 和 Jay Z 这样的歌手，情况可能正好相反。但是也要注意不要变成年龄决定论者，也许会有许多年轻人了解迪兹·吉莱斯皮，也许会有许多年长的人是 Lady Gaga 的“粉丝”。

最重要的是，你需要根据受众的年龄来调整演讲，使之与受众当前所关心的事情相关，也要用受众能够理解并容易产生共鸣的内容来说明话题。

性别

关于受众最难研究的变量之一就是性别。当今社会快速的发展使得我们很难去总结性别带来的影响。从前的研究者主要会关注生理性别带来的差异，然而现在许多研究者会着重研究心理性别角色。这里只讨论生理性别。

一般说来，由于社会环境的影响，生理性别为男性的人往往会内化男性的特征，而生理性别为女性的人往往会内化女性的特征。因此，尽管可能会有一些差异，但大多数情况下，一个人的生理性别和他的心理性别是一致的。当你考虑性别差异的时候，注意不要有固定化的偏见。而从另外一个方面来看，尽管我们不能够把所有的男性或女性都一概而论，但你不妨对特定受众群体中的男性和女性做一些预设。

对于什么是重要的价值观，男性和女性可能会有不同见解，而这些区别可能会与你的演讲话题和目的相关。例如，研究表明男性通常会比女性更看重权力、刺激、成就、自我引领和享乐（Schwartz 和 Rubel，2005）。传统上，男性会更加重视理论、经济和政治的价值观，而女性会更加重视审美、社会价值观。

当然，在你的受众群体里，男性和女性全部都是传统型的可能性并不大。大多数情况下，受众群体里的男性和女性可能会有重叠的价值观。因此，不要预设所有的男性受众都对运动和股票感兴趣，而女性受众则对之漠不关心。

男性和女性对于话题可能会有不同的想法。尽管男性和女性都认为某个话题很重要，但他们可能会从不同的角度看问题。例如，男性和女性可能会对临场焦虑、厌食症、同工同酬、锻炼有不同的看法。因此，如果要对上述话题做演讲，你需要做出特别的准备，从而使你的演讲话题、目的能够与现场的男性和女性受众的态度、知识储备与感受产生关联。

教育程度

教育程度的不同，会带来受众的兴趣和关注点的不同。一般来说，教育程度较高的人会关心他们的当前生活以外的事件。他们会关心国际事务、经济问题、更广泛的国家或社会层面的哲学和社会学问题。受教育程度较高的人群会认为这些事务在很多方面对他们有影响。没有受过教育的人通常不会理解这种关联性。因此，当你对受教育程度较低的受众做演讲时，话题应与他们的生活密切相关，并且要清晰地描述出这种关联性。

教育程度还会影响受众对你的演讲中证据和论据的挑剔程度。受教育程度较高的受众通常较难被情感或权威所影响，他们可能会对一概而论的论述表示怀疑。他们会质疑统计数据的可靠性，并且经常会要求演讲者提供更充分的证据。因此，在对受教育程度较高的受众做演讲时，要特别注意证据和论据的逻辑性。

另外在准备措辞时，也要考虑受众的教育背景。尽管直接且清晰的语言对于各种受教育程度的受众都适用，但有些话题可能需要你解释较多的术语。对于不具备相关知识的受众，要么不要去讲述过于专业的话题，要么做出合适的解释，如什么是文学理论、科学公式、内燃机的机械原理等。

当你根据受众的智力水平和受教育程度来对演讲内容进行调整时，切记演讲时的口吻——不要把受众当小孩一样。

宗教和宗教性

当今社会，受众的宗教背景也有很大的多样性。认为自己有宗教信仰的受众，对各种话题，如对于流产、同性婚姻、女性权利、移民、离婚、死刑、战争等都会有不同的态度。每一个宗教群体通常都可以被分为保守派、自由派和中间派，因此其内部几派的态度也会有不同。似乎很少有话题是宗教无法触及的，尽管约有半数（46%）的人认为宗教应该远离政治。

考虑一下，你的受众是否会从他们宗教的角度来看待你的话题和论题。当然，我们知道隶属于不同宗教派系的人，对于诸如计划生育、流产、离婚、少数群体（LGBTQ，包括同性恋、双性恋、跨性别者等）、权利、死刑等话题的观点都不尽相同。同样地，人们对于婚前性行为、婚姻、子女抚养、金钱、同居、对父母的责任以及数以千计的其他话题的态度都会受到其宗教信仰的影响。甚至对一些表面上关联性不强的领域，宗教也很重要。例如，对权威的服从、政府的责任以及对城市、负疚感、幸福的认知等，宗教信仰也可能带来影响。

切记不要对受众的宗教信仰表现得不屑一顾，或者很麻木。即使是那些自认为成长环境的宗教氛围对自己没什么影响的人，实际上也可能与那种宗教有着强烈的情感关联（尽管有时是无意识的），而这种下意识的情感会影响他们的态度和信仰。无论是针对哪一种宗教信仰，当你发表反对意见时，都要做好特别的心理准备——你可能会遇到非常强烈的反对。要因势利导，先给出证据和论据，再表达自己的不同观点。

文化因素

在受众分析中，国籍、种族、文化身份都很关键。不同文化群体中的成员由于其所受教育的不同以及经历的不同，会有不同的兴趣、价值观和目标。

借助受众的文化背景来激励人心也许只在特定情形下有效。例如，研究者发现，对于个人利益的诉求对来自个人主义文化国家（如美国、澳大利亚、加拿大、丹麦、瑞典）的受众会比来自集体主义文化国家（如危地马拉、委内瑞拉、印度尼西亚、巴基斯坦）的受众更加有效，但对其他利益的诉求对集体主义文化国家的受众也许会比对个人主义文化国家的受众更加有效（Dillard 和 Marshall，2003；Han 和 Shavitt，1994）。所以只有当绝大多数受众都来自基本相同的文化背景，他们也基本上都认可同种特定的价值观时，使用相应的情感诉求才是最有效的。

要考虑你的话题与不同文化的态度和价值观是否相关，并了解这些不同的态度和价值观是什么。例如，对于家庭成员的忠诚、对于老年人的责任感，以及对于教育价值的重视，不同文化背景的人的认可程度也会不同。要根据受众的态度与信念来构建你的诉求。

也要考虑来自不同文化背景的受众对于演讲者的预期是否会不同。来自某些文化背景的倾听者，例如来自亚洲国家的受众大多希望演讲者能够谦逊，避免自我称赞和自我颂扬。面对这样的受众群体，如果你表现得过分自信、太过频繁地提及自己的成就，那么受众就可能认为你太过直接、傲慢或咄咄逼人。然而，如果你面对的是美国受众，谦逊或避免自我表扬反而会对你不利，人们会低估你的能力。

如果你演讲时显得对文化差异缺乏理解，那么也容易失去受众的信任。避免任何暗示你对受众有成见或者对他们所属的群体有成见的话语——它对达到你的演讲目的是不利的。

其他因素

没有任何关于受众特征的列举可以做到面面俱到，本书也不例外。因此，此处还需要多列出一种类别——“其他因素”，来明晰你的演讲的特定受众群体的特征。除了上述特征外，你还可以考虑以下一些特征和问题。

- 职业和收入。受众群体的工作稳定性和职业荣誉感与你的话题、目的或案例相关吗？拥有不同经济背景的受众是否会对短期目标和长期目标有不同的想法？
- 情感状态。单身人士会对学前择校问题感兴趣吗？那些处于稳定持久的恋爱关系中的人会对“假日中单身人士感到抑郁”这个话题感兴趣吗？
- 特殊兴趣。受众有什么特别的兴趣爱好？他们业余时间都做些什么？你怎样把这些兴趣爱好融入你的举例和说明中？或者怎样在你的演讲中直接使用它们？
- 政治信仰。政治信仰是否会影响受众对你的话题和目的的看法？受众在政治上是倾向于自由的还是保守的？这种倾向是否会影响你如何准备演讲？
- 组织身份。成员所隶属的组织是否也能够帮助你了解一些他们的信仰和价值观？你是否可以在演讲中提到这些组织，用它们来举例或者进行说明？

情境特征

除了分析具体的受众，还要考虑一下情境因素，也就是演讲的具体情境。

- 受众的数量。通常受众数量越多，演讲也越正式。如果受众数量不多，你可能会比较放松和随意；如果受众数量很多，他们可能会有不同的宗教背景、职业背景、收入水平等。所有前文所提及的变量，在一个人数众多的受众群体中都会被放大，因此你需要使用能够吸引所有受众的支撑性材料。
- 客观环境。考虑一下演讲的客观环境——演讲是在室内还是在室外，是在普通的房间还是在大礼堂，受众是站立的还是就座的，这些因素很明显都会影响演讲方式。另外，还要考虑演讲的设备：现场有白板、活动挂图或投影仪吗？有幻灯机和屏幕吗？有没有专用电脑搭配投影仪来播放 PowerPoint 幻灯片？有记号笔吗？如果有可能的话，最好在正式进行演讲的场所排练，使用你在演讲时可使用的相同设备。
- 场合。考虑一下演讲的场合。如果你是在完成演讲课的作业，那你可能要受许多具体要求的限制，例如对时间的限制，对你可以使用的总体目的的限制，对可以使用的支撑性材料的限制，还有其他一些细节上的限制。同样，对于课堂以外的真实演讲，你也需要在不同的要求和预期下完成。假如你受邀去给一群人做演讲，那应该先了解这

公开演讲选择点

考虑年龄因素

与上一次演讲相比，这一次演讲的受众普遍都更年长。针对这种情况，你会采取哪些不同的做法？

群人对你的预期是什么，他们希望你演讲多长时间，他们的人数有多少，是否有问答环节。

- 一天中的具体时间。考虑演讲的具体时间，如果你的演讲是在早晨（如 8:00 开始），那么就要考虑到许多受众也许还没完全睡醒。你可以感谢受众的出席，并且称赞他们的关注。如果有必要的话，用你的声音、手势、吸引注意力的材料、视频或图片等来唤醒他们。如果你的演讲是在傍晚时分，大多数的受众都等着回家，因此也要有相应的考虑。

从心理学角度分析受众并对演讲做出相应的调整

心理学角度的受众分析会从意愿程度、赞同程度、了解程度几个维度来考察受众。

受众的意愿

来听演讲的受众的意愿程度是不一样的。有些受众非常渴望听到演讲者的演讲，甚至为之支付大笔的入场费。例如，巡回演讲就体现了公开演讲可营利的一面。但是，既有一些受众是愿意花钱来听演讲的，也有一些受众对此是根本无所谓的。有些受众甚至还需要被动员才会前来听演讲（至少是在演讲过程中端坐在那里）。还有一些受众是因为不得不参加，例如，要协商一个工会的条约，可能需要工会成员参与并听取相关人士的发言，就像学生被要求按时出勤一样。

所以你的当务之急就是要了解受众倾听你演讲的意愿。他们有多愿意听？如果他们很乐意倾听，那就没有什么问题；如果他们不愿意倾听，那也未必注定失败。你只需要再努力些，对演讲内容进行一些调整即可。以下是关于如何让受众从不愿意转变为愿意的一些建议：

- 尽早在演讲中谈及他们的兴趣和关注点。接下来用一些鲜为人知的事实、幽默、名人名言、令人吃惊的统计数据、例子、故事叙述、声音或视觉辅助材料等来保持全场的注意力。

- 对受众的出席和关注给予回报。在你提到要点之前就要先给出回报，让受众知道你意识到他们能够前来听你演讲，是牺牲了自己的时间。告诉他们，你非常感激这一点。
- 在演讲话题及材料与受众之间建立直接的关联。告诉受众，他们可以如何节约时间、挣更多的钱、解决各种难题或变得更受欢迎。如果你的演讲内容与受众的需求和愿望无关，那他们完全有理由不听。

受众对话题的赞同程度

受众在对你的观点的赞同程度上会各不相同。即使在同一受众群体中，也会有人赞同你，有人不赞同，还有一些人犹豫不决。如果你希望改变受众的态度、价值观，并最终改变他们的行为，那么你必须了解他们目前的态度、价值观及这些因素对你的演讲内容尤其是论题会产生什么样的影响。为了预估这些可能的影响，你会发现以下这些关于受众态度和价值观的问题会很有帮助。

受众的哪些态度（对某物品、某个人、某种立场的赞同或反对的倾向）可能会影响他们对你的演讲论题的回应？如果你的受众对环保持赞同态度，他们也许就会比较赞同减少污染、开更小型的汽车以及资源再循环。反过来说，他们也许就不太会赞同那些减少污染企业的罚款或者提倡开大型 SUV 汽车的演讲论题。你可以怎样利用受众当前的态度来对自己的演讲进行相应的调整呢？例如，如果你知道自己的演讲论题与受众的态度是吻合的，那么你就可以强调这种共同点。

你的受众有什么样的价值观（人们对于某件事或某种行为价值的认定）？这些价值观会对你的话题产生怎样的影响？你可以怎样利用受众的价值观来对自己的演讲做相应的调整？例如，如果受众比较重视经济上的成功，他们可能就会对股票市场、外汇、成功企业家的故事等演讲题目比较感兴趣。诸如承诺给受众带来经济回报或者教会他们一些赚钱技能的演讲论题会较受他们的欢迎。

毫无疑问，如果你面对的受众群体的价值观、态度与你的论题是吻合的，那你的调整相对来说比较容易，但是如果受众的态度和价值观跟你的论题正好相反，那么做出相应的调整就要困难得多。以下是一些建议，可以帮助你去应对意见相左的受众群体：

- 澄清所有可能的误解。很多情况下的分歧是由于缺乏理解造成的。如果你觉得有这种可能性，首要任务就是澄清误解。例如，如果受众认为新的小组管理方式会降低他们的自主性，所以他们充满敌意，那么可以直接向他们解释清楚，比如可以这样说：

  我知道很多人反对这个新的小组管理方式，因为他们认为这样会降低他们的自主性和控制权。然而，并不是这样。事实上，用这样一种方法，每个人能获得更大的控制力、更多的能力和更大的自主权。

- 从共同点出发。要强调你和受众之间的共同点而非差异。强调你和受众是同样的人，同样对话题充满兴趣的市民。理论家和批评家肯尼斯·伯克（1950）曾经说过，我们通过认同受众来说服他们。认同就包含强调演讲者和受众之间的共同点。当受众意识到自己和演讲者之间的共同点，他们就会对演讲者以及演讲更加赞同。例如，一名返校的校友要对高中生做一场关于“早点为大学做准备很重要”的演讲，他就可以这样说来寻得受众的认同感：

    不久之前我还坐在这个大礼堂里，被要求来倾听不同演讲者谈论大学。我记得当时特别希望自己可以离开这里，到别处走走。但我很庆幸最终自己哪儿都没去，而是认真倾听了所有的演讲，因为这些演讲让我受益匪浅。现在我希望自己的演讲同样能让你们受益。

- 用归纳的方式来组织演讲。先从你与受众意见相同的领域出发，然后谈及有轻微分歧的领域，最后再谈到分歧较大的问题。例如，你代表管理层与员工会谈，你希望员工能够接受某种薪资水平。你可以先立足于大家对于改善工作条件和长期经济增长的共同愿望。一旦达成某种共识，就比较容易提出一些有分歧的地方，比如说，需要把涨工资的时间推迟到明年。在任何有分歧或冲突的领域，仍旧会有一些共识。先强调这些共识，再去探讨分歧。
- 努力争取小收获。不要奢望用一场 5 分钟的演讲就能说服一个反堕胎组织去为一家新的流产诊所捐钱，或者能说服一个支持女性生育自由的群体转而投票反对放松堕胎法管制。只要受众认为你的立场有一定道理，并且能够以公平的心态来倾听，你就应该感到心满意足了。彻头彻尾的改变是需要很长时间的。企图施加过多的说服力，或者想要得到过多的改变，最后都只会以失败和怨恨告终。
- 大方地承认差异。如果你跟受众的立场完全不同，那么直接承认这种差异是较为明智的。让受众知道你理解他们的同时也尊重他们的立场，但是你希望他们能够换一种思考问题的方式，可以像这样来表达：

    我知道你们并不完全赞同小学老师应该每隔几年就接受一次测试来维持他们的资格证书。有些老师也许会失去他们的资格，这并不是一件愉悦的事。发生这种事我们也会很遗憾。然而大多数人不知道的是，大部分老师能够从中获益。我希望能够借此机会来为大家介绍一下我们大部分人能从这个新的测试项目中获得的好处。

受众对话题的了解程度

受众的知识水平存在很大差异，有些受众可能对你的话题非常了解，有些受众则一无所知。类型多样的受众群体是最难应对的。

如果你不清楚受众的知识水平，你就不知道哪些内容无须解释，哪些需要进一步说明。你不知道说多少会造成信息过载，也不知道说什么会让受众感到昏昏欲睡。也许你想让受众明白他们先前对某事的了解现在已经不够准确了，或许你想告诉受众可以用一个新的角度去分析问题，又或许你想让受众知道，虽然你的演讲内容基于他们已有的知识储备，但你不会老生常谈。无论是哪种情况，你都需要让受众知道你的演讲内容很新颖，你不会重复他们已知的内容。

有些受众对话题知之甚少，对于这样的受众要格外谨慎。不要认为对话题缺乏了解，就意味着这些受众缺乏理解能力。

- 不要用居高临下的语气。这也许是教师们所犯的最严重的沟通错误。在执教数年之后，他们每一学期都会面对许多对学科内容知之甚少的学生，因此，有些教师讲课时会有高高在上的语气，好像大人对不懂事的小孩子一样。然而，这样做会令他们渐渐失去受众。
- 不要把缺乏知识等同于缺乏智力。受众群体也许对你的话题知之甚少，但是完全有能力听懂一个表达清晰、逻辑严密的论述。尽量使用具体的例子、合适的视听辅助手段以及简单平实的语言，补充必要的背景信息，尽量不要使用新人听不懂的行话或术语。简而言之，不要高估受众对于话题的了解，但也绝对不要低估受众的智商。
- 让受众知道你了解他们的知识水平和专业水平。尽早在演讲中提到这一点，向受众强调你所说的内容肯定不是多余的，告知受众你会向他们展示最新的发展前景和方法。简而言之，让受众知道听你的演讲不会浪费他们的时间。
- 强调可信度。让受众知道你是经过自己的努力争取到这次演讲机会的，你所说的都是基于你对材料的牢固把握。

以下示例来自康涅狄格州参议员克里斯多夫·杜德（2007）

公开演讲选择点

不情愿的受众

泰德要做一场关于计算机行业的演讲，演讲对象是一群被迫在周六来听演讲的高中生。很明显受众的态度是不情愿的。面对这样的受众，泰德有哪些选择？

在杰西·杰克逊华尔街高峰论坛上的发言，我们可以看一下他是如何建立自己的可信度的：

> 当金博士和肯尼迪总统号召美国年轻人为自由与公正而努力的时候，我积极响应了他们的号召。年轻时我加入过美国和平队。我在多米尼加共和国的小村庄里生活和工作过。我与不同种族、不同国籍、不同语言的人并肩战斗过。很多时候我都身处少数族群当中。与此同时，我也被整个社会所接纳。我们每个人都为我们共同的事业贡献了不同的能力和精力。团结一致，我们可以铸就伟大的事业。我们修筑公路、设立学校、建设家园。

在演讲过程中分析受众并做出相应的调整

除了在演讲之前分析受众并对演讲做出相应调整，在演讲过程中也要注意分析受众并做出相应调整。如果你对受众了解甚少，或者在演讲开始后发现受众与你的预期有很大差别，那么在演讲过程中进行分析更为重要。以下这些建议对于线上或线下的演讲形式都很实用。

把受众视为信息发送者

在演讲时注视着你的受众。记住，不仅你在向他们发送信息，他们也在向你发送信息。关注他们发送的信息，并基于这些信息做出相应的调整。

要记住，来自不同文化背景的人可能会遵从不同的情绪表达规则。这些规则规定了什么样的情感适合展现出来，什么样的情感应该被隐藏。有些受众遵守的情绪表达规则倡导的是公开和自由的表达，那么这类受众就比较容易观察。还有一些受众遵守的情绪表达规则是倡导尽少外露情感，这样的受众就比较难以观察。

针对每种类型的受众回应，你都可以做出不同的调整。例如当受众表现出倦怠时，你既可以提高音量，也可以走近他们，或者还可以告诉他们你即将要说的内容对他们很重要。如果受众显示出了不同意见甚至是敌意，那么就强调你跟他们之间的共同点。如果受众看上去非常困惑不解，那么可以暂停往下讲，回顾并重复你刚才所说的观点，给出必要的解释或者插入一个小小的总结。如果受众看上去已经很不耐烦了，那么就不要再说“我的第三个论点是……”，而应换成“我的最后一个论点是……”。

为各种“如果……会怎么样”的问题做好准备

你演讲准备得越充分，就越能自如地应对各种临场的调整和改变。例如，你受邀去给某个群体做演讲，向他们讲解他们所面临的机遇。你被告知受众大多是 30 ～ 40 岁的职业女性，在你为这样的受众群体做准备时，也要同时问自己一些“如果……会怎么样”的问题。例如：

- 如果受众群体中有很多男性，我会怎么样？
- 如果受众群体中的女性远远不止 40 岁，我会怎么样？
- 如果这些受众带着配偶和孩子一起来，我会怎么样？

把这些问题考虑在内可以促使你在准备演讲时思考针对各种局面的对策。这样一来，你就可以用这些对策来进行现场调整。

sirtravelalot/Shutterstock

观点

没有回应的受众

如果你的受众缺乏回应，你在演讲中会做些什么？

直接回应受众

另一种应对受众现场反应的方式就是直面一切。对于那些否定你的演讲内容的人，你可以说：

> 尽管现在你与我立场不同，但是请耐心听我说完，再判断这种新方法是否真能帮你简化会计流程。

或者，对那些面露不解的人，你可以说：

> 这个计划的确看上去令人费解，但是等我讲完你一定就明白了。

或者，对于那些看起来不耐烦的受众，你可以回应说：

> 我知道你们已经有些疲倦了，但是再给我几分钟，你们就能学会如何快速记账了。

这样去回应受众就意味着你在承认他们的需求。你让他们意识到，你也在倾听他们，你跟他们在一起，并且你会回应他们最关注的问题。

公开演讲选择点

不感兴趣的受众

当你扫视受众时，发现许多人（或者说太多人）似乎更关心自己的手机或平板电脑，而不是关注你那制作精良的幻灯片。应对这种局面，你有哪些选择？

第5章

研究演讲（第三步）

Rawpixel/123RF

研究始终是我们生活的一部分，如何高效且成功地做研究，是一项值得学习和增强的技能。

在准备公开演讲的整个过程中，你都需要寻找一些信息作为演讲中材料的来源，这就意味着要做研究。本章主要考察做研究的原因、信息的来源、评估信息的方法、整合研究和引用研究、剽窃的定义和避免剽窃的原则。

做研究的原因和研究材料的类型

让我们通过了解做研究的主要原因来介绍研究，然后考察研究材料的主要类型。

做研究的原因

研究是指对信息的系统化寻找，是对话题相关信息的调查，或者对论题相关信息的探寻。通过研究可以找到有助于你向受众说明话题的例子、图片和定义，还能够找到帮助你支撑要点的证词、统计数据和论据。另外，研究还可以让你获取一些名人轶事、名人名言和故事，从而使你的话题更加生动。

然而，研究还有其他一些重要的功能，它有助于你去说服受众，因为研究使得你更加可信。例如，如果受众感觉到你做了许多前期研究，他们就更倾向于将你视为一位非常有能力、有知识的人，因此也就更有可能去相信你所说的内容。并且，将研究本身陈述出来也是非常有说服力的。当你把研究本身陈述给受众的时候，受众就有了做决定和下结论的理由。

根据爱达荷大学的学术能力网站所述，人们做研究一般是出于以下几种原因。

- **研究以获得具体的答案**。这类研究用于寻找具体的事实、例子、个案说明、统计数据或定义。这类研究所针对的问题都很简单："日本有多少人口？""财务人员的平均工资是多少？"在所有演讲中，我们都需要从这一类型的研究中寻找支撑性材料。
- **研究以探索已知**。这类研究的问题是："如何……？""你可以如何描述某个人或某件物品？""你可以怎样描述一个事件或一个过程？"或者你想去探索一条术语或一条理论是如何被定义的，以及术语和系统之间的相似点与相同点。又或者你想去了解某一件事该如何操作或者如何开展。这类研究是说明性演讲的核心要素。
- **研究以支撑论题**。这类研究的问题可能会围绕各种话题展开。例如，你可能会开展研究去探索哪一种解释或立场最接近事实："这对父母是否犯下了忽视儿童罪？""这种行为是否叛国？"也可能关注什么是正义的或道德的："斗牛是否道德？""什么样的程序是最人性化的？"还有可能主要探讨某些政策是否应该被采纳。这类研究问题是说服性演讲的核心要素。

研究材料的类型

在收集信息的时候，一定要区分一手材料、二手材料和三手材料。

一手材料是第一手的，是某一个事件的亲历者或目击者当时所做的书面或口头的论述。研究者本人所做的原始研究也被视为一手材料。一手材料包括学术期刊中的一手研究报告、企业的年度报告、事故的现场报告等。

二手材料是对一手材料的诠释、评价、分析或总结。二手材料包括某大众期刊上一篇总结研究的文章，一则关于某企业收入的电视新闻报道，与现场目击者交谈过的人的报告。所谓二手材料，就是在真实事件和报告之间有一个中间人。例如，记者首先阅读了科学家的专题著作（一手材料），然后为大众期刊撰文，对科学家的研究进行总结（二手材料）。

三手材料是一手材料和二手材料的混合体。三手材料包括百科全书、年鉴手册和指导手册当中的文章等。诸如尼尔森数据这样对电影上座率的统计数据的汇总也被视为三手材料。学生使用的教材，一部分是二手材料（它们诠释并总结了学术期刊中一手材料的内容），一部分是三手材料（它们使用了对于研究和理论的总结，即它们使用了二手材料）。

作为倾听者和演讲者，你会听取并使用各种类型的材料，然而你应该牢记它们之间的重要区别。二手材料通常不如一手材料可靠，因为它离事实和事件又远了一步。二手材料的写作者可能会忘记一些重要的内容，带有偏见或者可能会对数据有误解。另外，为了使非专业人士更容易理解，写作者也许会用简单的语言来表达复杂的数据。三手材料（例如来自百科全书的一篇文章）通常是非常理想的起点，但是你的研究不能停留在这个层面上，一定要使用二手甚至是一手材料。

观点

时间使用

在阅读时间管理的原则之前，先思考一下自己利用时间的情况。

你是如何有效使用时间的？你是如何浪费时间的？

Nd3000/123RF

显然，每个人的时间都有限，不可能去研究与某个话题相关的所有文章或者口头讨论。但是你可以更好地利用自己的研究时间，使得它更有成效，也更加有效率。表 5-1 就列出了一些时间管理的原则。

表 5-1　时间管理的原则

总体原则	具体原则
了解自己的时间使用情况	看一下什么事情占据了你大部分时间，一旦了解了自己使用时间的习惯，你就能够明白什么是可以缩减的
从源头上杜绝浪费时间	找出浪费时间的缘由。把那个最容易戒掉的事情戒掉，然后处理下一项
避免拖沓	把事情拖到最后一分钟，这是很多人的一个错误想法，他们以为在压力下可以有更好的表现。要避免这种做法
使用工具	选定一个工具，无论是手写的日记本，还是手机上的日历或是专门用于节省时间的应用小程序
（重要性）排序	把所有需要完成的事项列成一个表单，然后按照重要性来评级，可以帮助你更有秩序地生活和工作
分解复杂任务	把大的任务划分为小的单元或步骤，正如我们将准备和发表演讲的全过程分为若干个步骤，这样任务执行更加可行，不再让人望而却步
设立现实可行的时间规定	当任务重大时，设立时间限制是很有帮助的，这样一来任务就不会显得太有压迫性或者太过艰巨
回报自己	每完成一个单元的任务就给自己一些小奖励，但不要奖励自己吃垃圾食品或者是过长时间的闲暇
一次把事情做完（不要分为两次）	尽量只看一次纸质或者电子的信息，然后按照上面的内容行动，最后，根据需要把这个内容归档或者删除

信息的来源

信息的来源种类繁多，因此我们这里只能做一些浮光掠影的介绍。首先，我们讨论图书馆和网络两种主要的研究路径。然后，我们再论及综合类参考材料、学术期刊、大众期刊、政府出版物（发布信息）等。

图书馆

作为存储信息的场所，图书馆已从纸质材料的集中区域慢慢

公开演讲选择点

一手材料还是二手材料

你在一本科普杂志上看到了一组统计数据，然后通过这篇杂志文章里提到的信源追踪到了原始的研究。你在呈现这些信息时有哪些选择？你会如何去做？

演化成了电脑数据库。在图书馆（管理员的帮助下）开始你的研究是一个明智的选择。

当然，你也需要去实体的图书馆，因为那里有许多网上没有的书籍及你想要看的纸质书。由于每个图书馆的日常运行方式都不尽相同，所以你要了解某个图书馆的最佳方式就是与图书管理员交谈，了解该图书馆里有哪些书籍，提供什么样的培训或者参观，以什么方式最容易获取资料。特地花一些时间来了解图书馆，对于你而言是非常有意义的。

网络

我们不妨把网络视为一个系统，它由三个部分组成：开放网络、深层网络和社交网络。

开放网络（即可见的或表层的网络）里的信息，你只要通过普通的搜索引擎或网址导航简单搜索即可获取。例如，当你在谷歌上进行一次简单搜索时，你就在使用开放网络。

深层网络（即不可见的或隐藏的网络），据估计其规模是开放网络的 50 倍左右。深层网络中包含的内容，通过普通的搜索引擎或网站导航是无法找到的。这些内容包括学术数据库和学术期刊中的文章，只有在大学图书馆或者教材出版商付费之后才能够获得。它还包含那些你要通过密码才能登录的网站。许多视频和图像资料都存在于深层网络。

社交网络实际上也可以被视为深层网络的一部分，但是考虑到它所涵盖的材料的独特性，将其视为一个单独的类目会更加清晰。社交网络包含了数以百万计的博客、脸书和 Google 页面、推特、新闻组、邮件组等。当前博客非常受欢迎，其中的许多信息对于公开演讲也非常有实用性。但是不要以为博客上的内容就一定是可靠和准确的，使用前应该先核实。

值得注意的是，搜索引擎可以为我们呈现出大量的网站，但无法帮我们区分这些网站是否可靠。例如，搜索结果可能把高中生的学期论文和世界知名科学家的研究成果放在一起，不加区分。

你也可以在搜寻网站时设置提醒。例如，你可以去访问谷歌、必应、雅虎，然后输入你的演讲话题、你想要搜索的类型（新闻、网页、新闻 + 网页或群组等），以及你希望的提醒频率（每天一次、每周一次或随时）。通过这种方式，你会收到带有网站链接的电子邮件提醒。为了方便操作，许多搜索引擎在搜索结果的下方都会有一个让你设置提醒的邀请。

综合类参考材料

综合类参考材料属于三手材料，是做研究的非常好的起点。

百科全书

最佳综合类参考材料之一就是标准百科全书。一本好的百科全书会让你对论题有一个概览，并且会给出补充阅读的建议。也许最知名的也很实用的在线百科全书就是维基百科。维基百科里的文章有些很简短，有些非常长和详尽。这些文章的撰写人未必都是专家。其中有许多文章定期被检查、更新和修改。但由于这个网站是开放式的，里面的内容也是由无名的用户集体合作生成的，所以你需要去核查里面的事实和数据。核查工作并不困难，大多数情况下你只要点击里面的链接或者按照文后所提供的来源去做进一步的搜索即可。不同人对于维基百科的实用性会有不同的看法，所以要了解清楚不同领域对于研究的具体指导原则。

年鉴

还有一个非常好的综合类参考材料是年鉴（无论是纸质的还是线上的）。可以从 Infoplease 网站开始，里面包含了大量的年鉴和类似材料的链接，其内容涵盖世界、美国历史和政府、传记、体育、商业、社会文化、健康、科学、艺术和娱乐等。

传记类材料

在公开演讲中，你也许经常需要用到某个人的信息。例如，在使用某一专家的证据时，很有必要去强调这个专家的资质，这些材料你都可以从其传记类材料中获取。了解信息的来源人，有助于你更有效地评估他们的能力，将他们的可信度告诉受众，并且回答受众关于他们的问题。这类资源中比较好的包括 Infoplease 网站的 Biography Almanac、密歇根大学的互联网公共图书馆和 Biographical Dictionary（传记字典）。

统计数据类信息

有许多组织都会搜集统计数据，但是最细致的统计数据还是政府和政府下属各类机构所出具的。每一个政府部门都会公布统计数据，你可以去访问政府部门的网站（例如财政部）来获取相关的统计数据。一个更便捷的方法是去登录联邦统计局网站（FedStats），在这里你可以得到关于犯罪、人口、经济、死亡率、能源的数据，以及与其他国家相对比的一些统计数据，还有来自 100 多家美国联邦机构的关于各个州、城市、乡村的统计数据。

新闻来源

我们常常需要查阅关于科学研究进展、政治演讲、议会行动、讣告、财经新闻、国际社会发展、联合国行动或其他各类话题的相关内容。或者有时你需要查找一个特定事件发生的具体日期，并了解与此同时世界其他地方发生了什么。这种情况下最合适的信息来源就是报纸和新闻杂志网站、通讯社以及在线新闻网络。

- 报纸和新闻杂志网站。大部分报纸和杂志都拥有自己的网站，你可以从中获得它们当期或往期的内容。口碑较好的有《洛杉矶时报》《今日美国》《华尔街日报》《纽约时报》

《华盛顿邮报》等报刊的网站。

- 通讯社。四大通讯社的服务应该也很有帮助，它们是美联社、路透社、合众社和美通社。
- 在线新闻网络。所有的电视新闻台都有非常实用的网站，其中最实用的有 CNN（美国有线电视新闻网）、ESPN（娱乐与体育电视网）、ABC（美国广播公司）新闻、CNBC（美国消费者新闻与商业频道）、CBS（哥伦比亚广播公司）新闻和 NBC（美国全国广播公司）新闻。

当你通过上述来源获取内容时，你可以将来自大型报纸网站的新闻和来自通讯社的新闻做个对比，例如对比一下《华盛顿邮报》或《纽约时报》网站上的新闻，美联社或路透社的新闻。这种对比可能会很有用。你可以思考一下，哪里的新闻看起来更加可靠、更加完整、更加公正呢？

学术期刊和大众期刊

在你的研究过程中，学术期刊和大众期刊都很有用，虽然使用它们的目的不尽相同。如果你需要非常可靠的科学信息，那么应该去查阅学术期刊，尽管里面的文章比较难懂。如果你想要一些简单易懂的大众化材料，那你可以去查阅大众期刊。你所需信息的类型决定了你去查阅哪一种期刊。例如，如果你想要阅读“情绪传染”方面研究的原始材料，那么你要去查阅学术期刊上的相关文章。如果你只是想了解一下这个话题的大概知识，那么大众期刊上的文章也是非常有用的。再例如，你想要获取碧昂丝[①]最新的演唱会的信息，那么大众期刊更加适合。如果你想了解碧昂丝和女性主义理论，那么学术期刊是更好的选择。

有些出版物并不容易归类，例如，《今日心理学》一般被视为一本大众期刊，然而它也经常刊载一些学术研究人员的学术性文章。《国家地理杂志》既是一本学术期刊，也是一本大众期刊。基于上述内容，表 5-2 具体比较了这两类期刊。

表 5-2　学术期刊和大众期刊的比较

比较项	学术期刊	大众期刊
目的	为了推进研究、鼓励研究和促进理论构建；为了传播专业知识及研究发现	为了娱乐休闲，让读者知晓一些问题和热点；为了传播大众知识，总结并普及较为专业的知识

① 即美国女歌手碧昂丝·诺斯。——译者注

（续）

比较项	学术期刊	大众期刊
文章类型	原始的科学研究；探索批判性分析；通常用某一领域的术语写成，因此非专业人士较难读懂	人物访谈、新闻概述，通常较易于理解，适合快速阅读
文章作者	教授、研究者、科学家、研究生	职业写作者、记者和一些学者
印刷版本和网络版本	需要订阅，通常订阅费较高。图书馆、出版商或者个人付费可获得网络版本	订阅可得，价格低廉，通常在报刊亭和书店都有售。网络版通常是免费的
评审流程	由同行盲审，理想状态下是盲审者在收到文章时不知道作者是谁	从专业的评审团队到一般性的编辑都有
可信性	也许是可信性最高的一类文章	因杂志不同而不同，大多数的大众期刊都是比较可信的
读者	学界人士、科学家、研究者和研究生	大众读者，或者是有专门兴趣的读者，例如摄影爱好者、财经爱好者、体育爱好者
设计和样式	学术性的外观，单一色彩，字体很少有变化，内容中很少有图片（除非是艺术和建筑类的期刊）；广告较少，有的话通常是为其他学术期刊或书籍做广告	色彩丰富、字体多变，有许多图片，有各种各样产品的广告
举例	《传播专论》《人格与社会心理学杂志》《新英格兰医学杂志》	《人物》《快公司》《读者文摘》《时代周刊》《商业周刊》《福布斯》《连线》《瑞秋相伴每一天》
文章举例	《祖孙情感沟通中的民族差异》《文本中介流派》《极端利他主义》《社交网站中的人际监视》	《人工智能的四次浪潮》《凯文·杜兰特的下一场比赛》《特朗普边界宣言背后的真相》《品牌背后——奈飞进军制片业》
出版时间	通常是季刊，文章一般在提交 9 ～ 24 个月后发表。因此，大多数文章并不是指向最新的热点问题	通常是周刊或者月刊，文章内容都是关于最近发生的事情

政府出版物（发布信息）

美国的联邦政府、州政府和市政府都会发布大量的信息，这些信息对你的演讲会很有帮助。谷歌的政府搜索是一个很好的起点，这个搜索引擎里面涵盖了所有以 .gov 为域名的网址。然而海量的信息可能会让你不知所措。例如，如果你查找关键词“出版物”，可能会有2700万个网址；如果查找关键词“教育”，会返回大约9400万条搜索结果；如果搜索关键词“健康”，那会有12 500万条。无疑，你必须缩小搜索范围，一个方法就是加上额外的词语，例如，“健康”加“药品”加“青少年”；另一个有效的方式是通过网上已有的许多教程来了解这些网站。美国政府的网站包含了各种各样的教程，它们可以帮助你更高效地搜索话题。

还有一种方法是访问联邦政府的13个相关部门（它们是农业部、商务部、国防部、教育部、能源部、卫生和公众服务部、住房和城市发展部、内务部、司法部、劳工部、财政部、国务院和运输部）的网站。这些部门都会针对不同的事务出版或发布各种报告、手册、书籍和文件。以下是一个话题列表，列表中的话题都可以在美国相关政府部门的网站上寻找相关信息，它们对你做演讲研究都会很有帮助。

- 财政部：税收、房产拍卖、储蓄、经济、财经市场、国际商务、货币管理。
- 住房和城市发展部：房屋买卖、租赁和房产权；住房公平、拍卖、消费者信息、联邦住房管理局贷款退费、无家可归问题；为租户、房东、农场工人、老年人、被歧视的受害者等提供的信息。
- 国防部：新闻发布、演讲文本、军事支出、军队收益、伤亡报告。
- 司法部：毒品和毒品执法，《爱国者法案》信息，人口走私，犯人定位，《美国残疾人法案》，审判统计，来自烟酒枪炮及爆炸物管理局的信息。
- 卫生和公众服务部：老龄化、艾滋病、疾病、安全问题、食品和药品信息、灾难和应急保护、家庭与儿童、残疾、无家可归、移民。
- 教育部：科学、数学、历史、语言、艺术等课程的教学资源；教学创新；成绩与可靠性报告；《不让一个孩子落后》报告；危机学生[①]与天赋学生、佩尔助学金[②]、校园中的宗教语言等。
- 劳工部：养老金、失业、工资、保险及各种与劳工问题相关的话题。
- 能源部：关于科技、能源、效率、国家安全、健康与安全的一些材料；当前的一些新闻热点，例如石油泄露以及节省能源支出。
- 内务部：管理并保护美国的水资源、野生动物、土地、能源；其他相关话题，包括有

---

① 危机学生（at-risk students，又称“高危学生”）是在美国使用的一个术语，用于描述需要临时或持续干预才能取得学业成功的学生。——译者注

② 佩尔助学金（Pell Grant）是美国联邦政府最大的助学项目，用以帮助有需求的低收入家庭的学生完成本科教育。——译者注

关美国印第安人的话题。

其他部门同样会发布种类多样且值得查阅的信息。所有这些部门都可以在包括脸书和推特的许多网络平台上关注。

Jacobs Stock Photography Ltd/DigitalVision/Getty Images

观点

信息来源

在公开演讲中各类信息来源都很有用。哪一种来源是合适的，哪一种是不合适的，要因你的话题、受众和本书中涉及的其他因素而定。对于你接下来要进行的演讲及其受众，哪一类信息来源是最重要的？

评估信息

在你对话题进行研究的时候，一定要记住，并非所有的研究都是好的研究。尤其是在网络上，任何人都可以发布任何信息，网络上的文章也许出自世界知名的科学家，也许出自一个小学生；也许出自客观公正的记者，也许出自别有用心的个人。判断文章的类型并不总是轻而易举的。纸质版的材料也不例外，它们同样需要仔细审核。

评估网络材料时不能只判断材料包含的信息是否准确，因为新闻报道经常会挑选有利于自己观点的信息，片面地报道一个问题。

以下是评估研究的五个标准，用它们的首字母缩略词 FACQS [Fairness（公正性）、Accuracy（准确性）、Currency（时效性）、Qualifications（可靠性）、Sufficiency（充分性）] 有助于记忆这些

公开演讲选择点

研究来源

如果你正在准备的演讲话题是当前的移民法，那么应该寻找什么样的资源？如果你的演讲话题是有必要改变当前的移民法，那么你会去哪里收集信息？

评估标准以及我们要预先采取的行动。图 5-1 中列出的这些标准和问题可以用来评估各种来源的信息，包括纸质媒介、人际互动、电影、电视、社交媒体和网络。

公正性

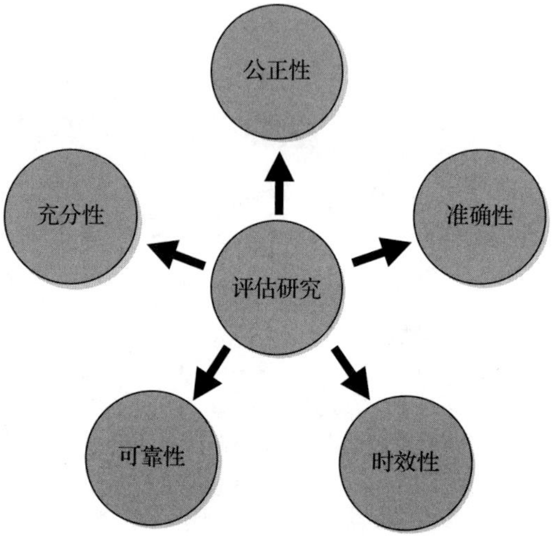

图 5-1　FACQS

无论目的是说明还是说服，研究都应该是公正的。所以要问问自己：这个材料的作者所呈现的这些信息是公正和客观的吗？是否存在对某一个立场的偏好？在说服性的文章中，要查看作者是只站在一个立场上发言，还是两方立场都有考虑。有一些网站看似客观，实际上却是某些政治、宗教或社会组织的分支机构，它们的域名通常是 .org。一般说来，虽然并不绝对，.edu 和 .gov 域名的网址会比 .org 和 .com 域名的网址给出的信息更加客观。一般我们应该到网站的主页上去寻找设立网站的组织的性质。

不管是纸质的文章还是网络文章，不要只看标题。标题也许只是文章中最具偏见的一部分。标题的首要目的是吸引你的注意力，然后才是描述文章的内容。

对图片也要进行客观的评估。照片很容易被用来歪曲事实的真相。例如，技术人员可以把不同场景中的人的照片合成到一起，看起来好像这些人是好朋友。如果图片看上去非常古怪或不真实，就要相信自己的直觉，去做进一步的调查。另一个实用的方法是观察照片上光线的不同色度，通常这样也能够找到合成的迹象。

准确性

对于一个话题方面的新手来说，判定材料内容的准确性是极其困难的，甚至是不太可能的。然而探究信息是否准确非常关键。当然，你对一个话题了解越多，判断其准确性也越容易。如果刚刚接触话题，那么可以依靠他人来获取准确信息。例如，查看参考文献和相关链接通常会很有帮助。这些参考文献是来自可靠的信源吗？这些链接打得开吗？它们可靠吗？如果信息中有许多拼写和语法错误，那么它们通常是来自不够专业或不值得信任的网站。

查看一下例如《洋葱报》[1] 中的免责声明，它会告诉你这里的材料不是真实的信息，而是为了达到幽默的效果，以及为了达到讽刺效果而使用的夸张。

可对比一个信源和其他可靠信源关于相同内容的信息。如果是二手信息，可以通过文末的链接或参考文献去查找一手信息。看一下这个信源中的内容与其他渠道的信息是否一致，也查看一下这个领域公认的权威人士是否认可这样的内容。

关于民意测验的数据尤其值得注意。针对民意测验的结果，要去确认被测验者是具有代表性的，测验样本是足够充分的，这样的测验结论才是有效的。来自国家某一地区的民意测验，或者来自某一种族或某一宗教群体的民意测验，不能够用来代表来自全国或所有种族和所有宗教的人的总体测验结果。

时效性

不是所有的问题都有时间敏感性，即使是有时间敏感性的问题，敏感程度也并非完全相同。时效性的重要性随话题不同而有很大的不同。你演讲的大部分话题应该是有时间敏感性的，所以你获取的信息应该尽量是最新的。那么，要思考一下：这个信息是什么时候发布的？这个研究是什么时候开展的？这个民意测验是什么时候进行的？为了确保时效性，可以去查看最新的年鉴、阅读报纸或访问那些更新频率较高的网站，如联邦统计局的网站（FedStats）。

可靠性

查看一下作者和出版商的（资质）可靠性；查看一下信息的来源。例如，一个理学博士、医学博士或类似的学位头衔，并不一定能够确保这个人在所有话题上都具有权威性。在某一学术或职业领域非常专业的人士，也许对同一学科中的其他领域所知甚少。例如，一位社会学博士也许非常了解移民，但是对于城市衰败却了解甚少。同样的情况在医学、法律或任何你能想到的学科中都会存在。所以，要问问自己：这位作者在这个特定的话题上是否有可信度？这位作者是否有足够的科学和医学背景来写关于健康问题的文章？幸运的是，我们可以在网络上查到作者的专业度和权威性。

同样，我们也要查看出版方的资质，这个出版方是一直在出版比较有声誉的作者的作品，还是任何人都可以通过它来发布内容？

---

① 《洋葱报》是美国一家新闻机构，以讽刺网上和报纸上的文章而享有很高的知名度。《洋葱报》评论的事件有真实的，也有虚构的，它模仿传统报纸的形式，甚至将新闻播报员的声音加以修改，戏仿美联社的主播。——译者注

观点

FACQS

FACQS 五个标准各自的重要性，会因演讲论题、目的和受众群体的不同而不同。思考你接下来的一场演讲，这五个标准各自的重要性如何？

Gremlin/E+/Getty Images

充分性

对于一篇旨在说服读者的文章，尤其要思考作者所写的内容是否足以支撑他的论点。文章中出具了哪些证据来证明作者的观点，这些证据足够吗？有些作者往往会用零星个案（支持某一观点的一个具体例子）来替代证据。

一位营养学家的观点是不足以证明某一种饮食方法的实用性的。五所顶尖私立大学学费的上涨也不足以说明全国范围内学费增长的趋势。

你的结论越宽泛，你需要获取的信息也就越多。如果你想证明一种饮食方法对所有人都是有用的，那你需要大量的信息来证明对于所有的人群（男人、女人、老人、年轻人、健康的和不健康的人群）都是如此。

公开演讲选择点

核实

罗莎的历史老师在课上说当地市政府腐败透顶，但没有给出任何具体的证据，接着他很快去讲下一个话题了。罗莎有哪些方法可以对这句论述进行批判性评估？罗莎第一步应该做什么？

整合研究和引用研究

即使是最好和最广泛的研究，如果你没有把它整合在演讲中，那也没有什么意义。因此有必要做口头引用，也就是在演讲中引用研究。通过将研究整合在演讲中，并且说明研究来源，你赋予演讲中的观点或研究结果的原创者以应有的认可，从而也降低了你所说的内容被人视为剽窃（下文会有详细讨论）的风险。与此同时，你可以树立起自己作为一位负责任的研究者的声誉，并能增加了自己的可信度。以下是几条关于在演讲中如何使用研究的建议。

在演讲中引用其他材料

在演讲中引用研究材料时，要说明其作者或发布组织，如果需要的话，还要说明出版商和日期。阅读本书中或者各类网站上的演讲稿，看看演讲者是如何把研究整合在自己的演讲中的。

以下是一条如何引用研究的示例：

> 本演讲中对于眩晕原因的探讨，来源于今年 7 月 1 日我读到的梅奥诊所网站上由其团队所撰写的文章。文章中明确了引发眩晕的五大原因。这五大原因是本次演讲我想谈论的主要内容。

尽管有时你有可能会过度引用，即给出的信息比受众需要的多，但是，如果你遗漏了重要的信息来源，会面临更大的风险。正如在第 1 章中就提到的，如果你忽略了口头引用，很可能就会被他人视为一种剽窃。所以宁愿引用过度，也不要有所遗漏。

将引用材料融入演讲内容

引用之前不要说，“现在，我要引用一句话”，或者“现在，我想引用一个例子”。取而代之的做法是，在引用之前，你可以先暂停一下，然后向前迈一步，或者看着手里的笔记，读出一段比较长的话语。如果你还想更直接地说明这是一则引用，你可以像下面这样来表述：

> 最近参议员夸肯·布什的一番话，让我们都可以更好地理解这个问题。她说：“男性和女性是有差异的，但是，他们的领导力并无差异。”

在提纲中加入书面引用

除了口头引用，你可能还需要在准备阶段的提纲中加入参考文献。在引用文献的时候，先了解需要使用什么格式的手册，它通常是美国心理学会（APA）、美国现代语言协会（MLA）或芝加哥大学出版社编写的格式手册（《芝加哥格式手册》）。不同的院校，甚至是同一学校中的不同部门，都可能会要求不同的引用格式，坦率地说，这让原本就烦琐的过程愈加复杂。

幸运的是，许多网站提供了引用文献的方式说明。一个很好的去处是普渡大学的网上写作实验室（Online Writing Lab），里面提供了许多做研究和应用的指导原则，对 APA、MLA、芝加哥格式都有涉及，还给出了大量的例子来示范如何引用图书、文章、报纸文章、网站、电子邮件、网上帖子等信息来源。

在表 5-3 中，你可以了解到关于在演讲中引用材料的更多建议。引用材料应该被做成参考文献列表放在演讲的结尾。这里用的是 APA 格式。有许多实用的网站可以帮助你把引用材料转变成想要的格式。

表 5-3 口头引用

来源和书面引用	口头引用	研究和陈述笔记
图书 Danna, Sammy R. (2015). *Lydia Pinkham: The face that launched a thousand ads*. London: Rowman & Littlefield.	萨米·丹纳是一位广告业历史和流行文化历史的专家，她在自己的著作《莉迪娅·平克汉姆——1000 则广告背后的面孔》中曾经评论说，广告业……	证明作者的重要性，并以此来增加论据的分量
杂志文章 Schwab, K. (2019, February). The slow death of open offices. *Fast Company* 230, 10-12.	在《快公司》最近的一篇文章中，科技和设计专家凯瑟琳·施瓦布详细论述了开放式办公空间的问题	如果杂志本身的知名度已经很高，就像《快公司》这样，那么只提杂志名称就足够了。如果杂志不太为人所知，那么你需要告知受众这本杂志的公信力所在，例如它立场客观、历史悠久或者它的撰文者都很有权威性等
报纸文章 Johnson, J. (2019, January 16). Beto O'Rourke's immigration plan: No wall, few specifics. *Washington Post*. Retrieved from https://www.washingtonpost.com. 如果是读者来信或者是编者按，那么应该在文章标题后面插入［读者来信（Letter to the Editor)］）或［编者按（Editorial)］字样。	全世界最有影响力的报纸之一——《华盛顿邮报》2019 年 1 月 16 日在其网站上刊文报道了……	有时去说明报纸的可信度是很有必要的，因为有些报纸的确比其他一些报纸更具声誉。而且在演讲中一定要加上文章的日期。你还应该说明这是一篇常规性的新闻报道、一封读者来信，还是一篇编者按
百科全书文章 Gregersen, E. (2019). What causes lunar and solar eclipses? *Encyclopaedia Britannica*. Retrieved from https://www.britannica.com/story/what-causes-lunar-and-solar-eclipses,January 16, 2019.	我在 2019 年 1 月 16 日查阅到知名科学作家埃里克·格雷格森在《不列颠百科全书》的网络版本上明确了日食和月食的几个原因	无须说出网址 www.britannica.com，受众会知道如何去访问这个百科全书

（续）

来源和书面引用	口头引用	研究和陈述笔记
研究论文 Tokunaga, R.S. (2016, March). Interpersonal surveillance over social network sites. *Journal of Social and Personal Relationships*, 33, 171-190.	最优秀的人际关系研究期刊之一《社会与个人关系杂志》在其2016年3月刊中发表了一篇文章，该文谈到在线监管……	在直接引用一份研究的时候，要明确这是一手材料，而非诸如杂志上对研究的概述这类二手材料
博客 Fang, M. (2019, January 16). Nancy Pelosi asks Trump to delay State of the Union until shutdown ends. [Web log post]. Retrieved from https://www.huffingtonpost.com/entry/nancy-pelosi-trump-delay-state-of-the-union_us_5c3f40c2e4b01c93e00fbf51	就在本周,《赫芬顿邮报》作为也许是阅读量最大的博客网站，因为它刊载了一篇关于联邦政府关闭的文章，文章中谈及……	每个人都可以开博客，如果在你的演讲中博客不仅仅是个简单例子或说明，那你需要说明这个博客和博主的权威性以及博文本身的时效性
电视节目 National Geographic, *Life below zero*. [Television broadcast]. Washington, D.C.: National Geographic Channel.	美国国家地理频道有一档关于探索遥远的阿拉斯加的非常精彩的节目……	说明网络以及具体的节目名称是很有用的。如果这个节目是一个访谈，那要说明采访者和被采访者的身份
个人访谈 Because this is not retrievable, this is not included in the reference list.	今年9月，我通过电子邮件采访了福里斯特县的玛格丽特·怀尔德警官，在采访中怀尔德说……	明确采访的进行方式，是面对面、电话采访还是电子邮件采访，并且明确采访的时效性
课堂讲座 Brommel, B. (2016, April 7). Communication at Hunter College in New York City.	上周伯纳德·布勒梅尔教授在“家庭人际沟通”课程的讲座中谈及……	对于课堂讲座的引用，应该提及教授的姓名、课程名称以及这个讲座的大致时间
统计数据 Centers for Disease Control and Prevention. (2019, January 16). Protect children with the flu vaccine. Retrieved from http://www.cdc.gov/asthma/asthmadata.htm	这周早些时候，我访问了疾病控制与预防中心的网站，网站上提供了一组关于儿童不接种疫苗而死亡的数据。数据相当惊人，例如，在2017—2018年，有185个未接种疫苗的儿童死于流感及流感引发的疾病	使用统计数据的时候，大多数情况下说明数据来源的可靠性是非常重要的（通常 .gov 域名的网址比 .com 域名的网址更可靠），还要说明统计数据的时效性。说明网页的创建时间，以及你访问这个网页的时间，可以进一步证明统计数据的时效性

观点

口头引用

作为一名受众，你想从演讲中被引用的资料中获得哪些信息？换句话说，在演讲中，演讲者在口头引用中涉及哪些信息，才能使得这个引用是充分的，但同时又不至于冗长而让人生厌？

SDI Productions/E+/Getty Images

剽窃

本节内容旨在解释清楚什么是剽窃，为什么剽窃不可接受，以及应该如何避免剽窃。

“剽窃”（plagiarism）这个词来自拉丁文 plagirus，它的意思是绑架者，也就是一个偷孩子的人。后来这个词被引申为偷窃别人的作品，到今天，这个词的意思已演变为“把别人的作品（思想、词语和图片）当成自己的”。剽窃并不意味着使用别人的想法——因为我们都会这样做，而是意味着使用别人的想法却不说明这是别人的；剽窃是把他人的作品当成自己的原创。

公开演讲选择点

有说服力的引用

菲利普的姐姐是一所知名高校的经济学教授，在菲利普的演讲题目“投资失误”这一领域也做出了很重要的研究。菲利普想在他的演讲中引用这些研究成果。在引用姐姐的研究成果时，菲利普有哪些选择？如果这是一次说明性演讲，那么菲利普在陈述研究时可以说些什么？如果这是一次说服性演讲呢？

剽窃的类型

接下来将讨论剽窃的四种主要类型。

- 直接剽窃。在直接剽窃中，演讲者（作者、摄影者或视频制作者）把别人的演讲稿、图片或视频直接从其作品中拿过来放到自己的作品中，且不说明来源。直接剽窃还包括从职业写作服务机构购买演讲稿或者学习论文。
- 自我剽窃。演讲者把自己先前所写的演讲稿、论文或其他文稿直接拿来用到另一个演讲中。
- 马赛克式剽窃。演讲者把其他人的作品拼凑在一起。马赛克式剽窃还包括基本使用他人的演讲框架，只是对措辞稍做修改。

- 无意剽窃。在无意剽窃中，演讲者使用了别人的材料或自己的材料，并非故意把它当成自己的原创作品，却没有说明这些材料的来源。例如，你读到了关于某事件的一些材料，对于你下一次演讲来说是非常棒的素材，所以使用了它们，但是在使用过程中你并没有说明这个材料的原始出处。

合理使用

涉及使用他人作品的另一个问题是“合理使用”。根据斯坦福大学图书馆的建议，允许个人使用有版权的材料用于写作作品观后感、作品评论或者给出评价，前提是必须有关于原作品的引用信息。美国版权法（第 107 条）规定了在确定是否“合理使用”时要考虑的四个事项，简述如下：

- 目的。如果你的目的是撰写一篇批评性的评论，或者为了非营利性的教育目的使用文章或图片，那么你可以不经允许使用这个素材。
- 性质。如果这个作品是虚构的，那么对于什么可以用及什么不可以用，会有比较严格的限制；如果这个作品是真实的，那么使用的维度就会比较宽泛。
- 数量。即使你使用素材只是基于教育目的，对于使用的数量也仍然有限制，但具体的限制并不总是很清晰的。对一首诗而言，不经允许的情况下也许使用一行都是过度的。但是对于一本 500 页的历史书，使用一整段可能都不算多。以“合理使用”为名而把别人作品中的 75% 都拿来放在自己的演讲中，显然是不道德的，即使你在演讲中说明了来源也是不行的。尤其当你的说明非常模棱两可（诸如“我演讲中的某些材料取自史密斯教授的讲座”这样的表述）时，显然更不合适。
- 影响。这个问题是你的使用在多大程度上影响了原作者的收入。如果你的使用会给原作者的收入带来不利影响，那么你必须获得许可。

在公开演讲中使用他人的研究信息或图像，最好的办法就是不仅告知受众这些信息出自哪里，还要具体说明你的哪些内容使用了他人的信息。例如，“第一条论据最早是由……提出的”或者“这些图片都来自……”如果你是在从事以教育为目的的沟通，并没有获得任何经济回报，那么也许在引用一段文字、图片或视频时无须征求许可。然而，如果你的演讲稿要被收录进一本公开出版的图书中，而图书的发行会带来利润，或者你要把演讲视频传到 YouTube 上，可能会带来一定的广告收入，那么你必须先征得材料主人的同意。

常识

理解剽窃的关键之一是对于常识这个概念的把握。常识指的是你的受众很有可能都知晓、无数信息来源都提到过，并且不太可能存在争议的内容。你不需要也无法说明常识的来源。例如孟加拉国的人口、美国的《宪法修正案》、联合国采取的行动，这些都是大众可以获取的知识。不过，如果你谈论的话题是孟加拉国人民的态度，或者是《宪法修正案》被采纳的原因，那你需要说明材料的来源，因为这些信息并非常识，而且可能存在争议。

在某些情况下，什么是常识要视受众和演讲者的具体情况而定。例如，你在给医学领域的专业人士做一场生理学的讲座，那你可能就不需要再说明循环系统的工作原理这个信息从何而来。但是，如果你在给一群对生理学知之甚少的受众做讲座，那你在描述心脏供血的原理时，也许需要说明信息来源。

然而，确定到底哪些内容是常识往往并不容易，但在大多数情况下，问自己以下两个问题会很有帮助：

- 我的所有受众都了解这个信息吗？如果回答是肯定的，那你可以把这个视为常识。
- 这个信息存在争议吗？对于这个问题是否存在多种不同的观点？如果答案是肯定的，那么有可能这就不是常识，需要注明信息来源。

如果有任何疑问，最好的方法就是说明信息来源。

文化差异

不同的文化对于剽窃的看法以及对于学术剽窃的惩罚程度都各不相同。在某些文化中，尤其是集体主义文化（强调团队和共同合作的文化），团队合作是非常受鼓励的，学生也被督促要彼此帮助。在其他个人主义文化（强调个体和竞争的文化）中，不说明各个成员贡献的团队合作也被认为是剽窃。另外，也要意识到某个国家的常识也许在其他文化背景下并不是常识。

观点

音乐中的剽窃

关于音乐剽窃的指控经常成为热门新闻。作为受众，如果你知道某作词家剽窃了他人的歌词，你会做何感受？如果你是音乐家，你的歌词被人使用却未加说明，你会是什么态度？

Solovyov Andriy/123RF

为什么剽窃是不可接受的

在美国，无论是专科院校还是综合性大学，剽窃都被视为对学术诚信的严重违背，可能会带来很严重的惩罚，轻者作业不被通过，重者甚至会被学校开除。并且很有意思的是，指导教师们都在积极行动，努力学习识别剽窃的方法。另外，与其他类型的犯罪一样，对法律的无知并不是一个可接受的辩解。最后也是尤其重要的一点是，许多人剽窃是因为缺乏相关知识，不知道什么行为构成剽窃。

剽窃之所以不对，有很多原因，以下仅列举其中几条。

- 剽窃是对他人知识产权的侵犯。正如你不经别人允许拿走别人的手表是不对的，那么没有说明就去引用别人的原创思想也是不对的，这是在盗窃知识产权。
- 你接受教育的目的就是培养自己独立思考和表达的能力，而剽窃却妨碍了这个最根本的目的。
- 各种评估的前提都是你所出示的作品的确是你原创的。

避免剽窃的四个原则

对于任何非常识性的知识，你引用时都需要说明来源。四个简单的原则可以帮助你避免任何程度的剽窃。

1. 在演讲中对于所有非原创的想法都给出来源。例如，如果你是在一篇文章中读到某个想法，那么就说明出处是这篇文章。
2. 来自他人的话语，要说明出处。如果你是一字不漏地引用他人的话语，你当然需要直接引用并说明出处。但如果你是转述他人的话语，你同样需要说明出处，因为这个想法还是来自他人。
3. 说明来自他人的帮助。如果你的朋友为你提供了案例想法，或者帮你完善了演讲的风格，那么要说明这种帮助。不过你无须说明某图书管理员帮助你找到一本书，或者帮助你登录了一个网站。
4. 当你对是否应该说明出处或如何说明有疑问的时候，可以请教你的指导教师或上级。

公开演讲选择点

避免剽窃

埃米丽明天要做一场说明性演讲，演讲的话题是“公开演讲能够给社区带来的好处”。她搜集了许多相关领域专家的想法，并且准备把这些想法融入自己的演讲中，但是在这个过程中她又不想剽窃。你会给她哪些建议？

第6章

收集支撑性材料（第四步）

Rawpixel Ltd/Alamy Stock Photo

精彩的例子不易寻找，但是它们往往影响力巨大。

本章主要探究准备演讲的第四步——收集支撑性材料，并探讨支撑性材料的各种不同类型（见图 6-1）。支撑性材料是有效的公开演讲中不可或缺的重要组成，它们使演讲内容更具体，使受众更有兴趣、注意力更集中，并为说明性或者说服性的诉求提供了重要的依据。以下我们详细探讨实例、例证、叙述、类比、定义、证词、数值型数据等支撑性材料，解释它们的本质，并说明在公开演讲中使用这些支撑性材料的指导原则。在第 7 章我们会探讨另一种形式的支撑性材料，即公开演讲中的辅助手段。

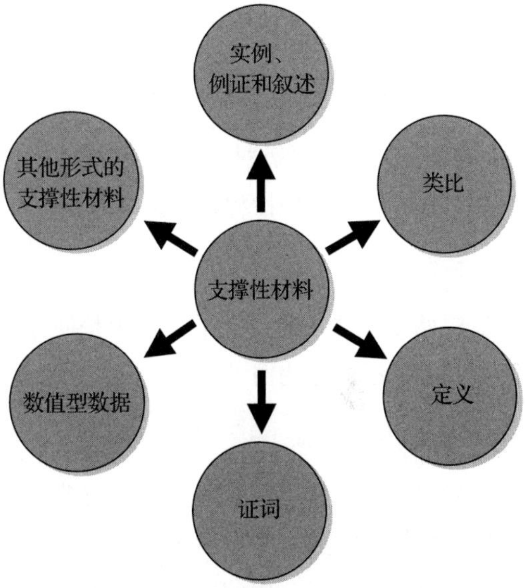

图 6-1　支撑性材料的类型

实例、例证和叙述

实例、例证和叙述都是对具体事例的描述，虽然细致程度不同，但是都旨在帮助受众理解并记忆演讲。这些例子都有助于巩固想法，提供难以忘记的线索，让宽泛的概念更具象化，并在演讲内容与受众的个人经历和知识之间建立更密切的关联。

实例、例证和叙述的类型

一般来说，对一个具体事例的简要描述被称为实例；一个篇幅更长也更为详细的实例被称为例证；而以讲故事的形式讲出的一个实例被称为叙述。我们可以从真实或虚构的角度来分辨这些例子。

这些例子的主要价值就是能够给抽象的概念赋予具体的含义。例如，要阐明“决心”这个词的含义，你可能需要提供一个简短的实例，给出一个历史方面的例证或者叙述某些伟人如何克服逆境取得成功的经历。在以下的片段中，演讲者使用了一个冲突剧烈的实例来说明他的立场，即无身份的移民和非法移民，受到了不公平的待遇（Roque，2018）。

> 艾丽西亚·莫拉莱斯在一个俄克拉荷马州的家庭做了十几年保姆之后才意识到，作为一个无身份的移民，照料自己的孩子和雇主的孩子有多么艰辛。莫拉莱斯在接受《洛杉矶时报》访谈时讲述了自己的遭遇：她在新雇主家从铺床到换尿布样样都做，一切看上去也都不错，直到有一天，她提出希望雇主能兑现在第一天就承诺过的加薪。然而时间一周周过去，

她的薪水没有丝毫的增长，工作时间却在不断延长。莫拉莱斯去找雇主理论，没想到反遭威胁。雇主说，如果她再敢提要求，就把她举报给美国移民和海关执法局。在被遣返和挣钱养家之间，她无奈地选择了后者。这篇来自 2018 年 1 月 2 日《洛杉矶时报》的故事并不是什么新鲜事。当这些非法移民提出要改善工作条件、加薪或反抗性暴力时，美国雇主就经常会威胁要把他们告到美国移民和海关执法局。

实例、例证和叙述的指导原则

实例、例证和叙述往往是受众对演讲内容记忆最深刻的部分。以下是几个关于如何使用这些非常有效的支撑性材料的指导原则。

控制长度

要始终记住，这些例子的作用是使你的表述更加生动，也更易于理解，它们本身并不是你演讲的目标。这些例子的长度应控制在达到目标所需的程度即可。

强调相关性

确保这些例子与你所要支撑的论题是直接相关的，而且要把这种关系明晰地呈现出来。记住，尽管这种关系对你而言是显而易见的（因为是你起草了这份演讲稿），但是受众只有一次机会听你的演讲，因此要明确地告知受众，让他们明白这些例子和你提出的主张或观念之间的关联性。

观点

举证的力量

在你看来，实例、例证和叙述最大的价值是什么？

Fotosearch/Getty Images

道德选择点

误导受众

为了做一个关于非法拘留的演讲，你想象出了一个关于某人被错误逮捕并被非法拘留若干天的故事。当你排练的时候，你意识到，如果受众认为故事的主人公就是你，那么这个故事听上去会更有说服力。事实上，你并不打算说出这个故事的主人公是谁，而是让受众自己去推断。你有哪些道德的选择，能够让你的演讲既忠于事实，又能取得效果？

区分真实与虚假的例子

不要试图蒙骗受众，让他们把一个虚假的例子当成真实的。一旦受众发现真相，他们对此会非常厌恶。无论你的例子是真实的还是虚假的，都要让受众知晓。

真实的例子	虚假的例子
1. 最近发生了一件这样的事，它牵涉到…… 2. 我有一个朋友…… 3. 关于完美的朋友，有这样一个真实的例子……	1. 我们可能很容易想象得到…… 2. 我认为一个理想的朋友会…… 3. 关于这类朋友，我们可以假设这样一个例子……

用例子来强调一个议论或问题的广泛性或重要性

例如，美国前总统奥巴马（2015）用一个具体的例子来强调种族主义依然存在：

> 我总是会特别告诉年轻人，不要说美国的种族问题没有任何改变，因为你没有亲身经历过在20世纪50年代、60年代和70年代，作为黑人有什么样的感受。毫无疑问，种族关系在我的一生当中，或者在你的一生当中，有了非常显著的改善。机遇的大门敞开，人们相互的态度也有变化，这是事实。然而，同样的事实是，在我们社会的各个机构中，奴隶制、《吉姆·克劳法》、曾经的歧视行为还是投下了长久的阴影。它们像DNA一样一代代传了下来，我们并没有被完全治愈。

在另一个例子中，纽约州长安德鲁·科莫（美联社，2013）用两个新近的例子来说明美国需要更严格的枪支管制：

> 近几周发生在康涅狄格州的纽敦和纽约州的西韦伯斯特的悲剧事件，给我们留下了不可磨灭的伤痛。这些事件告诉我们，枪支会在瞬间夺走儿童、消防员和警察的生命。

使用有代表性或显著的例子

一般来说，应该选择能够代表你所说的这一类对象的例子。但在有些情况下，宣传方并

公开演讲选择点

好例子

迈克想用一段来自电视节目或电影里的视频来说明真爱难寻。你有哪些建议？迈克在演讲时应该怎么使用这个例子？他可以如何介绍这段视频剪辑？

不喜欢代表性。

尽管我们通常都希望例子能够具有代表性，但是有时候你可能会故意举一个比较牵强的例子。例如，也许你想要讽刺某个特定的提议，或者展现另一个观点是多么靠不住。这种情况下，关键在于在座的每一个人都会用相同的方式来理解这个例子。

使用相关的例子

使用与你要解释的问题直接相关的例子。无论其他例子多有趣或多有娱乐性，只留下相关的例子。并且最重要的是，要确保受众能够明白你举的例子和演讲目的之间的相关性。

类比

类比是事物间的比较，这种比较可能发生在相似的事物之间（横向类比），也可能在相异事物之间（比喻式类比）。把一个复杂的概念用受众比较熟悉的方式讲述出来，或者是把两个虽然完全不同但是相似的概念呈现给受众，让他们用新的方式来看待问题——在这些方面，类比都非常有效。使用类比可以使你的想法更加清楚、生动，也更有说服力。

类比的类型

类比可以分为横向类比和比喻式类比两种。横向类比用来比较相同种类的两种东西，例如两辆汽车、两座城市。例如，在一个横向类比中，你可以主张 A、B 两家公司非常相似，都是资产达数十亿美元的跨国医药公司，它们的广告预算都达数亿美元；因此，适用于公司 A 的广告策略应该同样适用于 B。

比喻式类比比较不同种类的事物，例如汽车的灵活与鸟的自由、大学学历与成功的通行证、打篮球与运营一家公司。例如，爱因斯坦曾经把人生比作骑自行车，要保持平衡，你就需要不停前进。比喻式类比用来诠释两个事物潜在的相似性，它们提供了生动且易于记忆的例子。

使用类比的指导原则

类比并不提供关于一个主张是真是伪的证据。我们不应把类比当作证据，也要警惕任何这样做的演讲者——他们这样做也许是因为拿不出真正的证据。

使用可比较的事物。在使用横向类比的时候，要确保进行比较的两个事物在主要的方面是类似的。例如，你要比较两个学校的毕业率，那么这两所学校应该有相似之处。比如，它们的入学标准以及给学生提供的条件应该是差不多同一水平的。如果拿一所开放式入学的院校和一所常春藤院校做比较，那就没有什么意义了。

要明确情境的差异。在使用类比去佐证一个重要观点的时候，要指出类比所诠释的事实在不同背景下的不同含义。例如，你对全国范围内刚入职的会计的薪水进行比较，那么就要指出在某些大城市的生活成本比在乡村地区要高得多。因此，一个在旧金山、芝加哥工作的初级财务人员和一个在得克萨斯州拉伯克工作的初级财务人员相比，前者生活成本较高，所以即使其薪水更高，但真正的净收入未必就比后者多。

公开演讲选择点

营销类比

塔尼娅是一名汽车销售员。她想说服顾客购买自己推荐的汽车，而不是顾客考虑的另一辆较低价的汽车。在她尝试说服时，可以用哪些类比？

定义

定义是用于解释术语或概念的意思的陈述，它解释了一个事物是什么。定义可以用于解释未知的术语，也可以用于扩充已知术语的内涵。

定义的类型

定义一个术语最重要的方法包括词源定义法、权威定义法、否定定义法和举例定义法。

词源定义法

词源定义法是指通过追溯一个词语的历史和语言学沿袭来下定义。例如，在定义词语“沟通”（communication）时，你也许会讲到它的拉丁词源 communis，意为“共同的”；通过“沟通”，人们寻求的是建立共同点，与他人分享或者寻找相似之处。“女性”（woman）这个词来自盎格鲁－撒克逊语言中的 wifman，字面意思是一个“妻子人”（wifeman），这里的 man 既可以指男性也可以指女性。后来经过语音上的演变，wifman 就变成了 woman。大部分的大部头字典以及词源学字典都可以帮助你寻找有用的词源定义。

或者你可以不用指出这个词语的语言学词源，而是指出它原来是什么意思，现在又是什么意思，由此来定义一个词语。例如，你可以提及“ spam”一词意为“垃圾邮件”，它来自“巨蟒剧团”创作的电视滑稽短剧，剧中有一个菜单，菜单上的每一道菜都包含了一个叫“斯帕姆午餐肉”（Spam）的产品，所以就像就餐者被迫吃斯帕姆午餐肉一样，电子邮件使用者也是无论乐意与否都被迫接收垃圾邮件。

权威定义法

权威定义法是指通过解释某一特定的权威观点来说明一个词语的意思。例如，你可以通过引用权威爱德华·德·波诺的话来定义“横向思维”，提及他在 1966 年提出“横向思维”，并指出横向思维是能够“向边上移动一步，用不同的方式来看待问题。不再是只固定一种特定方式，而是从原来的方式出发，寻找其他的方式”。或者我们可以借助愤世嫉俗者和讽刺作家安布罗斯·比尔斯的权威，他在《魔鬼辞典》中将“爱”定义为“一种暂时性精神错乱，可由婚姻治愈”；将“友谊”定义为“一艘大船，好天气时能坐两人，坏天气时只能坐一人”。

否定定义法

否定定义法是指通过说明一个词语不是什么而来定义它是什么。例如，“妻子，不是一位厨师，不是一名清洁工，不是一个保姆，也不是一位裁缝或一个性伴侣，而是……”“所谓领导，不是告诉你该去做什么的人，而是……”

举例定义法

举例定义法是指通过举例来澄清词语或表达的定义。例如，俄亥俄州众议员丹尼斯·库钦奇（Dennis Kucinich）在 2007 年 1 月 8 日华尔街项目会议的一次演讲中，用一系列具体的例子来定义他所指的“人权”：

> 我们有权拥有工作。我们有权获得可以维生的工资。我们有权受教育。我们有权拥有医疗保险。我们有权获得体面且价格合理的住房。我们有权获得稳定的养老金。我们有权呼吸到可以呼吸的空气。我们有权喝到可以喝的水。我们有权免受犯罪带来的恐惧感的困扰。

使用定义的指导原则

当你想把一个复杂或不熟悉的概念解释清楚，或者当你想让某个概念更加生动、更加有冲击力的时候，可以使用定义。如果定义的目的是澄清，就专注于这个目标。这一点看似显而易见，不必提及，但事实上有许多演讲者定义了一些无须延伸的概念，还有一些演讲者给出的定义无法解释清楚问题，有时甚至会把一个复杂的概念更加复杂化。因此，要确保只在需要时使用定义。

观点

定义

在给一个不熟悉的词语下定义的时候，需要怎么做？换句话说，如何下定义才能更易于理解？

Lisapics/E+/Getty Images

布兰登·达文·林赛 2015 年在威廉凯瑞大学做演讲时，因为要用到“红线歧视”（redlining）这个词，所以他有必要在受众面前给这个词下一个清楚的定义。其定义如下：

> 根据《公司》（*Inc.*）杂志 2014 年 9 月 2 日刊文，“红线歧视”被定义为任何武断地拒绝或限制对某些特定的住宅区（因为其居民是有色人种或比较贫穷）的金融服务的行为。这一概念可以追溯到 20 世纪 20 年代。

在你选定要定义的词语之后，去 OneLook Dictionary Search 网站，这个网站能够让你同时查阅许多不同的词典。在那里有很多有用的在线词典，所以搜索“字典”“定义”或“词库”，你可以得到大量的实用材料。定义形成后，要确保发音准确，如果你在下定义时词语的发音有错误，会非常严重地损害你的声誉。幸运的是，许多在线词典都提供正确的发音。

公开演讲选择点

使用定义

马可即将就“对时间的态度方面的文化差异”做一场演讲。在这场演讲中，有哪些可能会被用到的定义？

证词

证词是可用于证明你的主张的专家或目击者的观点和语言，通常是一种非常实用的支撑性材料。在演讲中使用证词可以提升演讲的可信度，因为你是在引述相关领域专家的观点或使用对事件的第一手叙述。

证词的类型

证词有两种基本类型，来自专家的和来自目击者的。在专家证词中，演讲者引用某位权威人士或专家的观点、信念、预测或价值评判。例如你可能会引用某位专家对于通货膨胀和经济萧条的预测，或者引用某位艺术批评家对于一幅油画或一场艺术运动的评价来佐证你的分析。社区中的专家、当地的政界人士、宗教领袖、医生、律师、博物馆工作者……诸如此类的人都可以是合适的信息来源。

此外，还有非常多的专家，例如宗教或商业领袖、政界人士、院校或研究机构的教育者、医疗界人士，还有不同领域中的研究者等。可以思考一下你的受众是否能从这些专家的见解中受益。如果问题的答案是肯定的，对于大部分话题受众都可以从专家的见解中受益，那么可以考虑去采访专家。采访可以是面对面的，也可以通过电话或者是网络（尤其是电子邮件或者网络电话）。

还有一种类型的证词是目击者证词，即见证现场的目击者的话语。例如，你也许会引用某一事故的现场目击者的话语，或引用一位在监狱中待过两年的人的经历，或引用一位动过某类手术的患者的叙述。

观点

适得其反的证词

什么情况下证词可能会适得其反，反而破坏演讲的说服性？

Sirtravelalot/Shutterstock

举个例子，以下是约翰·格罗夫斯2014年在得克萨斯大学奥斯汀分校的一段演讲词，他使用专家证词来佐证自己的论题——我们没有给那些被控刑事犯罪的人以恰当的辩护权。

> 我们每年投入的刑事诉讼经费约为1 465亿美元。这当中，98%的钱款是用于警力和指控的，辩护系统只能勉强使用剩余的2%。美国律师协会主席詹姆斯·西尔克纳特哀叹道，虽然我们的宪法规定应该提供有效的法律咨询，但我们一直以来却在促成一个无法给被指控者公平权利的体制。

访谈

在获取证词时，你也许需要约某位专家或目击者进行访谈。例如，为了了解家庭宠物的适量营养，你也许需要去采访一位兽医；为了了解遭遇飓风的经历，你也许会采访一位目击者；而为了了解政治、宗教或其他各种类型的论题，你也许会采访一位比较有代表性的人物。获取这类信息的关键在于你能够积极主动地倾听、不以偏概全，并且带着同理心、开放的心态及道德心。以下是关于如何通过采访来获得所需证词的十个额外的建议：

1. 选择你想要面谈的人。如果你想联系一本书的作者，你可以写信给书籍版权页上列出的出版社或编辑，现在还有许多作者会在书上列出他们的电子邮件地址。博客、新闻组或电子邮件小组的作者，通常都比较易于联系，因为他们的电子邮件地址都会被包含在帖子中。
2. 获取访谈机会。给访谈对象打电话或者发电子邮件，请求访谈的机会。在电话或电子邮件中说明你的目的，并且告诉他你希望能有一次简短的访谈，可以是电话访谈，也可以是发送问题到电子邮箱。
3. 确定话题范围。基于你的演讲话题、访谈时长以及受访者的专业领域，你需要选择访谈内容的主要范围。一般来说，把访谈的大致话题限定为2～3个。
4. 列一个备忘单。备忘单是你记录所有想在访谈中提到内容的清单。如果是电话访谈，你可以把这张纸条放在面前；如果是面对面的访谈，在面谈开始前抓紧看一下。在备忘单上按照顺序列出所有准备提问的问题。并且在纸条上提醒自己，在访谈开始和结束的时候，对受访者表示感谢。
5. 营造和谐的访谈氛围。无论是何种形式的访谈，开始时都要先表达谢意，感谢受访者能够腾出时间，并且再一次陈述自己的目的。你可以这样说：“我由衷地感激您能抽时间来做这次访谈。正如之前所说，我要准备一场关于×××话题的演讲，您在这个领域的经验会对我非常有帮助。”

6. 问开放式的问题。一般说来，选择能够给予受访者若干讨论空间的问题。所以说，如果你的问题是“你在家庭治疗领域是否受过正式的培训”，那么问题的答案只能是一个简单的“是”或“不是”。然而，如果你问“能谈一下你在这一领域的背景吗”，那么这就是一个开放答案的问题，受访者可以说得更具体一些。
7. 展现出有效的人际沟通。通常情况下，保持开放、积极和灵活是很有帮助的。用开放的心态去听取受访者的想法。尽量不要去质疑受访者，毕竟你的目的是听取他的观点。对于访谈以及受访者本人都要表示肯定。保持一定的灵活度，可以随时根据互动的情况来做调整。
8. 请求得到允许来对访谈做记录。最理想的状态是可以准确地记录访谈内容，所以面谈或电话访谈时，应征得受访者的允许来记录访谈的内容。有了录音你就不用再担心记笔记的问题，也无须特意让受访者慢慢说，或者停下来让你记录。录音可以为你提供一份比书面笔记更加准确的记录。另外，如果访谈是通过电子邮件或网络电话进行的，你想要引用访谈中受访者的话，也要先征得许可。
9. 结束时表示感谢。当然，你很感谢受访者。在表达感谢的时候，内容要具体、有针对性。例如，你可以说：“我想感谢您抽出时间来接受访谈，还要感谢您分享了创业过程中那么多有趣的故事。它们都会成为我的演讲中非常精彩的例子。”
10. 访谈后再发送一封感谢信。尽管在访谈结束时你已表达了感谢，但如果能在访谈结束后当日稍晚一些时间，或在第二天再发送一封感谢信，那就更完美了。又或者你可以给受访者邮寄一份自己的演讲稿，并附上感谢信。

公开演讲选择点

理想的受访者

思考一下你接下来要进行的演讲，假设你可以毫无限制地接触到世界上任何人和任何资源，那么你会选择去访谈的前三人分别是谁？为什么？

使用证词的指导原则

无论你的证词是来自世界知名权威人士还是事件目击者，你都需要树立起自己信源的可信度，向受众证明这位专家是非常权威的，或者证明这个目击者所说的话是可信的。

强调此人的能力

无论证词来源于专家还是目击者，都要确保受众明白这个人是合格的。引用一位受众闻所未闻的世界著名经济学家的预测可能也不会带来什么影响力，所以要先向受众说明这位专家的能力。为了让受众能够更好地接纳这位专家所说的内容，你可以这样介绍：

> 以下的预测来自世界顶级的经济学家，他在过去的20年间成功地预测了所有主要的金融趋势。

强调证词的中立性

如果受众认为证词是带有偏见的，无论事实是否如此，那么它带来的效果都会大打折扣。在确定证词来源的时候，一定要考察一下证词来源者的观点是否存在偏见。同时，你也要确保受众理解你所提到的证词是不带偏见的，你可以这样说：

> 《消费者报告》的研究人员、测试人员与被检查的产品之间没有任何利益瓜葛。他们发现不同汽车在安全性方面存在很大的差异。让我们来看一看他们的研究结果。例如，在2019年10月这一期中……

强调证词的时新性

要让受众知道你的信息是最新的，你可以这样说："贝利将军上周在接受《华盛顿邮报》专访时指出，美国的军事力量远超其他任何世界大国。"

数值型数据

数值型数据（无论是原始数据还是统计数据）在许多说明性或说服性演讲中都是关键的部分。数值型数据可以帮助你说明很多问题，例如高昂的学费、合理的薪资、恰当的行政赔偿。然而，对于数据必须进行诠释，不要想当然地以为受众自己就能够理解你的论题与你所列举的数据之间的关系，你应该把它们之间的关联性解释清楚。

数值型数据的类型

数值型数据有两大基本类型：原始数据和统计数据。原始数据就是未加任何处理的数学运算的直接结果。例如，如果你想说明近些年来很多人都是通过网络来获取新闻的，就可以给出过去10年中每年网络使用者的人数，并且把这个人数与同期报纸读者和电视观众的人数做对比。这些数据就会帮助你揭示出通过网络获取新闻的人数在增长，而通过报纸和电视获取新闻的人数在下降。

以下是一名演讲者用原始数据来说明他为什么反对对监狱中的犯人实施隔离服刑：

根据《大西洋月刊》2016 年 1 月刊的估测，美国现在大约有 8 万所监狱中的犯人在经受着由长期隔离服刑而带来的极端残酷的精神和心理伤害。

与原始数据不同，统计数据是一组总结好的数字，它们可以帮助你辨识出一组复杂数字的重要特征并将之表述出来。公开演讲中最重要的统计数据包括集中趋势度量、相关性度量、差异度量以及百分比等。

- 集中趋势度量能够告诉你一组数字的总体模式。
  - 平均数是取所有数字的算术平均值。例如，如果成绩平均分是 88 分，就意味着你把所有参加考试的学生的分数相加并除以学生总数，得到的结果是 88 分。
  - 中位数是处于中间位置的数字。50% 的数字大于等于这个数字，另外 50% 的数字小于等于这个数字。例如，一次考试得分的中位数是 83 分，这就意味着有 50% 的学生分数大于等于 83 分，另外 50% 的学生分数小于等于 83 分。
  - 众数是最经常出现的那个数字。若在考试中，就说明得这个分的人数最多。如果一次考试得分的众数是 81 分，就意味着得 81 分的人多于得其他任何分数的人。
- 相关性度量告诉我们两件事物联系的密切程度。例如，吸烟与肺癌之间高度正相关，即吸烟者比不吸烟者有更高的得肺癌的概率，而吸烟成瘾者比普通吸烟者又有更高的得肺癌的概率。得肺癌的概率会随着吸烟数量的增多而增长。相关性也可以是负的。例如，你拥有财富的数量与你被控犯罪的可能性负相关。随着财富的增多，被控犯罪的可能性就在下降；而随着财富的减少，这种可能性会增加。要意识到高度相关（无论是正相关还是负相关）并不意味着因果关系。两件事情会同步变化（或说高度相关），并不意味着其中一件是另外一件的原因，它们可能同时由第三个因素引发。所以，正如我们上述例子所提到的，相关性仅仅意味着财富多少与被控犯罪的可能性是具有相关性的。
- 差异度量能够让我们明确每个数字与平均数之间的差异程度，以及数字彼此之间的差异程度。例如，极差告诉我们最高分和最低分之间的差。如果最低分是 76 分，最高分是 99 分，那么极差就是 23 分。一般说来，一个较大的极差意味着比较大的多样性，而较小的极差意味着较大的相似性。极差可以用来指明管理层与劳动者之间的收入差异，或是大学毕业生与高中毕业生之间的收入差异。

- 百分比是把数字表示成分母为 100 的分数。所以如果有 78% 的人喜欢喝咖啡胜于喝茶，那就意味着每 100 个人中有 78 个人在茶和咖啡之间更喜欢咖啡。当你想要表述过去十年间有线电视数量的增长、建议的学费增长幅度或者世界各地的离婚率时，百分比都是非常有用的。在有些情况下，你可能需要对百分比进行比较。你也许需要比较通过不同形式获取新闻的人数的百分比。例如，为了说明网络新闻的重要性和增长速度，你可以指出现在有 75% 的人是通过网络获取新闻的，只有 25% 的人是通过报纸或电视获取新闻的。为了说明网络作为新闻媒体的攀升态势，你可以指出在 1995 年只有 4% 的人是通过网络获取新闻的，而到了 2018 年这个数字攀升到了 75%。

在一场对“反无家可归立法”表示不赞同的演讲中，一名演讲者用简单的百分比来说明相关禁令数量的增长，并明确了自己反对的是其中哪些类型的禁令（Mohoney，2015）。

根据美国无家可归和贫穷法律中心 2014 年的报告，对乞讨的禁令数量上升了 25%，对在公开场合或公共空间席地而坐或躺卧的禁令上升了 43%，对在自己车中睡觉的禁令上升了 119%。

以下是一名演讲者为了说明医疗培训中的问题，比较了相关的百分比（Barclay，2018）：

医学院学生在结束了头两年的学习之后，其抑郁症比例大约为 4%，与全国平均水平相当；然而当学生离开校园进入医院实习之后，这个比例迅速攀升到 35%。

在以下这个例子中，宾州西彻斯特大学的丹尼尔·欣德里特（2013）用百分比诠释了人们对食物的惊人浪费程度，并且把这个百分比与具体的事项关联起来：

从全国范围来看，食品浪费问题更加惊人。一份来自美国自然资源保护委员会 2012 年 8 月的报告揭露，25% 的家庭食品最后被浪费了。这大致相当于每四片切片面包中就有

公开演讲选择点

支撑性材料

卢瓦纳正计划就“女性健康问题缺乏科研”做一场演讲，她想证明这是个严重的问题，需要拿出切实的解决方案。假如受众是学生，卢瓦纳需要什么样的支撑性材料来证明问题的严重性？如果受众是社会人士，她需要什么样的支撑性材料？

一片被浪费，每一加仑[①]牛奶中就有一夸脱[②]被浪费，每一打鸡蛋中就有三个被浪费。

以下是一个非常好的示例，显示了美国前总统奥巴马（当时是美国伊利诺伊州的参议员）在2006年艾滋病和教会全球峰会的演讲中用到的统计数据。

我们知道艾滋病通常是一个由数字讲述的故事。有4 000万人感染HIV，仅仅是今年就新增了450万。在非洲有1 200万孤儿。每一天都有8 000人死于艾滋病，有6 000人感染艾滋病毒。在有些地方，已经感染了艾滋病毒的人中的90%的人对自己的病还一无所知。我们也刚刚了解到，艾滋病即将成为世界第三大死因。这些令人惊骇的数据能够帮助我们理解这个疾病的规模。

在一场关于汽车安全的演讲中，一名演讲者用数字有效地说明了安全带的重要性（Hagensick，2008）：

每13秒钟就有一个人因汽车安全问题而死去，每10秒钟就有一个人因此受伤，每5秒钟就有一起汽车事故。每年有600万次撞车，280万人次受伤，43 000人死亡。这些数字不是源于什么致命的病毒或者新型细菌，它们全部源于完全可以避免的人为失误。

使用数值型数据的指导原则

数值型数据既可用于解释问题又可用于说服受众。以下几个指导原则可以帮助你在说明性演讲或说服性演讲中更有效地使用数值型数据：

- 确保数据清晰。记住，受众只能听到这些数字一次。所以四舍五入，只保留数字的整数位，这样更易理解和记忆。如果你给出的数字比较难记，那最好在口头陈述之外增加某种形式的辅助手段，例如一个幻灯片或一个图表。没有视觉辅助的数据表述往往令受众很难记忆和理解。
- 解释清楚你所使用的数据的含义。例如，如果你指出年均家庭医疗补助少于3万美元，那么你需要把这个数字与工人的其他收入来做比较，并与你关于薪资需要增长的提议关联起来。
- 使用要适度。大多数受众在一次演讲中所能够接纳的数值型数据是有限的，所以要适度使用。
- 使用可靠并具有时新性的数值型数据，并且确保受众了解这些数据的可靠性和时新性。

① 1加仑（美制）约合3.785升。
② 1夸脱（美制）约合0.946升。

其他形式的支撑性材料

当然，上面讨论的支撑性材料并未涵盖我们可以使用的所有类型。其他类型的支撑性材料还有很多，以下这些类型尤其实用。

引语

引语不仅可以给演讲增加权威性，还可以增加其趣味性与生动性。然而，很多情况下，演讲的引语与你试图阐明的观点并不直接相关。如果引语里还包含一些受众不明白的专业术语，他们就更容易感到困惑了。所以，这时需要你边讲边插入一些定义和解释，但这种做法显然会影响演讲效果。因此，除非引语简短易懂，否则最好还是用自己的语言来转述引语的主要意思，然后说明出处。

比较与对比

还有一种很有用的形式是比较与对比。例如，如果你的演讲话题是世界各国的业余时间，你也许会比较美国与欧盟雇员的假期。在一场关于人工智能的演讲中，你也许会比较中国和美国在此领域的投资情况。

对事实或事实系列的简单陈述

在解释一句声明或一种立场时，引用事实或事实系列通常是非常有帮助的。在关于城市犯罪率攀升的一场演讲中，你可能会发觉罗列以下事实系列很有效果：

- 这座城市过去一年中汽车偷盗案件数量上升了 12%。
- 这座城市入室抢劫数量上升了 7%。
- 这座城市财产损坏事件增长了 22%。
- 这座城市殴打他人的案件增长了 5%。

这一系列的事实清楚地证明了你的观点——这座城市的犯罪现象在增多。

公开演讲选择点

其他形式的支撑性材料

针对你下一次演讲的话题，你可以采用哪些其他形式的支撑性材料？

重复与重申

重复是指在演讲过程中，在一些重要节点用完全相同的语言重复表达自己的观点。与之不同，重申是用不同的语言来重复自己的观点。重复和重申在公开演讲中都很重要，因为受众的注意力会不可避免地逐渐流失。当你重复或重申自己的观点时，就让受众又获得了一次机会，可以把握你所讲的内容。尤其当你面对的受众来自不同文化背景时，重申这一手段就更为重要了。因为许多受众的第一语言并不是你所讲的语言，所以可能没有办法理解语言表达中的一些习惯用语或修辞。用不同的说法来重申同一个想法，可以增加受众的理解机会。自己判断何时使用这一策略，但是要牢记，过度使用重复或重申可能会导致演讲显得单调乏味。

第 7 章

使用演讲辅助手段（第四步）

ESB Professional/Shutterstock

无论是线上还是线下的演讲，辅助手段都是很重要的组成部分。合理使用它们将大大增强演讲的效果。

本章继续讨论演讲准备的第四步，重点讲述演讲辅助手段的重要性、类型，以及如何使用最有效。

演讲辅助手段的重要性

在准备演讲的时候，可以考虑使用某种辅助手段（视频或音频）来帮助你更清晰地阐述自己的想法。思考一下如何能够把你想让受众明白的想法用视觉方式呈现出来。例如，如果你想让受众了解销售税的增长，那就可以考虑给他们看过去 10 年销售税增长的折线图。如果你希望他们能够明白品牌 A 优于品牌 X，那么可以考虑用一张柱状图来说明品牌 A 的优势。对于线上和线下的演讲来说，辅助手段不仅仅是锦上添花的点缀，更是演讲中不可或缺的组成部分。事实上，也许对于线上演讲而言，辅助手段尤其重要，因为受众希望看到的不仅仅是一张正在说话的人脸。演讲辅助手段可以在很多方面发挥作用，图 7-1 只列举了其中一部分。

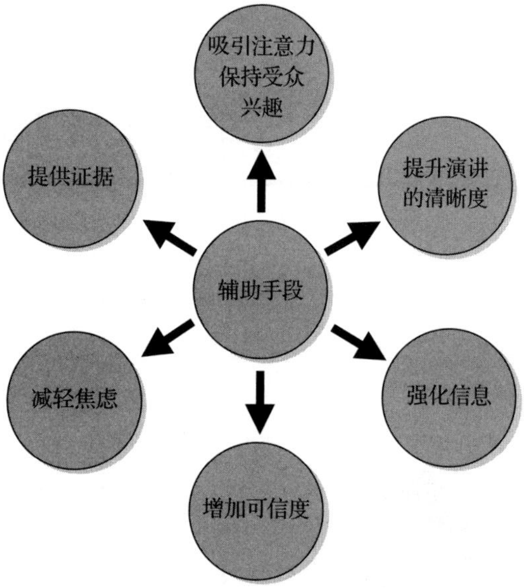

图 7-1　辅助手段的重要性

演讲辅助手段有助于吸引受众注意力并保持受众兴趣

我们生活在一个多媒体的世界中，已经习惯这样的环境，也享受这样的环境。所以很自然，当演讲者使用视频或音频辅助手段的时候，受众会非常认可这些方式。当演讲者说“我想给大家展示一张图表，内容是关于未来五年的就业市场”，或者放一段录音，说“让我们听一下这个声音的音域”，受众往往会精神一振。演讲辅助手段为受众的视听世界增添了多样性，而这一点是深受受众喜爱和好评的。

演讲辅助手段有助于提升演讲的清晰度

假设你的演讲话题是预测互联网的增长趋势，你也许会提到 1993 年全球互联网用户约为 1400 万，而 2000 年这个数据约为 41 300 万，2005 年达到 10 亿，2010 年达到 20 亿，

2014 年达到 29 亿，2016 年是 37 亿。这样念经式地背诵数字很快会让人感觉乏味，并且你想让受众理解的这些数字很难记忆，所以当你说到最近的数字时，受众可能已经忘记了前面的。因此，你最想要受众关注的人数增长，却反而有可能被受众遗忘。这类信息如果用柱状图来表示，会有效得多。

在面对来自不同文化背景的受众时，演讲辅助手段也非常有帮助。对于非本土人士来说，某些词语或习语会很陌生，然而配图和照片却可以超越国界。

演讲辅助手段有助于强化信息

辅助手段有助于确保受众理解并记住你所说的内容。演讲辅助手段帮助你用两种不同的方式来陈述相同的内容：一种是口头上的，受众可以听见你解释展示的内容；一种是视觉上的，他们可以看到图表、地图或者模型。音频辅助手段也有相同的效果，例如你讨论声音的变化的范围，同时提供一些录音的样本，这种双管齐下的方式有助于受众更清晰地了解你的想法，更准确地记住相关信息。

演讲辅助手段有助于增加演讲者的可信度以及受众对演讲者的信任

如果你使用的辅助手段看起来非常专业（关于这一点会在本章后面进行具体讨论），那么受众就更有可能将你视为一个非常可信的演讲者，也会认可你为演讲做这些额外工作所付出的努力。一旦受众认为你是可信的，对你有了信心，那么他们就更愿意仔细聆听，并相信你的演讲内容。

演讲辅助手段有助于减轻焦虑

当你专注于把演讲内容和辅助手段协调起来时，你就不太可能只关注自己，因为这种自我关注往往会增加焦虑感。另外，在使用辅助手段时的轻微走动也可以帮助许多演讲者放松。一旦放松下来，演讲者就会更有自信，也不再那么焦虑了。

演讲辅助手段有助于提供证据

比起单纯的语言信息，演讲辅助手段能够更生动地呈现证据。例如，关于某饭店糟糕卫生状况的一段视频，或拥挤不堪的无家可归中心的一段视频，在许多情况下都比文字能更好地证明你的主张。类似地，可以用音频来播放专家或目击者的证词。

观点

演讲辅助手段

在你看来，演讲辅助手段最大的优点是什么？最大的缺点是什么？

Pavel L Photo and Video/Shutterstock

演讲辅助手段的类型

演讲辅助手段有很多类型可选。大多数的辅助手段，无论是图表、照片还是地图，都可以通过电脑程序编排，并用幻灯片播放。但在许多情况下，你也可以使用低科技的替代品。例如，白板可以用来记录核心语汇、姓名、重要的数值型数据，甚至是演讲的要点（以缩略的形式）。如果在演讲过程中，你只有一两个简单的折线图、表格或图表展示，那么可以用专门的图板，这种材料一般尺寸较大，半硬材质，颜色规格多样。如果是记录关键概念和要点，可以用活动挂图（固定在架子或画架上的大尺寸纸张，通常是 24 英寸[①] × 24 英寸）。图板和活动挂图都可以让你在演讲前就准备好内容，节省演讲过程中的时间与体力（无须现场在白板上书写）。所有这些低科技工具都有自己的用途，也都能在技术设备出现故障时充当备用品。

我们把各种演讲辅助手段分为两大类：静态的和动态的。

公开演讲选择点

演讲辅助手段

不久之后哈里要做一场关于人工智能的演讲，他犹豫不决，不知道辅助手段是必要的还是会成为一种干扰。哪一种演讲辅助手段也许会对哈里的演讲有用？

静态演讲辅助手段

许多演讲辅助手段是静态的，也就是说它们无法改变或移动。

① 1 英寸约合 2.54 厘米。

这些通常是低科技辅助手段，在许多情形下也很实用，下面我们来了解其中最重要的几种。

物品本身

一般说来，最好的演讲辅助手段就是你要讲述的物品本身。如果可以的话，把这件物品带到演讲会场。你会注意到，在商业广告中，卖家不仅谈论产品，还展示产品。在这些广告中，你可以看到新的清洁工具如何操作、新的厨具如何烹饪，你还可以看到珠宝、衣物、新的拖把等实物，而且是在不同的背景下，从不同角度去看。

如果你谈论的是纸质杂志或者优质网球拍，那么用这些物品本身作为演讲辅助手段会很有效。在一场关于不同类型胶水的演讲中，一位演讲者把胶水、塑料、木头、金属等一起带上台，向受众展示了不同的胶水是如何针对不同的材质起作用的。

模型

模型（即真实物件的复制品）在许多场合非常实用。例如，当你想讲述一个复杂的结构（例如人体的视觉或听觉机制、大脑的构造、DNA 的结构等）时，模型会非常有用。你会记得从前在科学课上，这些模型（连同课本中的图片）传递的信息远远超过单纯的语言解释。模型可以用来清楚地展示各部分之间的相对大小、相互位置，以及各部分之间的互动。

在一场关于印第安人穿着风格的演讲中，演讲者带来了许多娃娃，每一个都穿着不同文化风格的服装。在一场关于拉伸练习的演讲中，演讲者使用了一个 14 英寸、木制的艺术家模型。在一场关于如何挑选钻石戒指的演讲中，一位很有创意的演讲者带来了一个看起来很像水晶的水龙头把手，这样他可以清楚地说明，在购买钻戒时要追求的几个品质——尺寸、质量和纯净度。

示意图

示意图（通常是外形的简化图）通常用于解释复杂的结构。图 7-2 展示的是眼睛的示意图，这样演讲者可以用它来解释与眼睛相关的各种话题。

还有一种示意图是流程图，显示的是一个事件或过程的流程。图 7-3 是一个流程图示例，用来说明情绪感染（情绪从一个人传递到另一个人）

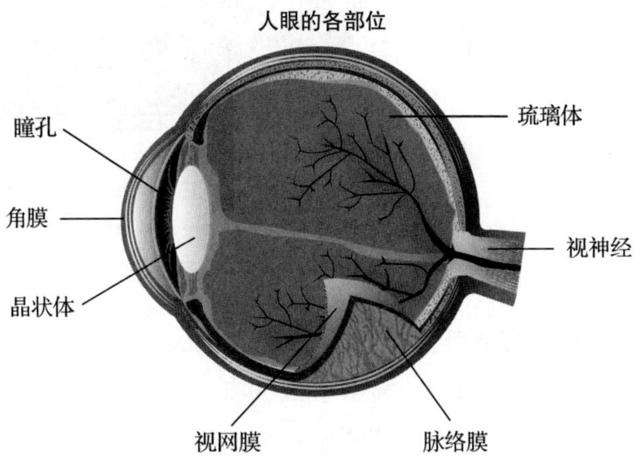

图 7-2 示意图示例

的过程。这种图有助于受众看清事物或事件之间的关联性和顺序。

关系图

关系图是用来揭示关系的图形，可用于清晰地展示整体如何被分为若干部分、时间不同带来的变化，或者数量与尺寸之间的对比。我们知道关系图多种多样，所以要选择最适合的种类，以便能最清楚地表达内容。这些图可以是手绘的，也可以是由文字处理软件或演示软件生成的。下面我们来看几种最常见的。

图 7-3　流程图示例

饼状图的形状是一个圆，通常用来呈现不同部分如何构成 100%。比如，图 7-4 显示的是在美国学习的外国留学生的文化背景分布。从图中我们可以看出，饼状图非常适于展现相对的百分比。

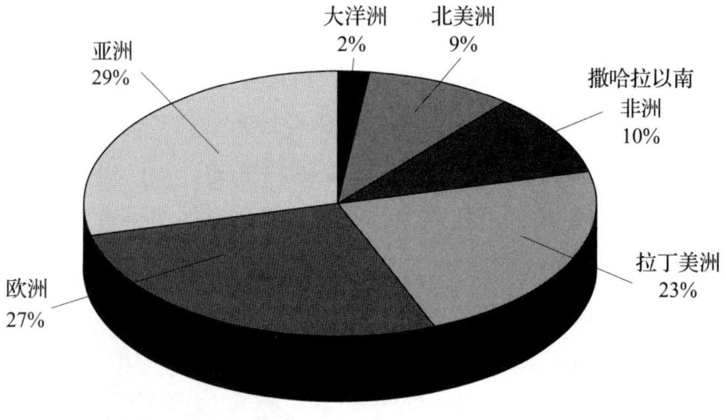

图 7-4　三维饼状图示例

资料来源：DeSilver, D. (2015) Growth from Asia drives surge in U.S. foreign students. Pew Research Center, (www.pewresearch.org). Accessed January 9, 2016.

柱状图是用柱子的高矮或大小来表示数值的一种图形，是另一种常用于呈现相对比例的图形。例如，图 7-5 显示了 2000 年的美国人口构成，并预测了 2050 年的美国人口构成。这张图可以让你一眼就清楚地了解 2050 年会发生的人口构成变化。

折线图是用线条来表示数值的图形。通常这种图形可以用来显示一段时期以内的数值变化或者对比两组或更多组数值之间的相对变化。例如，图 7-6 就为我们诠释了美国黑人与拉丁裔人口在四个时间点的占比：1990 年和 2000 年的真实百分比，以及 2025 年和 2050 年的预测百分比。图中还可以加上更多的对照组，但是受众读图难度也会增加。

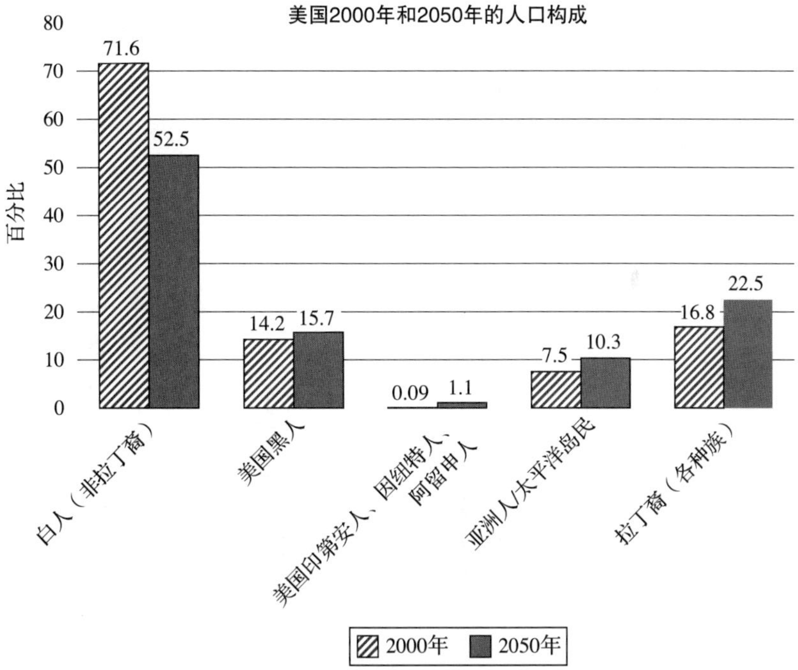

图 7-5 柱状图示例

注：图中 2000 年和 2050 年人口构成之和均超过 100%，疑作者数据采集有误。

资料来源：the U.S. Census Bureau.

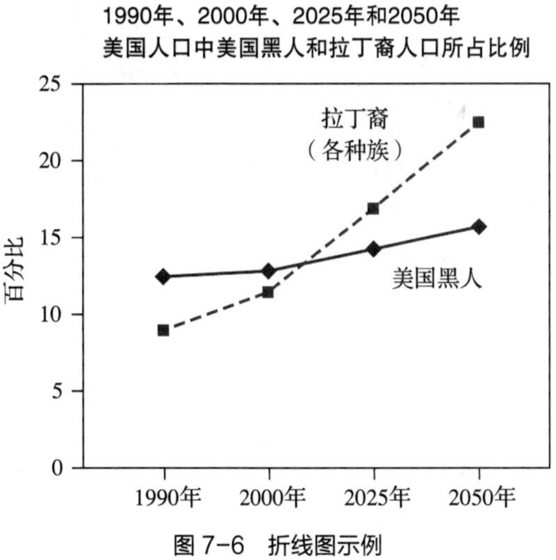

图 7-6 折线图示例

资料来源：the U.S. Census Bureau.

图形是指使用图像（标志物、象征符号或照片）来呈现数值。这种图形比仅仅用文字和数字的表格要更有趣味性。通过展示你所描述的事项的图片，更有可能提升受众的兴趣，并且让他们记住你所传递的信息。图 7-7 是一个图形，用来显示过去 15 年间枪支拥有量的增长。每一支枪代表了 100 万次购买及许可，这一点演讲者可以在展示时给出解释，也可以标注在图上。枪支数量的大幅度增长一定会被铭记在受众的脑海中，远比文字更有效。

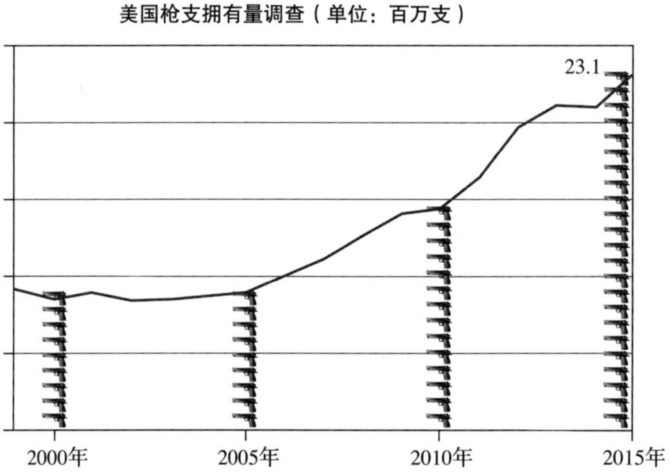

图 7-7　图形示例

资料来源：FBI National Instant Criminal Background Check System.

表格

如果想要总结或者对比数据和思想，那么用表格的方式来呈现是最有效的。表格可以按照顺序呈现演讲或提议中的要点。表格的另一个用处是为受众呈现你希望他们记忆的内容。诸如紧急电话号码、地址、推荐读物的书名或者网址等信息，受众一般都希望你用书面形式展示出来。表格也通常用来罗列数字，以便论证某个主张。图 7-8 是一个表格示例，它清晰地诠释了美国雇员与其他国家雇员比起来假期时间是多么少。

每年带薪假日的平均天数	
国家	天数
意大利	42
法国	37
巴西	34
英国	28
加拿大	26
日本	25
美国	13

资料来源：http://www.infoplease.com/ipa/A0922052.html, accessed 2/29/16.

图 7-8　表格示例

信息图

随着电脑软件日渐成熟且可操作性越来越好，信息图即信息的视觉呈现（通常包含有数字和文字）也就变得越来越常见。信息图非常有用，因为它们能够把语言和非语言信息清晰并简洁地结合在一起。图 7-9 是一幅信息图示例，图中说明了能够更好地度过老年时光的一些建议。

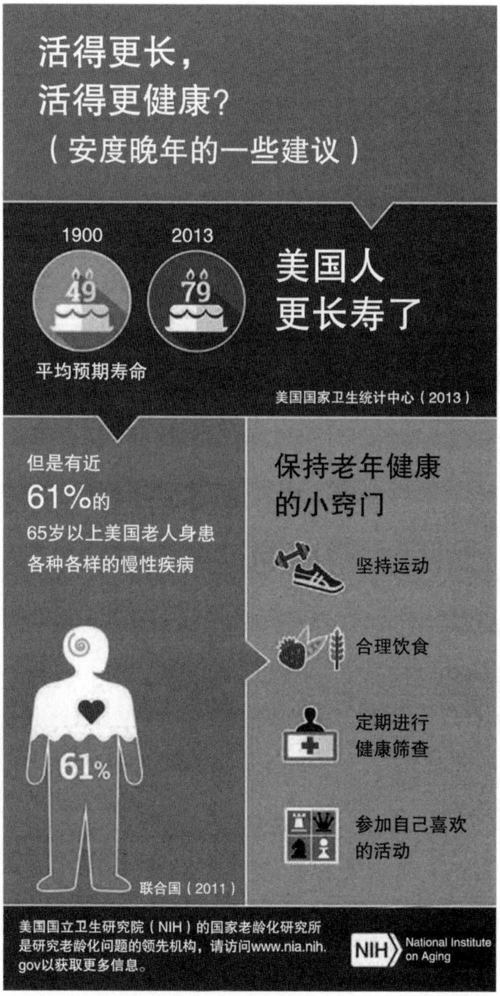

图 7-9　信息图示例

资料来源：Living Longer, Living Healthier from NIH. https://www.nia.nih.gov/health/infographics/living-longer-living-healthier-tips-better-aging-infographic.

公开演讲选择点

信息图

奥利维娅准备给高三学生做一场演讲，内容是他们的大学生活可能会是怎样的。奥利维娅使用信息图的方法有哪些？试着针对这个话题创作一幅信息图，或者最好为你自己的下一次演讲创作一幅信息图。

道德选择点

专业辅助

你要准备一场以电脑为辅助的演讲，且时间很紧迫。网上有几家公司能够提供相关的专业幻灯片，价格合理，你也支付得起。如果你的确使用了这些服务，在演讲中你有道德义务提及这一点吗？如果要说的话，你会怎么说？

地图

如果你想诠释城市、湖泊、河流或山脉的地理特征和位置之类的信息，那么显然地图是非常有效的演讲辅助手段。地图还可以用于诠释人口密度、移民模式、世界识字率、不同的经济条件、疾病的传播，以及许许多多你想要在演讲中探讨的其他问题。例如，在一场关于自然资源的演讲中，演讲者使用各种各样的地图来说明石油、天然气和贵金属的主要出产地。也有演讲者使用地图来说明财富的集中，还有演讲者用地图来说明世界范围内的死亡率。在网上我们可以找到各种各样的地图，然后把它们做成幻灯片。很有可能你在网上正好找到了适合自己演讲目的的地图。如果你的确这样做了，一定要把网址和你搜索到这张地图的具体日期写在参考文献中。

照片

不同种类的树、不同风格的艺术形式、各种各样的健身设备、战争的恐怖——类似于这样的信息由照片展示会更具意义。在网络上我们可以得到海量的照片，从中一定可以找到适合某个具体话题的材料。如果你想说明战争带来的破坏性或者不同种类的树木之间的差异，还可以把照片的某个局部放大展示给受众看。

分发材料

分发材料是打印出来分发给受众的材料。这种形式非常有助于解释复杂的内容，为受众提供一份关于演讲的记录或重要数据，以及鼓励受众记笔记。用多种电脑软件可以轻松地准备样式不同的分发材料以供打印。

在明确了自己想要使用的辅助手段类型后，你可以直接从网络上下载，或者用相关软件包来自行制作相关材料。

动态演讲辅助手段

动态演讲辅助手段是活动的，它们会变化、会移动。最常见也最实用的动态演讲辅助手段包括人、音频资料和视频。

人

如果你想展示人体的肌肉或不同的声音模式、肤色、发型，那么可以考虑使用“人”作为你的辅助手段。人不仅能够帮助你清楚地展示上述内容，还可以吸引并保持受众的注意力和兴趣。

选择人作为辅助手段时，也不要忽略自己。例如，当你在做一场关于拳击策略、锻炼方法或者引发背痛的站姿和坐姿的演讲时，你都可以用自己来做展示。这样做还有一个好处——可以帮助你减轻内心焦虑，变得更加放松。

音频资料

音频辅助手段在许多演讲中都很实用。例如，在关于口音、男女声音差异、音乐发展趋势的演讲中，音频辅助手段都很关键。在使用音频材料时，应介绍这段材料，并把它插入演讲内容中。音频播放结束后，再简短重申一下这段材料与你要传递的信息的密切关联性。

视频

通常对于视频有两种选择：一是可以事先录制或下载一段视频；二是可以创作自己的视频，然后在演讲的适当时间播放。视频为你的陈述增添了多样性，也有助于保持受众的注意力。各种各样的演讲都可以从视频的使用中受益，例如关于不同文化背景下的舞蹈、博物馆的布局安排等的演讲。

基于电脑的演讲辅助手段

有许多演示软件可以用于制作演讲用的材料，每一种软件都各有特色。最常见的有 PowerPoint、Prezi、Keynote 和 Google Docs。如果你的电脑技术足够熟练，也可以发掘一些具有更多特色功能的软件。

大多数演示软件是相对比较线性的：一张幻灯片紧跟着另一张。Prezi 有点不同，它把所有的幻灯片放在同一个背景墙上。你可以一边演讲，一边随意地放大或缩小其中某张幻灯片。所有这类软件都可以加载图片，编辑不同字体和色彩的文字以及不同的背景。

有电脑软件辅助的演示拥有前面提到的所有优点，例如，保持受众的兴趣和注意力、提升清晰度、强化信息等。除此以外，它们还有自己的优点，即可以给演讲增添专业感、时新性，从而提升演讲的可信度。这些辅助手段让受众知道你是有备而来的，并且非常重视这个话题、尊重现场的受众。你可以从 Prezi、Keynote、PowerPoint、Google Docs 里面任选其一，去网上找到相应的教程来学习一下。

这类电脑软件除了让你能够制作出各种各样的幻灯片，还能够帮你打印出各种各样的材料：幻灯片、带有演讲者笔记的幻灯片、带有给受众记笔记空间的幻灯片等。你可以打印出一整套幻灯片材料发放给受众，也可以打印出其中的一部分，甚至是你在演讲中没有时间涉及，但是希望受众演讲后能去看的内容。最常见的做法是每一页纸上打两张、三张或最多六张幻灯片。一页两张的打印法，可读性较强，尤其是当幻灯片上面是表格或关系图时，受众可以看得比较清楚。一页三张的选择也是比较常见的：三张幻灯片打在纸张的左边，右边留出空白，让受众记笔记。如果你想与受众互动，也希望他们在演讲过程中记笔记，这种方法是很实用的。一般来说，你会在演讲开头的时候分发材料；更好的做法是，你在希望受众记笔记时分发这些材料。图 7-10 是一页三张幻灯片的打印示例，上面给受众留出了记笔记的空间。当然，你可以选择打印文件的任意部分，也可以仅打印那些有图片或者演讲要点的幻灯片。

这种样式的分发材料很常见，因为它准备起来很容易，而且将演讲内容和受众可能的想法有机地结合在一起。

图 7-10　给受众留出记笔记空间的幻灯片打印方法示例

Matej Kastelic/Shutterstock

观点

演讲辅助软件

假设你要为你的下一次演讲做准备，你可能会使用哪一种演示软件？为什么？

把幻灯片和演讲者笔记一起打印出来也很实用。笔记内容包括你想要使用的例子、统计数据、引语、演讲的注意事项，或你想记录下来的任何内容。受众能够看到幻灯片内容，但是看不到演讲者笔记。这些笔记最好用提纲的形式来记录，写一些关键词，而非完整的句子，这样可以避免你大段念稿。图 7-11 是一个示例，上面有幻灯片和演讲者的笔记。

自我表露

- 回报
- 风险

稍做停顿！
扫视受众！
今天我想要探讨一种非常有趣也非常重要的沟通形式——自我表露。
自我表露可以带来很大回报。
你可能会表露你的暗恋，然后发现你也是暗恋对象的暗恋对象。
自我表露也可能带来风险。
也许你向雇主表露了自己的心理或精神问题，然后发现自己失去了工作。
鉴于其回报和风险都很高，所以我们需要了解这种独特的沟通形式。在做进一步的讨论之前，我们需要对自我表露的性质有更多的了解。

图 7-11　幻灯片和演讲者笔记示例

在继续学习如何有效使用辅助手段之前，先看一下你对于如何设计幻灯片有多少了解。

____1. 最好用 16 号或 18 号字体，每一页上排 8 ～ 9 行字。
____2. 想强调的内容用斜体来标识。

____3. 逐字读出幻灯片上的内容。

____4. 用许多色彩和声音效果，这样会让受众保持注意力。

____5. 蓝与绿搭配或红与绿搭配是非常适合幻灯片展示的。

____6. 就像在准备阶段的提纲中一样，在幻灯片上打出完整的句子。

____7. 幻灯片应成为受众注意力的主要焦点。

____8. 如果一张幻灯片上没有什么文字，那么就添加一张图片或者照片。

____9. 一场 10 分钟的说明性演讲，可以使用 30 ～ 40 张幻灯片。

以上这些关于幻灯片的论述，都是出于人们的一些误解，所有的这些论述都是错误的，错误的原因简述如下：

1. 16 号或 18 号字体太小，至少应使用 24 号字体，如果使用 30 号字体更好。每页排 4 行字是最好的，当然 6 行字也可以，如果超过 6 行就会影响效果。
2. 斜体字增加阅读难度，无法达到强调的效果。
3. 不要逐字朗读幻灯片上的内容。
4. 太多的颜色和声音会干扰受众的注意力。
5. 蓝绿搭配或红绿搭配并不能提供足够的对比，红黑搭配会更显眼一些。此外，有些人无法分清红与绿。
6. 幻灯片上只需打出短语，整句受众读起来太费时。
7. 演讲者本人才应该是最主要的焦点，幻灯片只是用来辅助演讲者的演示的。
8. 只添加与幻灯片信息有关的照片或图片。
9. 对于 10 分钟的演讲，幻灯片数量不宜超过 10 张。

公开演讲选择点

PowerPoint

詹姆斯是学校招生办公室的负责人之一，他需要给受众做一场关于该校毕业生就业情况的演讲。受众大多是有意向入学的学生及其家长。他有许多信息要分享，所以他认为幻灯片会很有帮助。但与此同时，他不想让受众感到乏味。你对詹姆斯有哪些建议？哪些做法是他要注意避免的？

有效使用演讲辅助手段的指导原则

遵循几个简单的指导原则，你运用演讲辅助手段会更加有效。你可以通过以下两种方法来有效使用并避免误用辅助手段：①研究和准备演讲；②练习演讲。

研究和准备演讲阶段设计辅助手段的指导原则

以下是几个研究和准备演讲阶段设计辅助手段的建议。

强调相关性

一定要牢记，辅助手段只是用来帮助你更清楚或更有说服力地传递信息的。挑选那些与话题相关且能够强化信息的辅助手段。与此同时，要确保受众能够意识到这种相关性。也许相关性对你而言显而易见，但受众却只有一次机会看到这些辅助手段，所以，如果没有详细的解释，他们就意识不到这一点。使用有相关性的辅助手段。在需要的环节展示辅助手段，等讲述完毕再把它拿开。如果你不及时把它拿开，受众的注意力可能就仍然停留在你给出的视觉辅助材料上，无法专心倾听演讲的下一部分。另外，也不要过早地把辅助手段拿开，确保你已经充分地解释了相关内容，受众也已完全明白后，再把它拿开。

重视清晰度

确保从房间的各个角落都能清楚地看到辅助手段，不要低估这一细节的重要性，要考虑到在房间后面的人需要多大的字号才能看清屏幕上的字，或者需要把图片放大到多大才能看清其中的内容。

使用软件提供的模板

如果你使用 Prezi 或 PowerPoint 这样的演示软件，那么就使用其提供的模板。用设计向导来帮助你选择色彩和字体。这些模板都是由职业设计师打造的，他们很擅长用清晰明了且有吸引力的样式来搭配色彩、字号大小和设计图案。这些模板还能让你的辅助材料显得比较专业，从而提升演讲的可信度。

使用一致的字体、大小和颜色

在文件中重要性等级相同的内容，应使用相同的字体、大小和颜色。这有助于受众理解演讲的结构。如果你使用软件自带的模板，相应内容的字体、大小和颜色会自动保持一致。

使用有对比度的颜色

许多人难以分辨红色与绿色，所以，如果你想要突出不同内容之间的对比，最好避免这样的颜色搭配。类似地，如果你的幻灯片采用灰色的不同色度，那么应该确保你所选的色调能够形成清楚的反差。另外，注意不要选用某些节日的标志性色彩，例如红绿搭配让人想到圣诞节，黑色让人想到万圣节，尤其是当这些联想与你的演讲论题毫不相关时。同时，还要意识到文化背景对色彩认知的影响。例如，在某些亚洲国家，用红色书写一个人的姓名，就意味着这个人已经去世了。

简短易懂

你的目标是为受众提供关键词或者要点，帮助强化你所说的内容。你并不希望受众花很长时间去读幻灯片上的内容而忽略了听演讲。所以一般来说，在一张幻灯片上应该只放一个完整的内容，而不要出现太多的文字。过分详细、冗长或复杂的辅助手段，经常会适得其反。辅助手段用于让演讲内容更加清楚，因此需要简短易懂。

使用音频或视频材料时，简短尤其重要。在一场 6 ～ 7 分钟的演讲中，20 ～ 30 秒是视频材料的耗时上限。

只使用必要的辅助手段

使用演示软件很容易插入视觉辅助材料，所以有时使用者会忍不住添加太多的视觉辅助材料，大多数演示软件能提供大量的图片、动图、照片、视频，而这些材料可以用于各种各样的演讲话题。你也可以自己制作相关材料。确保你使用的视频材料与演讲论题和演讲目的直接相关。在决定是否添加视觉辅助材料的时候，问自己一个问题：这样做是否能够促进演讲目的的实现？如果答案是肯定的，那么就添加；如果答案是否定的，则不要添加。

在恰当的地方使用图表

如前文所述，当你想要表述的信息很复杂，换成文字会过于冗长时，使用图表是很有效的。有大量的图表类型可供选择，例如饼状图、柱状图、累积图等。如果你使用的演示软件是一套办公软件，你会发现在文字处理软件或表格软件中输入内容更加容易了。此外，可以考虑利用动画图表的优点。就像软件里文字可以一条条显示一样，你可以将图表也设计成一部分一部分地显示，这样可以让受众的注意力聚焦在你所讲述的每一点上。

预估问题

如果演讲后有问答环节，那么也要考虑准备额外的幻灯片，对预估的问题进行回应。这样当某人问到你所预料的问题时，你就可以说："我预料到有人可能会问这个问题，它的确很关键，相关的数据可以参见这个图表。"然后你可以演示幻灯片并给予进一步的讲解。虽然这样做会增加一些工作量，但也会让你的演讲更加出众。

预估技术问题

例如，你计划使用幻灯片演示，要考虑到万一电脑出故障或者电力出问题，你该怎么应对。一个好办法是准备好分发材料，万一出现上述问题可以将材料分发下去。备用方案还包括使用白板、图板或活动挂图等。

使用辅助手段练习演讲的指导原则

以下是关于如何规划演讲策略的几点建议。

熟悉辅助手段

确保记住辅助手段出现的顺序，以及如何导入它们。明确使用什么辅助手段，以及何时、何地使用。反复排练，直到你能够非常自如和有效地使用这些辅助手段。避免盯着辅助材料看，尽管这的确是一种难以抗拒的自然倾向。你应该全程面向受众，对辅助手段熟稔于心。你完全可以一边用手指向用于此时的辅助材料，一边继续保持与受众的目光交流。

辅助手段与演讲内容无缝衔接

正如我们可以把某个例子很自然地融入整个演讲内容中，使之成为演讲内容不可或缺的一部分，辅助手段也应如此。辅助手段不是补充材料，而是演讲的重要组成部分。

对辅助手段的使用进行排练

例如，你要使用一张图表，你会怎样使用它？是让它立在什么地方，还是需要请求受众帮助？

了解演讲房间内设备的情况，看看它们是否与你使用的演示软件兼容，如果有可能的话，在相同的设备上进行排练，这样你可以及时对各种不兼容情况或其他问题做出调整。

避免分发材料引起的问题

分发材料通常是很有帮助的，受众也会认可这种形式。但是它们也有可能带来一个问题，即把受众的注意力从你的讲述上转移走。如果你确定要使用分发材料，那么就要鼓励受众在你希望他们专注的时候能够专心倾听，在你希望他们看材料的时候再去看。如果在演讲结尾的时候分发材料，那么材料中应该有补充内容，以鼓励受众在演讲后做延伸阅读。

公开演讲选择点

辅助手段

从本书提到的演讲中任选一个。想一下，如果你是这位演讲者，可以使用哪些辅助手段？

第 8 章

组织演讲（第五步至第七步）

Andrey_Popov/Shutterstock

清晰的组织结构让演讲者和受众都更容易记住演讲内容。

本章中，我们首先来学习如何围绕主要观点组织演讲的主体，然后撰写演讲的开头、结尾和过渡部分，这样整篇演讲可以形成一个整体。在这个过程中，你也要开始准备演讲的提纲。

- 合理的组织有助于为演讲准备过程提供指引。在明确整篇的组织结构之后，你可以更清楚地从整体上来审视全篇（即使是初级或未完成的状态）。这有助于你发现哪一部分需要进一步论述，哪一部分需要删减，哪一部分需要调整或者重新定位。
- 合理的组织有助于受众理解演讲。由于受众只有一次机会聆听演讲，所以演讲内容必须是他们立刻可以明白的。他们（不像阅读时可以反复阅读较难的段落）无法回听错过的内容。无论演讲是说明性还是说服性的，清晰的组织结构都有助于受众理解你的思路。如果受众可以看到你的组织模式或提纲，那么就更容易理解你的演讲并明白某个例子是如何支撑论题的，或某论据是如何与演讲相关的。
- 合理的组织有助于受众记住演讲。比起无序的材料，人们更容易记住有序的材料。如果你希望受众记住你的演讲内容，可以用易于识别和记忆的组织模式来陈述内容。
- 合理的组织有利于增强可信度。你的所作所为反映了你的可信度，演讲的组织结构也不例外。如果你的演讲结构清晰、效果理想，那么也意味着你重视受众，为了让他们理解和记忆演讲内容付出了努力。这样，受众也就更可能将你视为一个有能力的人，一个在意自己目标的人。

形成要点（第五步）

想组织好演讲稿，首先要选择要点并表达出来。我们先来探究一下该如何选择要点、完善措辞，再按条理把它们罗列出来。

选择要点

第 3 章关于演讲论题的讨论告诉我们，可以通过提一些策略性的问题来形成演讲的要点或议题。以下我们通过一个示例来详细说明这一点。假设你要为一群高中生做一场关于“大学教育的价值”的演讲。你的论题是“大学教育是有价值的”。接下来你可以提问：“它为什么有价值？”从这个问题出发，逐渐生成你的要点。第一步可以先头脑风暴，答案越多越好，无须判定其好坏。你可能会想出以下一些答案：

1. 它能帮你找到一份好工作。
2. 它能提升你的赚钱能力。
3. 它给予你更大的工作流动性。
4. 它有助于你获得更具创造性的工作。
5. 它有助于你更好地欣赏艺术。
6. 它有助于你理解这个极端复杂的世界。
7. 它有助于你理解不同的文化。
8. 它可以帮助你避免长期做一份平淡的工作。
9. 它让你有机会认识许多人，结识许多新朋友。
10. 它有助于提升你的个人能力。

当然，可能还有其他答案，但是这里仅为了说明过程，所以这 10 条就足够了。上述 10 条答案的价值以及与演讲论题的相关性未必都是一样的，所以你需要仔细查看列表，思考如何筛选出最有意义的选项。

数量适中

一般说来，一场 5 ～ 15 分钟的演讲需要使用 2 ～ 4 个要点。太多的要点会导致演讲内容过于庞杂、令人费解、难以记忆。因此，你需要把 10 个条目的列表精简到 3 条左右。

第一步，删去那些对于你的演讲论题而言最无关紧要的条目。基于此，你可以删去第八条，因为这条与大学的积极作用似乎关系不大。

第二步，把有共同点的条目结合起来。例如，你可以注意到前四条都与工作有关。所以，你可以考虑把它们综述成一条：大学教育有助于找到一份好工作。

这一条可以成为要点之一。你可以通过定义什么是“好工作”来进一步阐述。这条要点或命题可详述如下：

I. 大学教育有助于你找到一份好工作。
 A. 大学毕业生薪水更高。
 B. 大学毕业生的工作更具创造性。
 C. 大学毕业生有更大的工作流动性。

公开演讲选择点

生成要点

简准备做一场演讲，题为“摄影（或任何你感兴趣的技能）是一门值得学习的实用技能”。简的要点可以有哪些选择？

注意，A、B、C 三条是对“好工作”的进一步细分描述。

聚焦受众

选择与受众关系最密切且对受众最有吸引力的要点。基于这个标准，你可以删去第 5 条和第 7 条，因为受众在目前的人生阶段可能不会觉得欣赏艺术或文化有什么用处或吸引力。你也许可以判定高中生会对“提升个人能力”更感兴趣，所以可以把第 10 条作为第二个要点：大学教育提升你的个人能力。

前面你通过更清晰地定义“好工作”来生成第一个命题的三个分论题。遵照相同的模式，我们可以来定义“个人能力”具体指什么。示例如下：

> Ⅱ. 大学教育提升你的个人能力。
>
> A. 大学教育有助于增强沟通能力。
>
> B. 大学教育有助于获取思维能力。
>
> C. 大学教育有助于增强应对问题的能力。

同理，我们还可以把 A、B、C 三个小条目继续细化。例如，A 可以再分为两个副标题：

> A. 大学教育有助于增强沟通能力。
>
> 1. 大学教育提高你的写作能力。
>
> 2. 大学教育提高你的口头表达能力。

接下来还可以继续细分 B、C 两点，详述究竟什么是“获取思维能力”和“增强应对问题的能力”。

Shutterstock

观点

聚焦受众

如前所述，受众寻求利益，他们希望花时间（听演讲）能有所收获。审视你正在准备的演讲（或者已经做过的演讲），思考你怎么做才能让受众明白你的演讲会让他们有所收获。为了让受众明确知晓这种可能的收获，你具体会说些什么？

完善措辞

要点应该是彼此独立的，彼此之间不应有意义重叠。每一个标有罗马数字的部分都应该是独立的个体。

错误的写法	正确的写法
Ⅰ. 色彩和风格在服装选择中很重要。	Ⅰ. 色彩在服装选择中很重要。 Ⅱ. 风格在服装选择中很重要。

此外，用平行结构来书写要点。要点应该用相同的语法结构和词语。尤利乌斯·恺撒的名句“我来，我见，我征服（I came，I saw，I conquered）”就是一个典型的平行结构句式。每一个论述都有相同的结构——代词“我”（I）作主语，外加一个过去式的动词。每一条用罗马数字表序的条目都应使用平行结构。同理，主条目下面的亚条目（以 A、B、C 表序）也应使用平行结构。平行结构有助于受众理解并记忆你的演讲内容。通过以下例子，我们可以看出，比起左边的提纲，右边的提纲理解起来难度更小，这是因为右边的提纲使用了平行结构：

不可取	可取
社交媒体有四大功能。 Ⅰ. 社交媒体有娱乐性。 Ⅱ. 社交媒体可以让受众获取信息。 Ⅲ. 建立纽带和关联是社交媒体的主要作用之一。 Ⅳ. 身份获得感是社交媒体的功能之一。	社交媒体有四大功能。 Ⅰ. 社交媒体为使用者带来娱乐。 Ⅱ. 社交媒体为使用者带来信息。 Ⅲ. 社交媒体为使用者带来关联和链接。 Ⅳ. 社交媒体为使用者带来身份感。

组织要点（第六步）

一旦你决定了演讲的要点，接下来就需要把注意力放在如何安排这些要点上，即如何把它们放入演讲的主体中。以下 12 种组织模式应该可以涵盖各种说明性或说服性话题。另外一种模式——激励序列（通常用于说服性演讲）会在第 12 章详细论述。

时间模式

当你基于时间模式或时间关系来组织话题时，通常可以把演讲分为 2 ～ 4 个部分。你可以从过去开始，逐渐讲到现在或将来；也可以从现在或将来开始，逐渐回溯到过去。大多数的历史性话题都适用时间模式，诸如美国南北战争、如何培育蔬菜、互联网的历史这样的话题都可以使用时间模式。下面我们使用这种模式来做一场关于儿童语言能力发展的演讲。

> 总体目的：说明。
>
> 具体目的：向受众说明儿童习得语言的四个阶段。
>
> 论题：儿童在学习语言的过程中会经历四个阶段。
>
> Ⅰ. 牙牙学语阶段。
>
> Ⅱ. 喃喃自语阶段。
>
> Ⅲ. 模仿语言阶段。
>
> Ⅳ. 正式交流阶段。

空间模式

[illegible]点，这种方式类似于时间模式。对于实物的讨论大多适用这种模式，例如，关于一所医院、一所学校、一座摩天大楼或一只恐龙的构造的介绍。以下这个演讲的论题是“去中美洲可以游览的地方”：

> 总体目的：说明。
>
> 具体目的：向受众说明游览中美洲的优选方式。
>
> 论题：你去中美洲可以游览四个国家。
>
> Ⅰ. 首先，游览危地马拉。
>
> Ⅱ. 其次，游览洪都拉斯。
>
> Ⅲ. 再次，游览尼加拉瓜。
>
> Ⅳ. 最后，游览哥斯达黎加。

Diego Cervo/Shutterstock

观点

组织演讲

肖恩准备做一个关于“如何成功网上相亲”的播客。请你一边阅读以下关于演讲组织模式的内容，一边思考肖恩的播客。对于这一播客来说有哪些合适的要点？基于这些要点，以下哪种组织模式最适合？

话题模式

话题模式将演讲话题细分为小话题或者几部分。诸如“世界主要宗教”“伟大的文学作品”“大学生面临的问题”之类的话题都可以使用这种组织模式。以下是一则示例，演讲话题是“政府的分支部门”：

> 总体目的：说明。
>
> 具体目的：向受众说明政府的三大分支机构。
>
> 论题：美国政府有三大分支机构。
>
> Ⅰ. 国会负责立法分支。
>
> Ⅱ. 总统负责行政分支。
>
> Ⅲ. 法院负责司法分支。

问题-解决模式

顾名思义，问题-解决模式将要点分为两大部分：问题和解决方案。假设你要做一场演讲，试图说服受众——家庭保健人员应该得到更高的薪水和更好的福利。在演讲的第一部分，你可以讨论家庭保健人员遇到的各种问题；第二部分主要探讨可能的解决方案。演讲提纲可制定如下：

> 总体目的：说服。
>
> 具体目的：说服受众解决目前家庭保健行业面临的三个问题。
>
> 论题：家庭保健行业可以通过三方面的改变来提高。
>
> Ⅰ. 家庭保健行业面临的三大问题。
>
> A. 其他行业吸引走了最优秀的毕业生。
>
> B. 许多优秀的家庭保健人员在工作几年后离职。
>
> C. 家庭保健行业人员社会地位低下。
>
> Ⅱ. 三个问题各自的解决方案。
>
> A. 提高行业工资。
>
> B. 改善工作福利。
>
> C. 提高从业人员的社会地位。

有些情况下，你也许会同时使用话题模式（用于要点）和问题-解决模式（要点下的细分
)。例如，下面展示了凯文·金（2015）在一场关于“有必要增加阿尔茨海默病的研究资
”的演讲中是如何同时使用这两种模式的。污名、现实中的挑战和倡议三个要点用了话题
式，但每个论题下的细分点用了问题-解决模式。

. 污名
污名问题
问题的解决方案

A. 缺乏倡议问题
B. 缺乏倡议问题的解决方案

有趣的是，在美国州际演讲协会（Interstate Oratorical Association）的获奖演讲中，大都是使用这种模式。最起码近 6 年（2013—2018）的获奖演讲使用的都是问题-解决模式的变体——不是把演讲分为两部分，而是分为三部分：原因、影响和解决方案（Schnoor）。例如，下面展示了一名演讲者是如何组织她关于“改革美国食品救助项目的必要性”的演讲的（Djietror，2013）。以下片段来自她演讲的开头：

> 要明白为什么食物救助项目一直没有效果，我们必须首先明确问题是什么，再找出问题的原因，最后提出可以完善美国食物救助体系的建议方法。

下面是另一个例子，出自一场关于“间谍软件追踪”的演讲（Boyle，2015）。以下片段来自演讲的结尾：

> 今天，我们讨论了“高级网络跟踪”问题，现状为何令人崩溃，并提出了解决方案来保护所有早已忍无可忍的受害者。

因果模式或果因模式

与问题-解决模式类似的是因果模式或者果因模式。使用这种模式，你可以将演讲分成两大部分：原因和结果。类似于高速公路事故、疾病或者低自尊这样的话题都可以用这种模

式来解释。下面是一份提纲，演讲话题是“低自尊的原因和结果”：

总体目的：说明。

具体目的：向受众说明低自尊的原因和结果。

论题：低自尊来自长久遭受批评以及不现实的目标，它会导致抑郁和无社交意愿。

Ⅰ. 低自尊通常有两大原因。

　A. 一直受到批评有可能导致低自尊。

　B. 不现实的目标有可能导致低自尊。

Ⅱ. 低自尊通常有两大结果。

　A. 低自尊往往会导致抑郁。

　B. 低自尊往往会导致无社交意愿。

你还可以用因果模式来组织说服性演讲。例如，你可以围绕论题“不切实际的目标和遭受批评的经历会促成低自尊”来组织一个说服性演讲。下面是演讲的提纲，包含了两大要点：

Ⅰ. 长期遭受批评的经历会导致低自尊。

　A. 双盲研究表明……

　B. 最近的研究表明……

　C. 哈佛大学的心理学家约翰·史密斯曾经说过……

Ⅱ. 不切实际的目标会导致低自尊。

　A. 我个人的经历说明……

　B. 一项研究……

　C. 教育理论家一直……

结构-功能模式

结构-功能模式通常有两大要点：一是结构，二是功能。如果你想通过一个说明性演讲来讨论某件事物是如何构建（它的结构）及如何运作的，那么这种模式非常实用，例如，解释某一商业组织的性质及其日常运作，说明大学各个部门的合作和运行机制，描述一种有机生命体的本质：它的构造（结构）和生理（功能）。下面是一个示例：

总体目的：说明。

具体目的：向受众说明大脑的结构和功能。

论题：要了解大脑，我们需要了解其结构和功能。

Ⅰ. 大脑主要由两大部分构成（解释其结构）。

A. 大脑由……构成。

B. 大脑由……构成。

Ⅱ. 大脑可以让我们完成很多任务（解释其功能）。

A. 大脑可以让我们……

B. 大脑可以让我们……

比较和对比模式

在比较和对比模式中，你的分析对象是话题的主要划分单位，并且你会辨识它们之间的相似与不同。这种模式通常用于比较或对比两种不同的理论、提议、部门或产品等。在这类演讲中，你不仅要解释每一种理论或提议，还要说明它们的相似点和不同点。

总体目的：说明。

具体目的：向受众说明自由主义政治哲学和保守主义政治哲学之间的区别。

论题：自由主义政治哲学和保守主义政治哲学有很重要的区别。

Ⅰ. 政府规定方面……

A. 自由主义的态度是……

B. 保守主义的态度是……

Ⅱ. 收入再分配方面……

A. 自由主义的观点是……

B. 保守主义的观点是……

赞成–反对模式

赞成–反对模式，有时也称为优缺点模式或比较优势模式。这种模式一般将演讲要点分为两个部分：A 计划的优点和 A 计划的缺点。这种模式适用于客观说明某计划、方法或产品的优点及缺点的说明性演讲。另外，这种模式还适用于那些证明 A 计划（说明 A 计划的优点）优于

B 计划（揭示 B 计划的缺点）的说服性演讲。下面是一个使用这种模式的说服性演讲的示例：

> 总体目的：说服。
>
> 具体目的：说服受众 A 计划优于 B 计划。
>
> 论题：两个计划在共同承担费用、住院待遇和病假方面有区别。
>
> Ⅰ. 共同承担费用……
>
> A. A 计划需共同承担的费用较低。
>
> B. B 计划需共同承担的费用较高。
>
> Ⅱ. 住院待遇……
>
> A. A 计划有较好的住院待遇。
>
> B. B 计划有较差的住院待遇。
>
> Ⅲ. 病假……
>
> A. A 计划可休病假天数较多。
>
> B. B 计划可休病假天数较少。

主张–证据模式

在主张–证据模式中，演讲论题是主张，每一个要点都是一条证据。这种模式对于说服性演讲尤其适用，可以用来证明某一特定命题的真实性或实用性。在法庭审判中这种模式也很常见，控方申明辩方有罪，然后罗列出证据来说明辩方有犯罪动机，有犯罪机会，且没有不在场证明。请看以下示例：

> 总体目的：说服。
>
> 具体目的：说服受众我们的城市必须积极采取行动来遏制阿片成瘾。
>
> 论题 / 主张：我们的城市必须积极应对阿片成瘾危机。
>
> Ⅰ. 阿片使用量在增长（证据 1）。
>
> A. 一个非常生动的案例……
>
> B. 最新统计数据显示……
>
> Ⅱ. 阿片成瘾相关的犯罪现象在增加（证据 2）。
>
> A. 街头犯罪数量在增加……
>
> B. 入室抢劫商家……

多重定义模式

在多重定义模式中，每一条要点都由一种不同类型的定义构成。这种模式适用于解释某一概念本质的说明性演讲。请看以下示例：

总体目的：说明。

具体目的：向受众说明创造性思维的意义。

论题：创造性思维的本质常被误解。

Ⅰ. 创造性思维不是……（否定定义法）

Ⅱ. 根据韦氏大词典，创造性思维是指……（词典定义）

Ⅲ. 爱德华·德·波诺给出的定义是……（创造性思维理论家的定义）

Ⅳ. 创造性思维的一个典型案例是……（案例定义法）

5WH 模式

在这种模式中，演讲的要点分别解释谁（who）、做了什么（what）、为什么（why）、在哪里（where）、什么时间（when）、如何做（How）几个问题。这一长久以来用于新闻报道的 5WH 模式可用于报告或解释某一事件，例如，入室抢劫、政变、战争或审判等。注意使用这种模式时，并不是每一篇演讲都要涵盖所有问题。请看以下示例：

总体目的：说明。

具体目的：向受众说明美国宪法对公民责任的解释。

论题：理解宪法是成为有责任公民的第一步。

Ⅰ. 宪法是规定……的文件（回答“什么是宪法”的问题）

Ⅱ. 宪法是必需的，原因是……（回答“为什么制定宪法”的问题）

Ⅲ. 宪法起草于……（回答“宪法何时起草”的问题）

Ⅳ. 宪法的起草者有……（回答“谁起草了宪法”的问题）

虚构-事实模式

在虚构-事实模式中，要点的排列顺序是先给出虚构的陈述，然后是真实的陈述。这种模式适用于澄清误解的说明性演讲。在说服性演讲中，这种模式可以用于捍卫或反对某一提议、信念或行为。请看以下示例：

总体目的：说明。

具体目的：向受众说明人们对于流感疫苗的三种误解。

论题：关于流感疫苗有三种误解。

Ⅰ. 第一种误解是打疫苗有可能感染流感。

A. 研究表明……

B. 流感疫苗的成分是……

Ⅱ. 第二种误解是抗体会帮助流感病毒。

A. 事实上，抗体……

B. 然而，诸如流感这样的病毒……

Ⅲ. 第三种误解是老年人传播流感。

A. 事实上，儿童……

B. 在已经做过的研究中，……

构建演讲的开头、结尾和过渡（第七步）

现在演讲的论题部分已经形成了，接下来我们要把注意力放在演讲的开头、结尾和过渡部分，它们可以把演讲连成一个整体。

在阅读这一节内容的同时，你可以去访问一些演讲网站，看看那些演讲者是如何导入、结束演讲以及如何把演讲各部分组合在一起的。推荐以下这些组织的网站，它们可以作为很好的学习起点：History and Politics Out Loud①、History Channel② 或者 American Rhetoric③ 等。

演讲的开头

你的外表、身体语言和演讲的开头三个因素共同决定了受众对于你和你的演讲的第一印象。我们都知道，第一印象会影响人的认知且很难改变。鉴于此，演讲开头非常关键。它定下了整个演讲的基调，也让受众知道接下来会听到什么类型的演讲。

在准备演讲的时候就开始搜集可用于开头的合适材料，但一定要等到其他部分全都完成了再撰写开头，这样你可以更好地决定开头包含或不包含哪些内容。

演讲开头有三个功能：吸引受众的注意力，建立演讲者、受众和话题三者之间的关联，为

① 意为“畅谈历史与政治”。——译者注

② 意为“历史频道”。——译者注

③ 意为“美国修辞学”。——译者注

受众做演讲导入（见图 8-1）。吸引受众的注意力很关键，建立演讲者、受众和话题三者之间的关联很实用，导入演讲内容也很必要。接下来我们来学习如何实现这三种功能。

功能一：吸引受众的注意力

演讲的开头应该论及演讲话题并吸引受众的注意力（当然，开头也应该有助于受众在整个演讲过程中保持兴趣）。有很多方式可以吸引受众的注意力，以下仅列举其中几种。

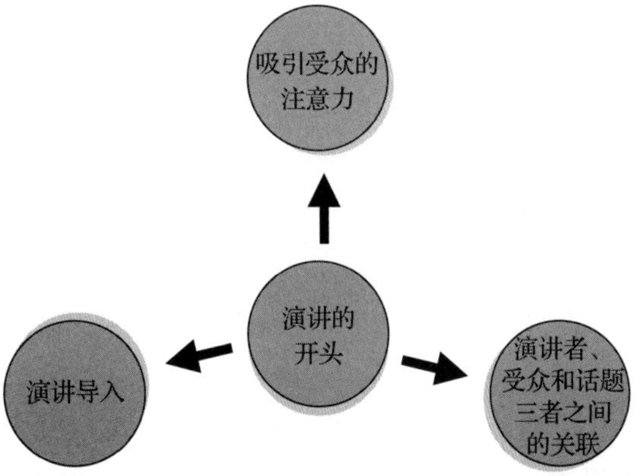

图 8-1　演讲开头的功能

1. 提出问题。提问很有效，因为这不同于常见的陈述式开头，而受众会不由自主地被这种变化所吸引。设问句（无须得到回答的问题）或是民意测验式的问题（请受众通过举手来表达观点）都是特别能够吸引受众注意力的有效开头方式：

> 你想在大学和职场里取得成功吗？
> 你想遇到一生所爱吗？
> 你们有多少人上过很无聊的课？
> 你们有多少人在大学毕业后准备继续深造？

2. 引用最新事件。在演讲的开头提到一次新近的演讲、一件最新的大事、最近的新闻人物等都有助于吸引受众的注意力，因为受众熟悉这些话题，会很好奇它们跟你的话题有什么关系。

以下是一个很好的示例，来自凯莱布·格雷夫斯（Caleb Graves）在得克萨斯大学奥斯汀分校演讲时说：

> 2010 年 3 月 14 日，一支美国部队成功袭击了阿富汗塔利班军队，并获取了他们所偷藏的大量武器。同一天的《今日美国》报道了这次武器解除行动。而这支部队很快意识到，这些武器首先就不应该出现在那里，他们怀疑这些武器来自美国政府。这篇文章进一步证实，美国前一年向阿富汗运送的 33 000 万美元的物资中，至少有 13 000 件武器和 20 万发子弹丢失，因此部队成员肯·费尔莱森担心，美国人正是被自己的武器射杀的。

3. 使用实例、例证或叙述。我们天生喜欢听关于人的故事或叙述，尤其是这些故事非常戏剧性或者出人意料。例如，以下是爱默生学院的蒂尔南·卡希尔（2012）的演讲开头，她用一段具体的讲述吸引了受众的注意力，使人们忍不住想要继续听下去：

在27岁的时候，迈克尔·沃勒斯坦已经负债25万美元，他没有稳定的工作，没有积蓄，身后有十几家讨债公司在追债。如果你觉得他听上去像是一个投资骗局的受害人，那是因为事实的确如此。

4. 引用名人名言。引用名言很有用，因为一般来说受众非常愿意听到他们所知晓的名人简洁而又充满智慧的言语。不过要确保引用的名言与你的话题直接相关，如果这种相关性还需要解释才能明晰，那也许这段话就不值得引用。名人名言很容易寻找，有许多专门收录名人名言的网站。

5. 引用鲜为人知的事实或统计数据。有趣但不为人知的事实有助于激发受众的兴趣。关于失业率的统计数字、校园犯罪事件等都可以成为报纸头条，增加报纸销量，因为它们能够吸引读者的注意力。在一场论题是“支持对仇恨言论进行更严厉惩罚”的演讲中，演讲者可以讲述一个受众们大多不知道的事件，或者引用相关的统计数据，例如在过去的六个月中，由仇恨言论所引发的美国暴力事件数量翻了三倍。

6. 使用幽默。幽默很有效，因为它能让受众放松，也能在受众和演讲者之间迅速建立纽带。使用幽默时，确保它与话题相关，且内容简洁、有品位、不刻意，适合演讲者和受众的身份。

功能二：建立演讲者、受众和话题三者之间的关联

除了吸引受众的注意力，演讲的开头还可以建立演讲者、受众和话题三者之间的关联。受众内心一定会有这样的疑问：他们为什么要来听关于这个话题的演讲？你要在演讲的开头回应这个疑问。你可以用多种方式来建立演讲者、受众和话题三者之间的有效关联。

1. 树立你的可信度。演讲开头对于展现你的能力、性格和魅力非常关键。例如，以下是俄亥俄州众议员丹尼斯·库钦奇（2008年美国总统候选人之一）在2007年1月8日第10届华尔街年度全球项目会议中的演讲片段，他在开头谈论了自己的背景和成就，以此来打造自己的可信度。

我是这个城市的孩子，我的父母从来没有拥有过自己的房子。17岁的时候，我已经在21个不同的地方生活过，包括在汽车里。我了解机遇，也知道如果你相信它，就可以去孕育它。

2. 提到在场的他人。提及在场的他人，不仅可以帮助你吸引受众的注意力，还能很有效地建立演讲者、受众和话题三者之间的关联。这个技巧不能滥用，只有当你知道这样做不会使你提及的人感到尴尬时才可以使用。要特别注意，不要只提到在场的一小部分受众，这样可能会让在场的其他人感觉自己像局外人。如果现场有成就突出的人，你向其他人介绍他（们）的成就，而这些内容恰好跟你的论题密切相关，那么此时可以用这种方法。

3. 表明你本人与话题的关联性。有时让受众知晓你本人与话题之间的关联会很有帮助。以下是一个特别突出的例子，在一场关于“提议媒体增加对跨性别者的报道”的演讲中，演讲者就在话题和她本人之间建立了关联性（Strong，2017）：

> 因此，也许你们认为自己不认识什么跨性别者，然而事实很可能并非如此。实际上，通过听这场演讲，你们现在已经认识了一个。今天，我将会讨论媒体对我们这个群体的报道中存在的问题，探讨这些问题带来的影响，并提供相应的解决方案。

4. 表达你的喜悦与兴趣。在以下演讲片段中，参议员克里斯托弗·多德（Christopher Dodd）在杰西·杰克逊牧师主持的第10届华尔街年度高峰论坛上发言时表达了自己的喜悦之情：

> 很荣幸能够受邀在华尔街经济高峰论坛10周年会议上发言。尊敬的杰克逊牧师，您应该为这次事件的巨大成功而感到自豪。华尔街彩虹推进项目（Rainbow PUSH Wall Street Project）[①]在近些年的成长已经帮助数以百万计的美国人实现了他们的梦想和抱负。

5. 称赞受众。称赞受众是一种在职业公开演讲场合很常用的建立演讲者、受众和话题三者之间关联的技巧。重要的是，我们要意识到，给受众以真心和真诚的赞扬（不过度）不仅能鼓励受众关注你的演讲内容，而且能让他们感觉到自己是演讲的一部分。在许多文化背景中（例如在日本和韩国），一般受众都会期待演讲者对他们进行一些称赞，比如说赞美国家的美丽、赞美他们的文化等，这是演讲开头很重要的一部分。在以下的示例中，音乐家比利·乔尔（1993）非常直接又真诚地称赞了台下来自伯克利音乐学院毕业班的受众：

> 我很高兴，道路蜿蜒，终于带我来到了东海岸的波士顿。伯克利音乐学院代表着当代音乐学院的最高水准，所以今天早晨，我很荣幸能在这里与你们一起庆祝。

6. 表述自己与受众的相似之处。通过强调与受众的相似之处，你与他们便建立了情感纽带，你就不再是“局外人”，而是“局内人”。以下是美国食品药品监督管理局前局长莱斯特·M. 克劳福德（Lester M. Crawford）在世界制药信息技术大会上的演讲片段，他通过表述这种相似性建立了演讲者、受众和话题三者之间的关联。

> 我想大多数人会感到惊讶，为什么食品药品监督管理局的局长会出现在世界制药信息技术大会上。的确，在聆听今天早晨的每一次发言时，我也一直在询问自己这个问题。然而，我认为强调信息技术在医疗保健产业当中的重要性非常有意义。所以，我很高兴今天可以来到这里。

---

① 花旗集团参与创建的项目，致力于帮助小众公司获取金融服务。——译者注

观点

演讲者、受众和话题三者之间的关联

你认为在线上演讲（例如网络会议或播客）和线下面对面的演讲中，演讲者、受众和话题三者之间的关联的重要性分别在哪里？

Sturti/E+/Getty Images

功能三：为受众做演讲导入

演讲的开头应该为受众介绍演讲的主要内容，让受众预知接下来要听到什么。这种导入可以用许多方式展开。

1. 简述演讲论题。导入部分可以简单陈述一下你的话题。例如，你可以说："今晚我想讨论一下核废料。"或者"今天，我想跟大家讨论一下这个社会在对待老年人方面存在的问题"。2006 年 11 月 13 日，美国前总统奥巴马（当时的伊利诺伊州参议员）在马丁·路德·金国家纪念馆的奠基仪式上发表演讲。在演讲的开头他简单描述了接下来将要说到的主要内容：

> 我有两个女儿，一个五岁，一个八岁。当我最早听说这个纪念馆的修建计划时，我就在想：等纪念馆完工，我第一次带她们来这里时，会是什么样的情形？我知道，在某个时间，两个女儿中的一个——也许是我的小女儿——一定会问："爸爸，这里为什么会有一个纪念碑，这个人做了什么？"我该如何回答她们？

2. 说明演讲要点。在导入部分，你也可以简单说明一下演讲的要点。例如，格伦戴尔社区学院的莎恩·沃尔什（Shannen Walsh）就在演讲的开头简单明了地介绍了自己的要点：

> 有两种现象凸显了当前美国药品制度存在的问题：药物价格的上涨以及把病人当成恶人。

3. 给出详细预览。或者，你还可以详细地介绍一下要点。以下是一名演讲者在其关于"零容忍"的演讲中使用的开头，其中详细介绍了演讲要点：

> 为了证明这一点，我会首先大致介绍零容忍政策是如何产生的；然后说明这些政策为人们，尤其是有色人种，带来了什么样的伤害；最后，我会提出关于如何废除这一政策的建议方案，因为这项立法已经过去 24 年，它一直在毁坏人们的未来，而这一切原本都是可以避免的。

4. 明确演讲目标。以下是加利福尼亚州前州长阿诺德·施瓦辛格在某次演讲开头为受众做的导入，其中大致描绘了他希望演讲实现的目标：

> 大家好！感谢大家来到这里。我相信，今年我们会在萨克拉门托创造历史。基于共同的责任感，我们每个人各尽其力，可以全面修复加利福尼亚州千疮百孔的医疗保健体系，并打造出一个全国各州都可以效仿的新模式。我知道大家都很迫切，想要了解接下来我们会提出什么样的方案。

提纲中的演讲开头

在提纲（或小节概述）中，演讲的开头大致会是这样的：

开头

Ⅰ. 注意力（提出问题，引用最新事件，使用实例、例证或叙述，引用名人名言，提及鲜为人知的事实或统计数据，使用幽默）。

Ⅱ. 演讲者、受众和话题三者之间的关联（树立你的可信度，提及在场的他人，表达你的喜悦与兴趣，称赞受众，表述自己与受众的相似之处）。

Ⅲ. 演讲导入（简述演讲论题，说明演讲要点，明确演讲目标）。

图 8-2 是一个演讲开头的示例，可以进一步说明其中的各个功能。

吸引注意力，让受众有兴趣认真倾听

在场有多少同学在学校的棒球队、橄榄球队或篮球队中打球？好吧，我是其中一员，我是校篮球队的。看到我2.1米的身高，大家可能觉得这也没什么好奇怪的。但是，如果我告诉你们，其实我对这感到很后悔，觉得自己浪费了大量时间，你们可能会觉得吃惊。大多数人似乎都认为体育与教育密不可分，把两者分开几乎是不可思议的。但是，事实上我们完全应该把它们区分开来，原因很多——从占用其他活动和项目的资金到给学生树立不切实际的目标等，后面我会具体解释。

（接下来我们先看一下体育活动如何挤占其他活动或项目的资金，而从长远来看，那些活动和项目对学生更有意义。）

这里建立演讲者、受众和话题三者之间的简单关联

简要导入，演讲者说明了演讲主要会讲述要把体育与教育分开的原因，并且简单提及了其中的第一点和最后一点原因。演讲者也可以在开头介绍所有的要点。

如果可以在演讲的开头之后做简单过渡，效果会更好。正如在前面公开演讲的原则中所讲到的，无须担心过于明显。就像这位演讲者一样，直截了当地说“让我们先来看一下……”受众会很欣赏你的简洁明了。

图 8-2　演讲开头示例

结尾

演讲的结尾尤其重要，因为这通常是受众印象最深刻的部分。演讲的结尾主要有三大功能，即总结全篇、激励受众和结束演讲，如图 8-3 所示。

公开演讲选择点

构思一个好的开头

亚历克西丝正在准备一场描述医疗保健业变化的说明性演讲。她知道有部分受众会觉得这个话题与自己没什么关系。因此，她担心这些人一上来就会失去兴趣。如果想在演讲开头就吸引住所有受众的注意力和兴趣，亚历克西丝有哪些选择？她可以说些什么？

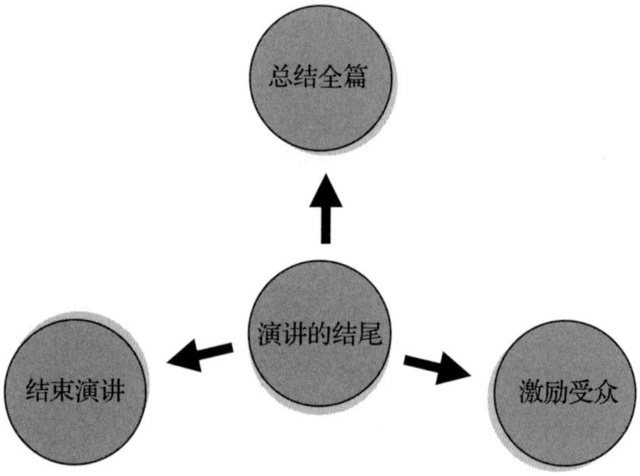

图 8-3　演讲结尾的功能

功能一：总结全篇

你可以用多种方式来总结全篇。

1. 重申演讲论题或演讲目的。在这种类型的结尾中，你通过重申演讲论题或目的来回顾演讲的主旨。以下是得克萨斯大学奥斯汀分校的阿维娃·平奇斯的演讲结尾：

> 2008 年，国会通过了《美国残疾人法案修正案》，希望能够纠正长达数十年的对于残疾员工的司法误判。虽然这个法案并没有达到预期，但是我们有能力保证，在不久的将来，它会实现的。通过探究法律失败的原因，这些法庭裁决带来的影响，以及了解如何去反对有偏见的法庭制度，我们发现，很明显的一点是，保护残疾员工的主动权不在律师或政界人士的手中，而是在我们自己的手中。我们要勇敢坚持，大声宣布：即使是现在的经济困难，也无法阻碍我们去保护美国最弱势的工人群体。

2. 重申话题的重要性。另一种结尾方式是告诉受众你的演讲话题或论题为什么如此重要。在下例中，克里斯滕森在一场关于汽车安全的演讲中，通过回顾一个非常严重的案例来重申话题的重要性，进一步说明我们为什么必须采取预防措施：

安德鲁·克莱门斯永远都不会忘记他的小妹妹，也是他最好的朋友——阿德里亚娜。爸爸倒车时不小心撞倒了她，结果她就在自家门前死去了。

3. 重申要点。在这类结尾中你重申演讲论题以及相关要点。在下例中，这位演讲者在演讲结尾重申了要点（Bridges，2018）：

在了解了为什么零容忍政策如此普遍，揭示了这些政策带来的毁灭性后果，并探究了几种解决方案之后，你们当中有些人一定会有个疑问："为什么这些政策没有早先就被废除？"而我想要提出另一个问题："还有多少像贝斯、莱尼、阿尔迈德这样的人（在演讲主体部分提到的具体例子）要被无辜地赶走，并被人遗忘？还有多少这样的事情发生，我们才能够意识到我们正在毁灭的恰恰就是我们拼尽全力想要保护的生命？"

功能二：激励受众

演讲结尾的第二个功能，也是最适用于说服性演讲的功能，就是激励受众去行动起来，做你希望他们做的事情。在演讲的结尾，你有最后一次机会将受众向你所希望的方向再推进一步，无论是购买股票，投票赞成或反对一件事，还是改变一种观点，你都可以用结尾做最后的激励和呼吁。以下是三种非常有效的激励方式。

1. 要求具体的回应。具体说明你希望受众在听完演讲后采取哪些行动。

在一场关于桥梁安全的演讲中，萨拉·霍普斯请受众做出具体的行动（Hoppes，2008）：

我准备了一份分发材料，上面列出了所有研究你所在地区桥梁安全问题的实用网站。作为起点，也为了保护你的人身安全，我也列出了大麦迪逊地区三座桥梁的具体地点，这几座桥是目前你必须要避开的。

2. 重申问题的重要性。对于旨在强化受众态度的演讲，向受众及整个社区重申问题的重要性很关键。例如，阿尔贝托·莫拉在 2006 年 5 月 26 日接受当年的约翰·F. 肯尼迪勇气奖时就重申，应对残忍和折磨至关重要。

我们应该关注，因为残忍的政策所引发的问题是根本性的，我们无法不去面对、不去回应或者立场模棱两可；我们应该关注，因为对于残忍的容忍会腐蚀我们的价值观，侵犯我们的权利，使我们生存的世界堕落。它会破坏我们的遗产，使我们的士兵在过去和现在所做的牺牲都变得廉价，而这些牺牲恰恰是我们自由的基石。它还会让我们留给子孙后代的遗产都失去价值。①

3. 为前路指明方向。还有一种演讲结尾是呼吁受众去达成某个目标。下例是俄亥俄州立

---

① 资料来源：Alberto Mora/Kennedy Library Foundation.

大学布雷特·马茨（2012）的演讲：

> 首先，我想要你们慷慨“解衣”。对，就是字面意义上的。别急，现在你们还可以先穿着。但是说真的，我们无论是运动员还是教练，都充足地拥有一种别人迫切需要的资源，那就是我们的衣服。跟我一起做吧！我承诺，本赛季结束时，我会把一套运动服捐出来。不用担心衣服状态如何，在食品站总能找到人来修补它们。你们可以去访问我的脸书页面，上面有“行动起来”的图标，在那里你可以找到捐赠旧衣物的链接。

功能三：结束演讲

演讲结尾的第三大功能就是结束演讲。通常总结全篇也能达到这个目的，但在某些情况下这样做还不够。用简短明晰的结束语来结束整场演讲，让受众清楚地意识到演讲已经全部结束。某些类型的结束语和结尾的陈述，对于营造这种感觉非常有帮助，以下是几种可以结束演讲的方法。

1. 谈论接下来的事。你可以通过对当天或不久的将来要发生的事情做预期来结束演讲。从以下的例子中我们可以看到，在一场关于北约的演讲中，美国前国务卿马德琳·奥尔布莱特（1998）如何有效地使用了这种方式：

> 我们的任务就是明确在一个完整而又自由的欧洲，在一个从我们这里寻求行动的原则以及有意识的领导，向着和平、繁荣和自由的方向而努力的世界中，我们的联盟要做些什么，以及我们的合作关系又意味着什么。本着这种精神，我期待今天接下来的演讲，也期待接下来的数月和数年中我们的合作。

2. 呼应开头。有时开头和结尾相呼应会很有效果。下例来自戴维·德皮诺 2012 年的一次演讲，他在结尾就非常出色地应用了这种方式。在演讲的开头，他讲了一个非常令人震惊的故事——22 岁的变性人克里西·李惨遭毒打。在演讲的结尾，他再度提起这个故事：

> 不幸的是，对于克里西·李而言，改变来得太迟了。当她躺在麦当劳洗手间的地板上抽搐时，警方到了现场，但是没有逮捕任何人。这样的事件再一次不了了之。我希望我们的社区、整个法医界能够警醒起来：是时候来倾听这些未曾被讲述过的故事了，因为这才是我们最应该知道的真相！

3. 重复或重新表述你的论题。尤其是在说服性演讲中，用简明概述演讲论题来作结语是很有效的。在一场关于选举权的演讲中，米歇尔·科尔平用这种方式简洁有力地结束了演讲：

> 选举权是美国民主的核心所在，我们应该为民意测验架起桥梁，而非树立障碍。

4. 感谢受众。演讲者往往会在结尾处感谢受众的认真倾听，或对受邀发言表示感谢。大多数情况下，感谢语应该简短，一句简单的“谢谢大家”或者“谢谢大家的认真倾听”就足够了。

提纲中的演讲结尾

在提纲中，演讲结尾的样式应大致如下：

> **结尾**
>
> Ⅰ. 总结全篇（重申演讲论题或演讲目的，重申话题的重要性，重申要点）
>
> Ⅱ. 激励受众（要求具体回应，重申问题的重要性，为前路指明方向）
>
> Ⅲ. 结束演讲（谈论接下来的事，呼应开头，感谢受众）

图 8-4 是一个演讲结尾的示例，可以进一步说明其中的各个功能。

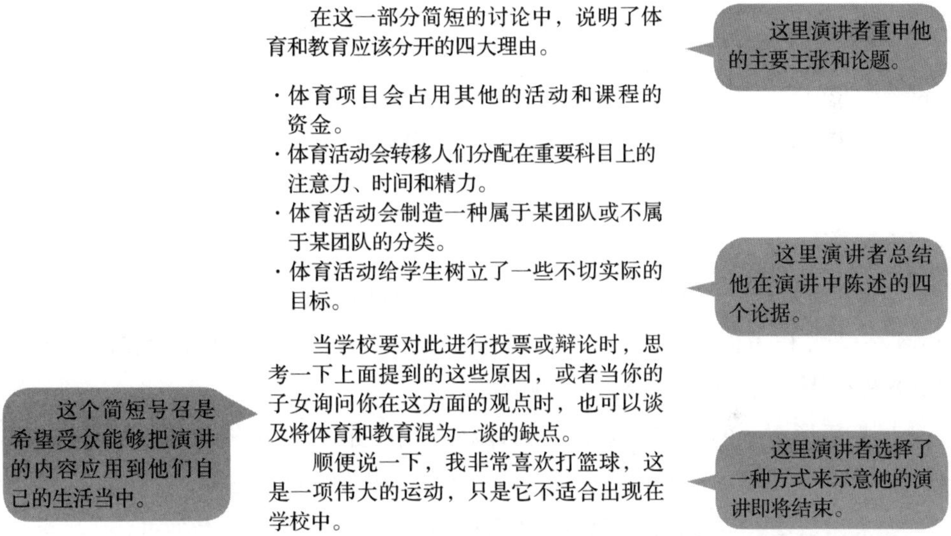

图 8-4　演讲结尾示例

过渡

由于演讲内容是一听而过，所以对受众而言，他们必须在你演讲的时候就理解你所传递的信息，否则这些信息就会遗失。“过渡”可以帮助受众更准确地理解你的演讲内容。

过渡部分是指用于帮助受众理解演讲逻辑、论题、论据并了解演讲进度的语言、短语或句子。

过渡部分主要实现四大功能：连接、预览、回顾和标识（演讲进度）。所有这些作用都让你的演讲更具连贯性，也让受众更易于跟随你的思路。

连接性过渡

用连接性过渡来连接演讲的要点。至少在以下几个地方使用“过渡”：

- 在演讲的开头和演讲的主体之间。
- 在演讲的主体和演讲的结尾之间。
- 在演讲主体的各个要点之间。

例如，你可以说：“既然我们已经大致了解了……接下来我们可以更详细地探究……”这有助于让受众知道你已经结束了开头，接下来要讲第一个要点。还有其他常见的表达语，包括“与……不同的是，我们还要考虑一下……”“不仅……而且……”“另外，我们还需要来看一下……”“我们不仅应该……还应该……”通常在提纲中，这些过渡句都可以放在方括号里。

在下例中，我们可以看到一名演讲者是如何把他的前一个要点和后一个要点连接在一起的（Brownen，2018）：

> 既然我们已经了解了问题及其起因，接下来我们就从立法层面和个人层面提出一些有效的解决方案。

预览性过渡

预览性过渡有助于受众了解接下来要讲的内容。例如，你可以用以下句式来做一个预览：“通过介绍……”“作为总结……”“现在，我们讨论一下今天之所以我们聚在这里……”“因此，解决方法是什么呢？我们应该怎么做呢？”

在另一些情形下，你也许想要说明你即将提出一个主要议题或者一条证据。你也许可以这样说：“一个更有力的论据是……”“一个密切相关的问题是……”“我的下一个要点是……”“如果你想要更多的证据，只需去查看……”

以下是安德鲁·埃洛拉（Andrew Eilola）在演讲中使用的预览性过渡：

> 刚才我们详细说明了老兵面临的无家可归问题，接下来让我们来探究一下这些问题持续至今的原因，主要有两重原因：一是士兵转型上有困难；二是福利发放滞后的问题。

回顾性过渡

还有一种很好的方法，是进行周期性的回顾，有时被称为内部总结，尤其是当你的演讲较长、内容较复杂时。回顾性过渡是指简单陈述你已经讲过的内容，回顾之前的要点。在演讲中应使用内部总结，或者说，要点之间的过渡需要使用内部总结。注意在下例中演讲者是如何提醒受众之前听过的内容，以及接下来即将听到的内容的：

看起来缺乏娱乐设施，缺乏好的教育，以及缺乏合适的榜样人物是我们年轻人所面临的最主要问题。然而，事实上，这些问题都是可以得到解决甚至被彻底根除的。以下是我们可以采取的行动。

标识语过渡

标识语过渡是用词语来告知受众你的演讲的进度，可能包括以下这些用语：

> “首先……”
> “第二个论据是……”
> “接下来请想一想……”
> “因此……”
> “所以……”
> “所以，正如你们所知道的……”
> “由此可以推出……”
> “我的最后一个例子是……”

结合上述建议，表 8-1 说明了一些你应该避免的常见错误。

表 8-1　演讲开头、结尾和过渡部分的常见错误

演讲	应避免的错误	原因或正确做法
开头	（通常情况下）不要道歉	道歉在美国或西欧国家被视为一种借口，所以要尽量避免。然而，在某些文化背景下（日本、韩国是很典型的例子），演讲者在演讲开头往往会先致歉，这是一种恭维受众的方式
	不要承诺你不会讲的内容	例如，演讲者承诺告诉受众在股市发财的窍门或者承诺会说明如何才能成为公司中最受欢迎的人，事实上却没有提到这些内容，那么演讲者很快就会失去受众的信任
	不要依赖那些虽然可以吸引注意力，但是与你演讲内容无关或与你演讲整体风格不一致的噱头	例如，演讲者狠狠地把书摔在桌子上，或者讲一个与演讲毫无关系的笑话，这些做法也许暂时能够获得受众关注，但是受众很快就会感觉到自己被愚弄了，会对此心生反感
	避免演讲开头太无力	诸如“我真的很紧张，但还是开始吧”或“在我开始演讲之前，我想要说……”这样的话语，会让受众觉得不舒服，并且会让他们更多关注你的表现，而非你所传递的信息

（续）

演讲	应避免的错误	原因或正确做法
结尾	不要再加入新材料	相反，演讲的结尾要做总结，并强调已经说过的内容
	不要削弱自己的立场	不要批评自己的材料或者自己的表现。例如，如果你说一些像“我所提供的信息虽然已经过时了，但这是我能找到的所有材料了”或“我希望刚才我没有表现得太过紧张”这样的话语，会使你建立起来的可信度大打折扣
	不要拖拖拉拉	结束得干脆利落
过渡部分	过渡语不能太多，也不能太少	两种极端都会带来问题。对受众而言，演讲内容一听即逝。所以，使用过渡部分是为了帮助受众更好地理解你演讲的结构
	避免过渡语与其所要连接的成分不成比例	如果你连接的是演讲的两个要点，那么过渡语就不能仅是“和”或者“下一个要点”那么简单。与此相反，如果你连接的是两个简单的例子，那么只要说“另外一个例子发生在……”就足够了

撰写演讲提纲

提纲是演讲的蓝图，它规划了演讲的要素及要素之间的关系。有了提纲，我们就可以快速了解各种要素的组织关系——开头、结尾、过渡部分、要点、要点与演讲论题和目的之间的关系、支撑性材料的数量等。就像建筑物的图纸一样，提纲可以让我们很容易发现不足之处，否则这些不足之处很可能会被忽略。

在开始准备演讲时就开始写提纲，不要等到收集完材料才动笔。收集材料时就开始写提纲、组织提纲顺序，并确定其样式。这样做有利于你最充分地利用提纲的主要功能之一——了解需要做哪些改变。

构建提纲

在做完前期研究并形成演讲的大致结构之后，把计划（蓝图）写下来。也就是说，遵循下列指导原则来撰写一份准备阶段的提纲。

明确相关信息

在书写正式提纲之前，确认演讲论题、演讲的总体目的和具体目的。你也许还要加入一个工作标题，这个标题可以随着准备工作的开展而不断修改和润色，直至最终的完善。这份前期的材料看起来大致如下：

> 社交媒体的作用是什么？
>
> 总体目的：说明。
>
> 具体目的：向受众说明社交媒体的四大功能。
>
> 论题：社交媒体有四大功能。

这些说明性笔记并不是演讲的正文。例如，你在口头陈述中不会提到它们。更大程度上，它们是你准备演讲以及撰写提纲的一个指导原则。它们就像指引你驶向正确方向的路标，并且在你偏离道路的时候会发出信号。

分别列出演讲开头、主体和结尾的提纲

虽然演讲的开头、主体和结尾存在着紧密的关联，但它们的提纲应该分别标记并分开撰写。就像刚才所说的说明性笔记一样，这些标记也不是正式演讲的内容，而是对准备工作的进一步指导。

通过保持演讲开头、主体和结尾的各自独立，你可以一眼就读出它们是否真正满足了各自需要实现的功能。你能够看出哪些地方有问题，哪些地方需要修改。与此同时，确保你用整体的眼光来看待这个演讲。也就是说，开头要衔接主体，主体要衔接结尾，结尾应总结全部要点并且结束整个演讲。

插入过渡语

用方括号的形式在开头和主体之间、在主体和结尾之间、在各个要点之间以及所有你认为有必要的地方插入过渡语。

附上参考文献列表

要记住，只有当你用心地把参考文献纳入自己的演讲中，它们对于受众而言才是最有效的。如果你查阅了最新、最权威的资料，但是在演讲中并没有对受众提及这一点，那么可能不会有什么效果。所以，在演讲的合适地方，要提到你所查阅的资料来源。在提纲中，把参考文献的作者姓名、日期、页码等信息用括号括起来，在文后的参考文献中列出完整的引用信息。

正式演讲中说到相关论述时，如果能够提到它的来源会更加有效。例如，你可以这样说：

> 希娜·莱纳在2010年的《选择的艺术》一书中谈道，要想做出选择，我们需要先评估所有可能的选项。

使用完整的陈述句

在提纲中，使用完整的陈述句而非疑问句或句子片段，这样可以更好地帮助你看清楚主要部分之间的关系。如果都是陈述句，很容易看出它们的逻辑关系是否顺畅。如果一句陈述句，一句疑问句，则很难看清它们之间的关系。

道德选择点

组织演讲

你下周有一场关于气候变化的演讲，而你在组织材料方面遇到了麻烦。幸运的是，你看到了一篇不相关论题的文章，这篇文章的组织模式可以很容易地融入你的演讲中。

你该如何使用这种组织模式才是道德和诚实的？

提纲示例

以上我们已经清楚地了解了写提纲和组织演讲结构的原则。接下来，我们用一些具体的例子来说明如何在具体的提纲中使用这些原则。后面的“公开演讲学习辅助材料”板块里提供了多种不同的提纲。

准备阶段的提纲

准备阶段的提纲是最主要的提纲。在大多数情况下，它会成为一份指导，是演讲的一张详细蓝图。下文中的“公开演讲学习辅助材料”板块中，准备阶段的提纲是使用话题模式组织的。在第 12 章，你可以读到另一份准备阶段的提纲，那份提纲使用的是激励序列组织模式。

模板提纲

模板提纲，就像信件、简历、明信片或名片的模板一样，是一个预设好的模板，你只需在相应的地方加入具体的信息。下文中的模板提纲示例使用的是话题模式。注意，在这个模板提

公开演讲选择点

提纲的重要性

丹尼尔不太会控制演讲时间。他可以如何使用上述不同种类的提纲来帮助自己控制演讲时长？

纲中，演讲主体有三大部分（Ⅰ、Ⅱ、Ⅲ），它们分别对应着开头部分Ⅲ（演讲导入）里的A、B、C以及结尾部分Ⅰ（总结全篇）里的A、B、C。过渡语用方括号标出。在你看这份模板提纲时，备注的说明文字用于提醒你各个部分的功能。

正式演讲提纲

在列好准备阶段的提纲后，你就可以动笔撰写正式演讲提纲了。这份提纲由关键词或短语构成，用于辅助你正式演讲的过程。尽量不要使用准备阶段的提纲来辅助正式演讲，因为如果那样做，你往往会忍不住照着里面的句子读，而不是根据受众的反应做即兴演讲。

因此，写一份简单的正式演讲提纲，可以帮助而非妨碍你的正式演讲。下文中的正式演讲提纲对应的是在其前面列出的准备阶段的提纲（使用完整句子），是根据其改编而来的。

Syda Productions/Shutterstock

观点

提纲错误

根据你的经验，演讲者在使用提纲时会犯哪些错误？

公开演讲学习辅助材料 准备阶段的提纲及注解（话题模式）

自我表露

一般说来，准备阶段的提纲在开头先列出演讲标题、论题、总体目的和具体目的。

总体目的：说明。

具体目的：向受众说明自我表露的优点和缺点。

论题：自我表露有优点和缺点。

注意提纲的总体格式：小标题（开头、主体、结尾）要明确标识，各个部分要明显分开。

开头

Ⅰ. 我们都曾听说过……

A. 我爱上了……

B. ……不是我的……

C. 实际上我是……

这些简单的例子用于吸引受众的注意力，同时也说明了话题的性质。开头满足三大功能：吸引受众的注意力；建立演讲者、受众和话题三者之间的关联（通过说明我们都有类似的见闻）；演讲导入（说明演讲的几大要点）。

Ⅱ. 我们都曾自我表露。

A. 有时表露的是正面信息，有时表露的是负面信息，但无论哪种都很重要（Masaviru，2016；Kim 和 Dindia，2011）。

B. 了解潜在的后果有助于我们做出更明智的决定。

这里演讲者建立演讲者、受众和话题三者之间的关联。

Ⅲ. 我们分三部分来分析这种重要的沟通形式：

A. 第一，我们分析自我表露的本质。

B. 第二，我们分析潜在的回报。

C. 第三，我们分析潜在的风险。

[首先，我们来看一下这类沟通行为的本质。]

这里演讲者为受众做演讲导入，解释演讲的三大部分。使用标识性词语（第一、第二、第三）有助于受众记清楚演讲的结构。

此处是过渡语，暗示受众接下来要陈述演讲主体的第一部分。注意，所有要点之间都会插入过渡语。尽管在提纲中，过渡语看起来数量有些多，但是在正式演讲中，过渡语会很受受众喜爱，因为它们有助于受众理解演讲的思路和内容。

主体

Ⅰ. 自我表露是一种沟通形式（Erber 和 Erber，2011；Petronio，2000）。

A. 自我表露是关于自我的。

a. 它可以是关于自我的思想的。

b. 它可以是关于自我的行为的。

注意，这里使用了平行结构，同一层级的条目都用相同的风格。尽管看上去会有些烦琐，但这样做可以让受众更紧密地跟随你的思路，也可以让演讲的逻辑性更加明晰。

B. 自我表露透露出新的信息。

C. 自我表露往往透露出通常隐藏的信息。

1. 它可能是让你感到羞愧的事情。

2. 它可能是会让你受到惩罚的事情。

这里在正式演讲时会有例子的详述。把这些要举的例子列进提纲的好处之一，是你可以一眼就看出例子的数量以及每个例子可以占用多少时间。

[明白了自我表露是什么之后，我们可以来看看其潜在的回报。]

此处过渡语用于结束第一个要点，开启第二个要点。

Ⅱ. 自我表露有三种潜在的回报。

A. 它让我们对自己更了解。

B. 它增加了沟通的效能（Schmidt 和 Cornelius，1987）。

C. 它改善了生理健康问题（Sheese，Brown 和 Graziano，2004）。

[尽管好处很多，但也有潜在的风险。]

另一个有效过渡。

Ⅲ. 自我表露有三种潜在风险。

A. 它可能会给个人带来风险。

1. 这可能会发生在密友身上。

2. 这也可能发生在名人身上。

B. 它可能会给人际关系带来风险 (Petronio，2000)。

1. 每天电视上的谈话类节目都有这类问题。

2. 我也遭遇过这样的问题。

提纲中的每一个论述都是完整的句子。你可以很容易把它们转换成关键词或者短语，方便使用在正式演讲的提纲里（详见后面的“正式演讲提纲”）。无论如何，完整的句子都有助于你更清楚地看清条目之间的关系。

C. 它可能会给职业带来风险 (Fesko，2001)。

1. 最近在工作中发生了这样的事。

2. 有许许多多的政界案例。

跟学期论文一样，提纲中也包含文内引用和参考文献。在真正做演讲时，演讲者可以这样表述：“传播学理论家桑德拉·佩特罗尼奥给出的证据表明……”

[让我们做个总结，再回到自我表露这一话题上。]

结尾

Ⅰ. 自我表露是一种沟通形式。

A. 它关乎自我，透露出通常隐藏的新信息。

B. 自我表露可以增进自我了解、促进交流并改善健康状况。

结尾的第一部分概述了主体部分的内容。演讲越长，总结就越长。

注意，此处的 A、B、C 对应着主体部分的Ⅰ、Ⅱ、Ⅲ以及开头Ⅲ的 A、B、C。使用这种

C. 自我表露也会为个人、人际关系和职业带来风险。

组织模式有助于你强调演讲要点——在开头导入部分讲一遍，主体部分讲一遍，结尾的概述部分再讲一遍。

Ⅱ. 自我表露不仅是一种很有趣的沟通形式，它还很重要。

A. 你也许还想继续探索这个话题，那么可以去搜索“自我表露”这个关键词。

B. 如果你想要更具学术性的资料，可以去图书馆或网上查找桑德拉·佩特罗尼奥的《如何平衡自我表露的秘密》（*Balancing the Secrets of Private Disdosures*）。

这里是鼓励受众在演讲后继续探索话题，这一步在说明性演讲中可有可无。在说服性演讲中，你使用这一步来鼓励受众行动起来——去投票、去花时间做某件事、去献血等。

Ⅲ. 当然，最根本的问题是：你应该自我表露吗？

A. 应该

B. 不应该

C. 也许应该

这一步结束演讲，让受众清楚地知道演讲结束了。同时，这一步也让受众反思他们自己的自我表露行为。

引用的材料

在某些情况下，对引用参考文献以及用哪种格式会有具体的要求。最好尽早把这些要求弄明白，这样你搜寻资料时可以记录下所有的必要信息。

这份参考文献只列出了演讲中用到的材料的来源。

Erber, R., & Erber, M. W. (2011). *Intimate relationships: Issues, theories, and research.* 2nd ed. Boston: Allyn & Bacon.

Fesko, S. L. (2001). Disclosure of HIV status in the workplace. *Health and Social Work, 25*, 235-244.

Kim, J., & Dindia, K. (2011). Online self-disclosure: A review of research. In K. B. Wright and L. M. Webb (Eds.). *Computer-mediated communication in personal relationships* (pp.156-180). New York: Peter Lang.

Masaviru, M. (2016). Self-disclosure: Theories and model review. *Journal of Culture, Society and Development*, 18, 43-47.

Petronio, S. (Ed.). (2000). *Balancing the secrets of private disclosures*. Mahwah, NJ: Erlbaum.

Schmidt, T. O., & Cornelius, R. R. (1987). Self-disclosure in everyday life. *Journal of Social and Personal Relationships,* 4, 365-373.

Sheese, B. E., Brown, E. L., & Graziano, W. G. (2004). Emotional expression in cyberspace: Searching for moderators of the Pennebaker disclosure effect via e-mail. *Health Psychology,* 23 (September), 457-464.

公开演讲学习辅助材料 模板提纲（话题模式）

以下是一份模板提纲——组织演讲结构的“蓝图”，该模板提纲适用于采用话题模式的演讲。

模板提纲

总体目的：

你做演讲的总体目的（说服、说明、娱乐）

具体目的：

你希望演讲达到的目的

论题：

你的主张；演讲的核心

开头

Ⅰ. 吸引受众的注意力

Ⅱ. 建立演讲者、受众和话题三者之间的关联

Ⅲ. 为受众做演讲导入

A. 第一个要点（同主体的Ⅰ）

B. 第二个要点（同主体的Ⅱ）

C. 第三个要点（同主体的Ⅲ）

[过渡：]

连接开头与主体

主体

Ⅰ. 第一个要点

A. 论证（第一个要点）

B. 进一步论证

[过渡：]

连接第一个要点和第二个要点

Ⅱ. 第二个要点

A. 论证（第二个要点）

B. 进一步论证

[过渡：]

连接第二个要点和第三个要点

Ⅲ. 第三个要点

A. 论证第三个要点

B. 进一步论证

[过渡：]

连接第三个要点（或所有的要点）和结尾

结尾

Ⅰ. 总结全篇

A. 第一个要点（同主体的Ⅰ）

B. 第二个要点（同主体的Ⅱ）

C. 第三个要点（同主体的Ⅲ）

Ⅱ. 激励受众

Ⅲ. 结束演讲

参考文献

1. ______________________________
2. ______________________________
3. ______________________________

公开演讲学习辅助材料 正式演讲（关键词 / 短语）提纲

首先，要注意的是，正式演讲提纲要非常简洁，这样你即使看提纲也不会耽误与受众的目光交流。以下提纲利用缩略语[例如，S-D代表自我表露（Self-Disclosure）]来取代完整的句子，这样提纲既简洁又便于迅速查看。

然而与此同时，正式演讲提纲应该内容完整，包含演讲的每一部分（包括过渡部分）。特别注意，不要省略任何主要部分，即使你很有信心自己在演讲过程中不会忘记它们。但事实上，正常的焦虑也会导致遗忘。

以下这份提纲示例包含了演讲提醒，对于大多数演讲者来说，这是非常实用的。例如，提示何处暂停、何时开始使用视觉辅助材料等。在撰写提纲时加入你想提醒自己注意的事项。正式演讲提纲分为开头、主体、结尾三大部分，序号标记方法也与准备阶段的提纲相同。排练演讲时不要使用充满完整句子的准备阶段的提纲，而应该使用这份正式演讲提纲。这种提纲具体体现了演讲的总体原则之一：让排练尽可能接近真实情境。

自我表露

暂停！

目光掠过全场受众！

开头

Ⅰ. 我们都曾听说过：

A. “我爱上了……”

B. “……不是我的……”

C. “实际上我是……”

Ⅱ. 我们都曾 S-D

A. 有时 1，有时 2，重要①

B. 后果 = 更好的决定

Ⅲ. 三部分：（写在白板上）

A. S-D 的本质

B. 回报

C. 风险

① 此处记录的是关键词，具体内容可对照“准备阶段的提纲及注解”部分的对应内容。——译者注

[首先 S-D= 一类沟通]

暂停，向前迈一步

主体

Ⅰ. S-D：沟通

A. 关于自我

B. 新的信息

C. 隐藏的信息

[明白了本质之后，看看回报。]

Ⅱ. 三个回报

A. 自我了解

B. 沟通的效能

C. 生理健康

[好处很多，也有风险。]

Ⅲ. 三种风险

A. 个人

B. 人际关系

C. 职业

[总结：S-D]

结尾

Ⅰ. S-D= 一类沟通

A. 关于自我、新的、通常隐藏的

B. 回报：增加自我了解，更好地沟通，改善健康

C. 风险：个人、人际关系、职业

Ⅱ. S-D 不仅有趣，而且重要

A. 在网上继续研究 S-D

B. 学术性研究：桑德拉·佩特罗尼奥的《如何平衡自我表露的秘密》

Ⅲ. 你应该 S-D 吗？

A. 应该

B. 不应该

C. 也许应该

暂停！

还有别的问题吗？

第 9 章

完善措辞与排练演讲（第八步和第九步）

Aleksandr Khakimullin/Alamy Stock PhotoPhoto

语言是极具力量的工具。无论是跟朋友聊天还是创建网站，有效使用语言在各种形式的沟通中都很重要。

能否成为一个成功的公开演讲者，在很大程度上要视你表达思想的方式而定：你的词汇选择、你的句子表述。本章主要讨论完善措辞这一重要过程，以及对如何有效率和有效果地排练提出建议。

完善措辞（第八步）

在阅读的时候，你可以查阅生词、反复品读较难的章节或者查看参考文献。在倾听的时候（至少是在面对面的场合或者在网络会议中），你就没有这种“优待”了。当然，在诸如网络视频或播客这样的平台上，演讲是事先录好的，受众可以回放其中的任意部分，但是他们可能并不希望回放。因此无论通过哪种渠道，最佳建议是，假设受众只能听一次你的演讲。所以，一定要让你的表述清晰易懂。

口语风格和书面风格之间有许多重要的区别。一般说来，比起书面表达，口语表达中，往往使用更短、更简单和更常用的词汇。口语风格也会使用较多的缩略形式。对于大部分演讲而言，口语风格更为适合。本节所提供的具体建议，可以帮助你打造一种语言风格，它既保留了口语风格的精华，又易于理解和具有说服力。图 9-1 是我们将要讨论的几个特征。

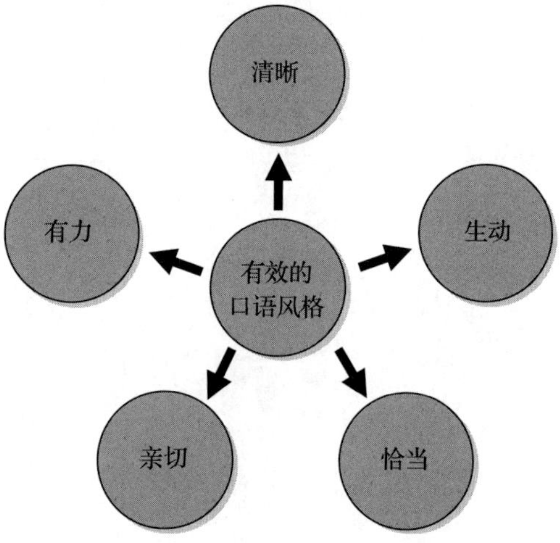

图 9-1　成功的公开演讲的风格特征

清晰

清晰应该是演讲风格的首要要求。以下是有助于你清晰表达的一些指导原则。

- 用词简洁。不要浪费词汇，去掉那些冗余的表达。在诸如“在早上清晨 9 点”“我们第一次开始讨论”“我自己个人的”“颜色蓝色的”这些表述中，如果能够去掉变楷体的词语，句子中就少了多余的词汇，表述就会更加简洁明了。
- 使用具体的语汇和数字。用准确具体的语汇有利于描绘更清楚、更细致的图像。当你想让受众想到一条圣伯纳犬的时候，就不要仅仅说“狗”；当你想让受众联想到豪华轿车的时候，就不要仅仅说“汽车”。使用数字时也是同样的：“年薪 9 万美元”比“薪水不错”更好；“税收上涨 7%”比“会增税”要强。

- 使用简单常用的语汇。一般来说，比起较为深奥和生僻的语汇，写法更简单、更常用、受众也更熟知的语汇会更好。
- 谨慎使用习语。习语是为某种语言所特有的表达，仅凭字面意思无法推断出其含义。使用习语会使演讲风格轻松自如，形成与书面语言截然不同的口语感觉。但是，对于母语与演讲者不同的受众来说，使用习语会造成他们的理解困难。
- 使用抽象程度不同的语汇。避免“抽象”，也就是说，要避免出现你所有或者绝大多数用词都处于抽象程度的同一个极端（要么高度抽象，要么特别具体）的情况。把抽象程度高（即意思宽泛）的词语与抽象程度低（即意思具体）的词语结合起来才最有效果。太多意思宽泛的词汇会让受众难以理解，不知道你具体的意思；反过来说，全是具体的词汇又会让受众无法从整体的角度来看待问题。

图 9-2 用示例说明了表述的抽象程度的变化。

这里演讲者用相对抽象或说意思宽泛的描述来开头。

在美国所有的大城市，无家可归都是个严重的问题。据估计，仅仅在纽约市就有20万个无家可归者。但这究竟是个什么样的问题呢？下面就让我来回答一下。

注意第一段是对于无家可归较为抽象的描述。在第二段，开始做具体的讲述。最后一段结合了抽象描述和具体描述。

这里演讲内容开始变得具体，例如讲到了冰箱的外包装盒、毛毯、塑料瓶等。

有位25岁或30岁左右的年轻人，尽管看上去比实际岁数大得多。他住在我公寓楼附近的一个大纸箱里。我们不知道他的真名，就管他叫汤姆。他所有的个人财物都在那个大纸箱里。看上去那像是一个冰箱的外包装盒。他也没什么家当，所有的东西都能塞进那个大纸箱里。里面有邻居丢掉的毛毯，有汤姆用来装水的塑料瓶，还有他从汉堡王的垃圾堆里捡来的泡沫塑料饭盒。这些饭盒用来装他能找到的所有食物。

什么是无家可归者？无家可归者就是汤姆以及纽约市其他20万个与汤姆类似的人。他们中有些人甚至连这样的纸箱也没有。

结尾把具体（汤姆）和宽泛（纽约市20万个无家可归者）相结合，并且（又一次）提到具体的纸箱。

图 9-2　不同抽象程度的表述的示例

生动

选择让你的想法生动、让它们在受众脑海中焕发生命力的语汇。

- 使用主动动词。挑选描述行为和活动的动词。尽量选择受众可以在头脑中具象的动词，例如“跳舞”“爬行”“奔跑”等。

- 使用意象。想办法激活受众的听觉、视觉或触觉可以让演讲更为生动。使用意象，让受众看见、听见或感觉到你所说的内容。视觉意象让受众能够在头脑中想象出你所述物品或人物的图像。合适的时候，可以描述物体的视觉特征，例如其高度、重量、颜色、尺寸、形状、长度和轮廓等；又如，你的用词让受众能"看到"矿工满脸汗水。听觉意象能带给受众听觉感受：让受众似乎能够听到汽车尖锐刺耳的声音或者是愤怒租客的吼叫声。触觉意象让受众仿佛能够感受到物体的温度或材质：让受众"感觉到"水流过身体、拳手的出拳或者沙子被踩在脚下。
- 使用修辞。修辞是一种词语超越字面意思的行文方法。增强生动性的最佳办法之一就是使用修辞：头韵、夸张、反讽、暗喻、明喻、提喻、转喻、对偶、拟人、反问，以及矛盾修辞法等。表 9-1 给出了它们的定义和例子。你在学习这个表格时，可以试着对其中的修辞手法加以应用，将以下的话语重新措辞："好吃的饭菜""他发财了""小偷个头很高""公寓房间里乱七八糟""她过得不错"。

表 9-1　11 种常见的修辞手法

修辞手法	定义	例子
头韵	两个或两个以上的词用相同的声音开头	50 种著名的风味[①]；这位面容冷酷、精于计算的指挥官[②]
夸张	极度夸大的手法	他哭得像水龙头开了闸 我饿得能吞掉一条鲸鱼
反讽	用词句表达与字面意思正相反的意思	老师在发还不及格的卷子时可能会说："真开心看到你们这么用功。"
暗喻	对于两个不同事物暗含的比较	她醒来的时候是头狮子 他可真是一台推土机
明喻	也是两个不同事物的比较，但会用到"像""正如"这样的词	这个经理像条小狗一样温和 帕特像高速钻头一样把这些问题各个击破了
提喻	用物体的一部分来指代整个物体	所有人手都在甲板上（这里用人的手来指代人） 绿手指（用来指代专业的园艺师）
转喻	用联系密切的一个名称来取代另一个名称	市政厅发布了如下新闻简报。（这里用"市政厅"来指代市长或市议会）

---

① 对应英文是"fifty famous flavors"，三个词都以 /f/ 音开头。——译者注
② 对应英文是"the cool，calculating commander"，三个词都以 /k/ 音开头。——译者注

（续）

修辞手法	定义	例子
对偶	用平行结构来表达对立或相反的思想	我的爱人很多，我的敌人很少 这是最好的时代，这是最坏的时代（引自狄更斯《双城记》的开头）
拟人	把人的特征用于描述无生命的物品	这间屋子急切盼望着举办活动 我的车子又累又渴
反问	用于陈述事实或者达到某种预期效果的问句，通常并不需要回答	你不想受人欢迎吗 你不想课程拿高分吗
矛盾修辞法	把两个通常相反的特征结合在一个词句表达里	痛苦又甜蜜；沉默的吼叫；贫穷的百万富翁；无知的天才；和平的战争

恰当

恰当的语言是指与话题、受众和演讲者的自我形象都保持风格一致的语言。恰当的语言不会冒犯他人，也不会让任何人感觉不自在，对于演讲情境而言恰如其分。以下是一些如何选择恰当语言的指导原则。

- 语言的正式程度要适当。尽管公开演讲通常发生在比较正式的场合，但相对非正式的语言适用于大部分的演讲。非正式语言的表现之一是使用缩略形式。缩略语让演讲听上去有日常交谈的音韵感——受众大多很喜欢这种感觉。
- 避免书面语表达。避免那些多用于书面语的表述方式，如“上述论据”“前者”“后者”等。这样的表达让受众觉得你在念稿，而非跟他们交流。
- 避免俚语、脏话、骂人的话。特别注意不要使用会让受众尴尬、不自在或感觉不被尊重的语言。虽然受众在日常生活中可能也会用到这样的表达，但是他们会很讨厌在公开演讲的场合听到这种语言。

亲切

比起冷冰冰的发言，受众更喜欢比较亲切的表述。受众喜欢演讲者与他们交谈，而非对着他们发言。亲切是指有人称代词、直接提问以及亲密感较强的语言风格，这种风格让受众感觉到与话题和演讲者都有更多互动。

- 使用人称代词。使用“我”“你”“他”这样的人称代词，不要用无人称的代词，例如“一个人”（“由此，一个人会认为……”）、“演讲者”“你们这些受众”等，这样的表达太过正式，无法拉近与受众的距离，反而会制造交流障碍。

- 直接向受众提问。通过提问的方式让受众参与。受众人数不多时，甚至可以听取他们的简短回复。受众人数较多时，你可以提问后停顿片刻，让受众思考，再继续演讲。当你直接提问时，受众会感觉自己也是演讲的一部分。
- 打造亲密感。通过直接称呼受众为“你”来打造亲密感（一种与受众的密切感）。例如，不要说“每个人都喜欢读……”而要说“你会喜欢读……”，以此强调你与受众的共同经历或目标。例如，“我们都需要一个更具行动力的社区委员会”。

有力

公开演讲，比起人际沟通或小群体沟通，也许需要更有力的风格，即一种确信、确定和有说服力的风格。要达到这一效果，首先要改掉你现在可能有的所有无力的表述方式。以下列出了言语缺乏力量的主要表现形式（Grant，2016；Dillard 和 Marshall，2003；Johnson，1987；Kleinke，1986；Lakoff，1975；Molloy，1981；Timmerman，2002；DeVito，2012，2014）：

- 犹豫会让你的言语听上去准备不足，且缺乏确信感：“我，嗯，想说那个，啊，这个是，嗯，最好的，你知道吗？”
- 太多的强调词会让你的语言单调，且难以突出真正的重点：“真的，这是最最好的；这真的太优秀了，这简直是现象级的。”
- “让步语”标志着缺乏能力和确定性：“尽管我没读完全篇，但是……”“尽管我没亲眼见到，但是……”
- 自我批评表明你缺乏自信，甚至有可能暴露你的不足：“我不太擅长这个……”“这是我的第一次公开演讲。”
- 俚语和粗俗的语言说明缺乏对演讲情境的认知，因此也就缺乏效力：“小菜一碟！”“搞什么啊！”

公开演讲选择点

演讲风格

图书管理员罗谢尔受邀为一群教职员工做演讲，介绍图书馆新推出的较为复杂的在线服务。在演讲风格方面，你会给罗谢尔哪些建议？例如，她应该用个人色彩的还是中性的语言风格？她应该与受众营造亲密感还是保持距离感？如果受众不是教职工而是社区成员，你给她的建议会有什么不同吗？

Alphaspirit/Shutterstock

观点

词汇选择

在上述特征中，你认为对于说明性演讲而言，哪条是最重要的？对于说服性演讲而言，哪条是最重要的？

句子写作（第八步）

有效的公开演讲风格需要用心准备句子的表述。除了需要遵循语法规则，还有一些指导原则可以帮助你实现清晰、生动、恰当、亲切和有力量的演讲风格，列举如下。

- 使用短句而非长句。短句更简洁有力，也易于理解和记忆。受众没时间也不太愿意去分析又长又难的句子。用短句有助于受众更有效地倾听。注意不要用太多复合句和复杂句，它们较难理解。
- 使用直接而非间接的句子。直接表达的句子更易理解，也更有力。不要这样表述："我想告诉你们关于我们不应该接受贝内特提议的三点原因。"而是应该说："我们不应该接受贝内特的提议，有三条很充分的理由。"
- 使用主动句而非被动句。主动句更易理解，也会让演讲更活泼和生动。与其说"初级法庭的原始判决被最高法院推翻了"，不如说"最高法院推翻了初级法庭的原始判决"。与其说"这种改变为管理层所偏爱"，不如说"管理层偏爱这种改变"。
- 使用肯定句而非否定句。肯定句更易理解和记忆。以下是一些例子，可以帮助我们更明确地认识这一点：

肯定句	否定句
主管拒绝了这项提议。	主管没有接受这项提议。
委员会工作超出了正常渠道的范围。	委员会没有在正常渠道的范围内工作。

- 变换句子的长度和类型。使用短句、直接的句子、主动句和肯定句的建议在大多数情况下都是有效的。但是，如果全篇演讲中全是同一类型和长度的句子，又会让人觉得太单调。要学会变换，但总体上遵循上述原则。
- 相似的观点使用平列结构来表述。例如，有的事情我可以做，有的事情你可以做，但是有很多伟大的事情我们两人都可以做。

  也许最有名的平行结构的句子就是尤利西斯·恺撒的“我来，我见，我征服”。
- 使用多变且恰当的过渡手段来衔接。例如，类似于“但是”“然而”“尽管如此”这样的表达有助于受众理解你的逻辑。查找本书里演讲示例中的过渡语，就可以看出这些表达是如何促进演讲稿的通顺程度的。
- 考虑使用“掉尾句”。掉尾句把重要的内容留到句子的最后面。例如：“这个职员看着盗贼，用最大的声音尖叫着，然后，晕倒了。”
- 考虑使用对偶句。对偶句是指把互相对立的观点并置。也许最有名的例子就是约翰·肯尼迪的那句名言：“不要问国家能为你做什么，而要问你能为国家做什么。”

使用有文化敏感性的语言（第八步）

与其他沟通原则一样，有文化意识对于完善演讲措辞非常重要。接下来我们讨论文化敏感性的本质。

文化敏感性

文化敏感性是指能够意识到并认可文化差异的一种态度与行为方式。你需要在公开演讲中体现这种品质，而且你期待其他演讲者也展现出这种品质。以下是几条需谨记于心的总体指导原则：

- 使用包容性的语言。尽量使用包容性的语言，即把所有民族、所有文化都涵盖进来，而不是使用那些只在某个特定文化群体中使用的语汇。
- 避免刻板印象。刻板印象暗示某个群体中的所有成员都是一样的，无须考虑个体差异，一种描述就可以适用于所有人。然而事实上，并非所有的人都是一样的，同理，女人、80 岁以上的老人这些群体里的人也不是完全一样的。此外，避免对职业的刻板印象。例如，想当然地认为飞行员或医生就是男性，空乘和护士就是女性，所以在描述时就用了单一性别的语汇。尽量使用复数形式（他们），而不是“他”或者“她”。如果需要用单数形式，可以把“他”“她”轮流用，以显示你没有基于职业而做出刻板的判断，也可以统一表述为“他”。还有，除非与话题直接相关，否则不要专门说明性别、种族、年龄，例如（与话题无关时），不要说“这个女数学家”“这位美国黑人校长”“这位80岁的教授”等。

> **公开演讲选择点**
>
> **克服文化不敏感**
>
> 在演讲中，你说了一句带有刻板印象的评论，本以为很幽默，却很快发现受众中有些人很不开心。你有哪些方法来应对这种局面？你会怎么做？

排练演讲（第九步）

通过排练，你可以获取有助于达到演讲目的的技能。排练还可以帮你控制演讲时长，检验整篇演讲的流畅度，测试演讲辅助手段，发现技术问题并及时解决。

排练的指导原则

通过排练演讲，你得以进一步学习这门技能，在正式登台时也更自信，而自信又有助于减轻焦虑。以下几个指导原则有助于你实现这些目标。

完整排练演讲

从头到尾排练演讲。不要把演讲分成若干部分。要排练从离开座位，到演讲开头、主体、结尾，再到回到座位的整个过程。确保排练内容也包括所有的实例、例证和视听材料（如果有的话）。这样做可以帮助你衔接演讲各部分，还可以检验各部分之间的互动情况。

给演讲计时

在整个演讲过程中计时，基于计时结果做出必要的调整。如果使用电脑演示软件，则可以非常精确地计时。这类软件可以让你了解每一部分使用的时间，这样你就能根据具体需要来调整。例如，你想花两倍于讨论问题的时间来阐述解决方案，或者你想把演讲开头和结尾的耗时各控制在整场演讲时长的10%左右。

尽量贴近真实演讲场景

尽可能让排练的场景贴近正式演讲的场景。如有可能，在正式演讲的场地进行排练。如果没有条件，则尽最大可能模拟真实的场景——可以利用自己的起居室甚至是卫生间。另外，如有可能，最好找一些愿意提供帮助的受众。一项研究发现，比起没有受众的练习，有受众的练习可以让演讲者在正式演讲时获得更高的评价（Smith 和 Frymier，2006）。如果受众是擅长鼓励而不是比较挑剔的，那么效果就更好了（尤其是对于公开演讲的初学者而言）。但无论如何，排练时有受众在场本身就已经更好地模拟了真实演讲的场景。可以与两三个同伴结伴去一间空屋子里进行排练，你们可以互为演讲者和倾听者。

做出恰当调整并做好演讲笔记

无须中断排练来做调整和记笔记，如果这样，就破坏了完整的排练过程。但是在排练的间歇，务必做出调整计划，同时，要记下发音还不太确定的词语，以备结束后去查证。另外，在提纲里用标注“慢下来”的方式插入需要停顿的提示，以及添加其他的演讲方式建议。

如有条件，把演讲录下来（最好是视频），这样你可以从受众的角度来倾听自己的演讲：审视你的音量、语速、声调、口齿清晰度、发音及停顿等。这样一来，你就可以更好地从这些方面来完善自己的演讲。

经常排练

尽可能多排练几次，最少要有三到四次（少于这个次数就太少了）。只要排练时发现还有改进的空间，就继续排练下去。

提升演讲能力的长期计划

要成为一名真正成功的演讲者，你需要展开一项提升演讲能力的长期计划。用积极的态度面对这个计划：告诉自己“我能做到”及“我愿意努力”。

- 征询反馈意见。寻找一位你尊敬的人，听取他的反馈意见。公开演讲课的教师也许是个不错的选择，传播学专业或者在传播相关领域工作的人也都很适合这项任务。请他们对你的声音、身体语言给出诚实和细致的评价。
- 用眼观察、用耳倾听、用心感受成功演讲模式和不成功演讲模式之间的区别。例如，你的声音是否太尖利，是否嗓门过高？这方面可以借助录音设备。学着感觉自己姿势的问题：有没有姿势僵硬或者缺少臂部动作和手势？一旦你察觉到自己的声音和肢体动作方面的问题，就开始努力地在这些方面进行改善，学习更好的习惯。每天练习几分钟。不要太关注自己做得不好的某个方面，而是不断增进自我了解并逐个解决问题。不要奢望一次就能改掉所有的毛病。
- 改变之后征询进一步的反馈。要确定受众是否认为你的改变是成功的。记住，你听到自己的声音是通过骨骼传导和空气传播，而受众只能通过空气传播听到你的声音。所以，你听到的和别人听到的并不相同。

- 查阅有关声音和措辞的书籍来改善自己的声音。这类书籍中会有一些练习，还会有很多关于自然的音量、语速、声调和声音品质的知识。
- 如果困难始终难以克服，则寻求专业人士的帮助。如果是声音有问题，就去寻找语音方面的临床医师。如果是身体语言上的问题，可以去找指导者探讨。
- 如果你在心理上对自己的声音或身体动作感到不适，就去寻求专业帮助。也许你需要的只是通过录制的视频亲眼看见或亲耳听见自己的演讲，来让自己相信自己的表现没什么问题。然而，无论是什么原因，只要是有这种不适感，一定要行动起来。

学习了上述指导原则之后，思考一下自己真实的演讲，先明确成功的公开演讲包含哪些要素。

道德选择点

自我纠正

在一次公开演讲的过程中，你提及在过去这些年，某种病毒感染率上升了10%。其实原本你想说的是“下降”，可是紧张之下你说成了“上升”。虽然在问答环节也没有受众问起这一点，但你在犹豫，不知道是否应该做个纠正。问题在于，你觉得如果你纠正了，也许会导致受众质疑你的整场演讲，这也就削弱了你非常想要传递的信息。如果想做到既准确地描述信息，又在自己深信的论题上保持演讲的说服力，你有哪些道德的选择？

公开演讲选择点

发声停顿

米莉日常说话语速飞快，她做演讲时需要慢下来。米莉在排练中可以做些什么来确保她演讲时能够用正常语速说话？

第 10 章

发表演讲（第十步）

Shutterstock

打造有效的演讲风格并非易事，但努力定有回报。

演讲是否成功，与你演讲的方式有很大关系。本章的具体话题就是正式演讲的方式，也是整个过程的最后一步。

发表演讲（第十步）

之所以有前面的九步，就是为了最后的这一步——正式登台发表演讲。这一步极具挑战性、激动人心、令人不寒而栗、困难重重……下面我们将讨论有效演讲的本质，你可以使用的方式，以及如何最有效地利用你的声音和身体语言。

有效演讲的本质

也许有效的公开演讲最重要的特征之一就是没有定律，一切视具体情形而定。在某位演讲者身上或某个场合有效的方式换到另一位演讲者身上或另一个场合就未必奏效了。让事情更复杂的是，对于什么是有效的演讲方式，看法因人而异——有的受众期待一场气氛活跃、娱乐性强的演讲，有的受众则更喜欢见微知著、思想性强的演讲。

你需要打造的演讲风格既要有自己的特色，又要能依不同情况的不同特点做灵活调整。尽管如此，我们还是可以拨开迷雾，归纳出几条打造有效演讲的实用建议。

- 自如。你的演讲风格应该让自己感觉自如，应该让自己和受众都感觉很自然，不要让受众感觉有任何程度的矫揉造作。
- 一致。你的演讲风格应与你准备阶段其他步骤考虑的因素保持一致。如果演讲话题是幽默的，那么你的演讲风格也许就是轻松的。如果演讲话题比较沉重，那么演讲风格也应该比较严肃。
- 有趣。演讲时应为整个演讲稿注入吸引力和灵活性。正如语言有助于增加趣味性，你的演讲方式同样很重要。如果你僵硬地站立在台上，演讲自然也不会太有吸引力。不过，也不要满场移动，受众会很容易分心。
- 能够加强效果。演讲风格应该成为演讲内容的助力，并且提升内容的清晰度。例如，在介绍要点时，向前迈一步或者向边上移动一步，这些都可以成为言语过渡手段的补充。此外，你的演讲风格（无论是哪一种）不能喧宾夺主，演讲内容本身才应该是全场的焦点。演讲风格的作用应该是加强言语所传递的信息。

演讲方式

演讲者的演讲方式各不相同。有些演讲者完全脱稿，是毫无准备的即兴演讲；也有人念手里的演讲稿；还有人把演讲内容背下来；另外还有些人是事先做好详细的提纲，在正式演讲现场生成完整的内容（不用演讲稿）。

接下来我们讨论上述四种演讲方式，并为每种方式各提供一些建议。你会发现这些演讲建议在应对焦虑方面也很有帮助。随着你驾驭自己声音和身体语言的能力越来越强，你也会感到越来越放松和自如，焦虑感亦将随之减轻。

即兴发言

当你做即兴发言时，事先没有任何准备和思考。你知道话题之后立刻就需要开始发言了。难免有些场合需要即兴发言。例如，面试中的提问或者回答，需要你即兴发言，内容一般较短；一些会议中，你可能也需要即兴发言，去解释某个提议或者说明某个计划。良好的即兴发言能力有赖于你公开演讲的能力。越有能力的演讲者，越擅长即兴发言。

即兴发言的经历也能很好地且多方位地锻炼公开演讲能力，例如，如何保持目光交流，如何回应受众的反馈，如何借助手势，如何组织观点，如何想出合适的例子、论据和诉求等。另外，即兴发言的最大劣势在于发言者没有精力去顾及一些细节问题，诸如根据受众反应做调整、做前期研究和打磨风格等。

以下建议对于如何应对即兴发言很有帮助：

- 不要道歉。任何人都不会觉得即兴发言轻而易举，所以，你无须强调自己的不自在。
- 态度积极。不要用语言或非语言形式传递负面情绪或其他任何负面信息，无论是针对即兴发言本身、话题、受众还是自己。积极的态度有助于你和受众享受这个过程。
- 尽可能做好提前计划。不得不即兴发言时，可以快速写出 2 ～ 3 个你想要说的分话题以及每个分话题的 2 ～ 3 条论据。
- 开好头。最好的开头方式就是说明话题，为受众简单介绍你接下来要讲的 2 ～ 3 个分话题。
- 结好尾。最好的结尾方式是用一个简单的总结回顾一下你说过的话题和分话题。

念稿发言

念稿发言是指将所要说的内容一字不差地写下来，演讲时念给受众听。由于使用这种方式演讲者可以严格控制自己的措辞，所以对于政治场合而言是比较合适的，以免有任何模棱两可的表达被误解为辱骂、挑衅，从而引发严重后果。对于播客节目也较为合适。

念稿发言的主要优点之一是演讲者可以精准地控制时长。这一点对于需要录制的演说（如电视演说）尤为重要。另外，这种方式也消除了忘词的风险——所有需要的内容都在演讲稿里。还有一点，念稿的方式让你可以完全按照自己（或整个演讲团队）想要的措辞来发言。

念稿发言最明显的缺点是，一般情况下，念稿听上去都很不自然、很机械。如果没有大量的练习，很难做到一边按照纸质稿或者提词器念稿，一边保持体态自然、气氛活跃。受众（即使是播客受众）也不太喜欢听逐字逐句念出来的内容。另外，在线下演讲或者线上论坛中，念稿发言时很难注意到受众的反馈并给予回应。还有，如果稿件放在静止的讲桌或台子上（大多数情况都会如此），你也无法四处走动。念稿发言限制了你的身体动作，让你无法行动。

如果是念稿发言，请参考如下建议：

- 倾听自己的发言。在书写演讲稿的同时念出来，去听一下自己的语句读出来是什么感觉。
- 在演讲稿上做演讲方式的提示。插入停顿点，这对于念稿发言尤其重要，因为在这种情况下演讲者经常会读得很快。把你想强调的关键词用下划线或者黑体标注出来。
- 保持目光交流。虽然是念稿发言，但你还是在做演讲，所以应尽量让受众觉得自然、不那么死板。排练的时候多加练习，使自己可以读一会儿稿子，看一下受众，两者交替进行。
- 演讲稿字迹清晰。使用较大的字体，这样在念稿时无须费力眯眼或者把稿件凑到鼻子前。根据演讲的组成部分来换页。不要把同一个演讲要点的内容甚至是同一句话分开打印到两页纸上。
- 使演讲稿易于使用。单面打印，页码标清楚，以免你找不到接下来演讲的内容。
- 记住开头和结尾。尽管是念稿发言，也尽量背出开头和结尾的话语。这样的话，你可以在这两个关键阶段保持与受众的目光交流。

背稿发言

有些演讲者喜欢背稿发言，但这种方式只适用于很短的发言，例如我们将在第 13 章讨论的特殊场合演讲。背稿发言最大的问题是你可能会忘词。在背稿过程中，每一句话提示着下一句话。因此，如果你忘记了其中一句，就有可能忘记剩下的所有内容。另一大问题是背稿方式使得演讲者很难根据受众的现场反馈做调整。

上述内容是对背稿发言持保留意见的原因，以下是几条提升背稿发言效果的参考建议。但愿你只需在一些很短的演讲中用到它们。

- 保持聊天的语气。当你机械背诵时，听上去就像在背书，受众不喜欢这种感觉。
- 与受众保持目光交流。无论是线下还是线上，务必注意保持目光的交流，因为努力背稿时很容易忽略这一点。
- 反复练习。由于演讲稿是句句衔接的，所以一定要反复排练，直到你确信自己肯定不会忘词。另外，要想到你可能会怯场，这有可能会造成忘词。

- 准备好备用预案。即使你已经将演讲稿背得滚瓜烂熟，最好还是有备用预案，特别是要准备一份提纲，以防万一。

脱稿发言

脱稿发言是指经过充分的准备并记住演讲要点和要点的顺序（另外，如果愿意，还可以把开头和结尾也记住），而演讲的其他部分不拘泥于具体的演讲稿的演讲形式。

脱稿发言对于大多数情形都适用，优秀的演讲者都会使用这种方式。他们精心准备，熟记自己要讲述的内容及其顺序，但具体的措辞是灵活的。

这种方式的优点之一是它让你可以针对现场的情况迅速做出回应。如果受众的反馈显示他们仍旧不太明白，你可以换种说法再解释一遍，或者举个例子来加以说明。脱稿发言最接近于日常会话，它更像是一种"会话拓展"。使用这种方式时，你可以自由走动并跟受众互动。

大部分演讲都会用到这种方式，以下是几条指导原则：

- 记住开场白和结束语。这有助于你把注意力全部放在受众身上，也会让你更加自如。类似地，记住要点以及其顺序，这样你就无须再靠笔记提示，会对演讲内容及整个演讲过程更有把握。
- 仪态自然。如果你演讲的方式就像在跟一帮朋友聊天，那么受众会更喜欢，也会对你产生更大的信任感。不要让你的身体语言喧宾夺主，你的最终目标是让一切都自然而然，受众甚至都不会注意到你的身体语言。
- 用身体语言来强化你表述的信息。演讲的方方面面——你的声音、身体动作、着装等应该目标一致，一起努力让你的想法能够当场就为受众所理解。
- 变化表述方式。变换声音和身体语言能够保持受众的注意力。变化声音大小和语速。类似地，不要整场演讲站在同一个地方。用身体去传递思想，去向受众说明你在想什么。
- 用身体语言来打造亲密感。让每一位受众都感觉到你在与他直接交谈：保持恰当的目光交流，面对受众而非一直盯着笔记或演讲辅助手段，面部表情应与演讲内容保持一致。身体距离的靠近也会带来心理的亲近感，所以不要一直躲在演讲台的后面。
- 富有表现力。富有表现力意味着你的面部肌肉和全身都能够反映你内心的活动。适度使用手势。手势太少意味着不够投入；手势太多又有可能传递出你的不安、尴尬或焦虑。仔细观察受众的反应，然后用语言、声音以及姿势的调整来做出适当的回应。

本章其余部分将解释如何最有效地利用声音和身体语言来传递想法和情感。阅读这部分的同时，还可以去访问几家有演讲视频的网站（尤其是 YouTube）。当然，TED 演讲也都是非常好的范例。这些视频能够让你看到成功演讲的现实案例。

有效的声音传递（第十步）

如图 10-1 所示，你可以通过熟练掌握音量、语速、音调、停顿、吐字、发音等要素来实现有效的声音传递。让我们逐一讨论这些要素。

音量

音量是指声音的相对强度，“响亮”是指受众感知到较强的强度。通过适度控制，音量可以随着不同因素的变化而变化。这些因素包括受众与演讲者之间的距离、周围的噪声情况、内容是否要强调等。

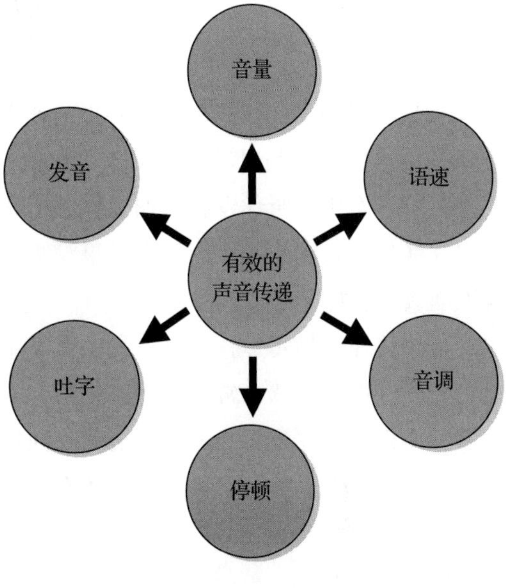

图 10-1　有效的声音传递的特征

发现他人音量的问题很容易，然而，意识到我们自己的音量问题却没有那么简单。最明显的表现就是声音太轻柔。如果这样，受众就不得不费力去听，很快就会因筋疲力尽而厌倦。但太过响亮的声音会让人烦心，因为它入侵了倾听者的心理空间、传递出侵略性，并且让他人觉得你难以相处。

最常见的问题是音量保持不变或者音量沿着固定模式变化。如果受众可以预料到你的音量变化模式，他们往往会把注意力放在这种变化模式上，不再关注你的演讲内容。

还有一个重要的问题是句子结尾处越说越轻。有的演讲者每句开头音量都适中，但是结尾处声音过轻。注意要避免这种倾向，确保受众能够听清句子的每一部分。

语速

语速是指说话的速度。普通人说话和朗读的平均语速是每分钟 150 个字。语速的主要问题一般有：说话太快或太慢、语速缺乏变化或者一直沿着相同模式变化。如果语速太快，受

观点

说话音量

在听了两轮他人的演讲之后，卡尔很想试探并了解一下受众是否能够接受比正常音量高的音量。就像在电视里，商业广告的音量一般都会高于正式的节目。你会给卡尔什么建议?

Riccardo Piccinini/Fotolia

众没有足够时间来消化和理解。如果语速太慢，受众的思绪很容易走神。语速应该既能吸引受众、让他们有时间思考，又不至于让他们感到乏味。记住，在线下演讲或者网络会议中，受众只有一次机会听你发言，如果你的语速太快，他们可能很快就跟不上你的思路了。在像播客这样的预录制演讲中，受众如果没听清可以回放。但一般来说，你肯定也不希望受众不得不回放（才能听明白你的演讲）。

通过语速变换可以让受众特别注意某个要点，或者为演讲注入变化。例如，如果你在描述生产线工人的乏味日常时，语速较快，不停变化，而你在描述马戏团的神奇时，语速一成不变，那么无疑你没有合理运用语速。同理，如果你对自己的演讲内容很感兴趣，也非常了解，那么你的语速变化应该是自然而又合理的。

音调

音调是受众感知的音高程度。更严格地说，音调由声带振动的频率决定。如果振动频率高，受众就会感觉你的音调较高；反之，受众则会感觉你的音调较低。

音调的变化通常可以标识句子意思的变化。最明显的就是陈述句和疑问句之间的区别。所以陈述句“所以这是你想要我支持的提议”和问句“所以这是你要我支持的提议吗”之间的区别就是声音的抑扬或者音调的区别。当然，这些都显而易见。但是，还要注意的是，句子不同位置的音调变化会导致句子意思的巨大差异。注意以下三个问句，用词完全一致，但是当你强调不同的词时，意思就完全不一样了：

- 这是**你**想要我支持的提议吗?
- 这是你想要**我**支持的提议吗?

- 这是你想要我支持的提议吗？

音调方面最常见的问题就是音调太高、太低或太模式化。前两个问题在大部分发音正常的演讲者身上都不多见，而第三个问题也可以凭借练习来纠正，让音调不再过分单调或者过分模式化。随着演讲经验越来越丰富，你也可以越来越自然地运用音调来传递各种意思和感觉。因为句子与句子是各不相同的，所以，句子的音调应该也有变化。也就是说，这些变化根据的不是某种固定模式，而是每句话想传递的不同含义。

停顿

停顿有两种类型：填充停顿和无填充停顿。填充停顿是指有发声填充的停顿，这些用于填充停顿的发声包括“呃”“嗯”“啊”“那个”“就是说”“你知道我是说”“就像我说的”“你知道”等。填充停顿通常不太可取，因为它们往往会让人感觉你犹疑不定、缺乏准备、不够确信。

无填充停顿，即在正常连贯的话语流中插入一段无声的停顿。如果使用得当，这种停顿可以成为非常有效的演讲技巧。无填充停顿（即一到两秒的无声停顿）用在演讲过程中的许多地方都可以增强演讲效果，下面仅举几例：

- 演讲开场前停顿。不要一走上演讲台就开始演讲；更好的做法是，先用舒适的站姿站定，然后在开场前扫视受众。
- 过渡处停顿。这些停顿有助于你从一部分转到下一部分，或者从一个要点转到另一个要点。
- 说完重要的论断后停顿。留给受众一些时间来思考这些话语的意义。
- 提出一个问句后停顿。留给受众一些时间来思考他们的答案。
- 提出重要想法前停顿。这有助于提示受众接下来的内容很重要。
- 征询问题前停顿。如果演讲后有问答环节且该环节由你

公开演讲选择点

错误发音

在做演讲时，安德鲁意识到有两次他都把一个关键词的发音念错了，而且他注意到有受众发现了这个错误。安德鲁可以用哪些办法来应对这种情形？

本人负责，那么说完结束语之后停顿片刻，然后询问受众有没有问题。

- 说完结束语之后停顿片刻。继续与受众保持目光交流，然后缓步走回（而不是跑回）自己的座位。一旦回到座位，就集中精力参与下来的活动。

道德选择点

模仿

你接下来要做的一场演讲的受众拥有的文化背景与你不同。在做受众研究时你发现，你可以很轻易地改变自己的一些用词或用抑扬顿挫的方式来模仿他们的语言。虽然你不打算在演讲中提及文化背景的事，但你知道这样做的话，很多受众会以为你跟他们拥有同一种文化背景。这样做是道德的吗？为什么？

恰当的身体语言（第十步）

我们不仅用语言，也在用身体表达。演讲的总体效果不仅仅来自演讲内容，还来自你是如何表达的。具体来说，就是除了语言外，还有你的动作、手势、面部表情等都会影响演讲效果。以下我们将考察身体语言中最主要的几个方面：着装、目光交流、面部表情、姿势、手势、身体移动、身体距离、使用笔记和应对提问。

观点

恰当的身体语言

在阅读“恰当的身体语言”这一节之前，思考一下你作为受众时的感觉。假设有位演讲者要来你的单位做一场演讲。那么，这种情形下，你认为这位演讲者使用什么样的身体语言是有效的？使用什么样的身体语言是无效的？

Hoo-Me/Storms Media Group/Alamy Stock Photo

着装

一般说来，公开演讲比大部分其他沟通形式都更为正式，所以你需要注意自己的着装。

首先，明确什么样的着装适合本次演讲场合。穿着的正式程度比你的日常穿着再正式一个梯度就可以了。即使是做播客节目，受众全程都看不到你，最好也像做正式线下演讲时一样穿着，这样会让你显得更有职业感。

其次，着装舒适但不随意。舒适的着装会让你举止更自如，也会表现得更自然。如果你对于服装的正式程度犹豫不决，那么就宁可穿得偏正式些：领带、好一点的鞋子或者套装。

最后，着装的任何方面都不要过度。例如，太多的首饰或者太鲜亮的色彩都只会把受众的注意力吸引到你的着装方式上，从而忽略你的演讲内容。

目光交流

身体语言最重要的交流方式就是目光交流。关于目光交流有两个最常见的问题：一是不恰当的目光交流；二是注视受众时不能顾及全场。在美国，人们更喜欢演讲者直接注视受众，不如此，他们就会认为演讲者有距离感、不够关注受众、可信度不足。因此，在线下演讲时，尽量全程保持与受众的目光交流；如果是在线演讲，也要尽量注视着镜头。用目光来传递你对演讲内容的兴趣和专注，传递你的自信和投入。不要目光茫然空洞地看着受众，不要看向他们头顶上方，或者低头看地板，或是目光飘出窗外。另外，如果使用演示软件等辅助手段，也要继续保持与受众的目光交流。而在其他一些文化中（如在许多亚洲国家），目光对视会让受众觉得尴尬。所以，在这种文化背景下，最好只是扫视全场，不要去跟任何具体的受众对视。

在公开演讲中目光交流要遍及所有受众。跟房间左边、右边、后面、前面的受众都要有同等的目光交流。这样你就可以看出受众的反应——看出他们是听得津津有味，还是兴味索然，又或是充满疑问。用目光交流来判断受众的赞成与反对程度。

面部表情

面部表情对于传递情感（愤怒、恐惧、厌倦、激动等）尤为重要。如果你对自己演讲的论题很坚定，也许你也会很有效地把这种感觉表现出来。

然而，紧张和焦虑有时可能会让你不够放松，无法自然流露情感。幸运的是，时间和练习可以帮助你学会放松，你的情感和情绪也会恰如其分、自然而然地表露出来。

一般来说，即使来自不同文化背景的人，也完全可以读懂彼此的面部表情。但究竟什么样的情绪是可以公开表露的，不同文化却有不同的看法。每种文化都有自己的“情绪表达规则”（Ekamn、Friesen 和 Ellsworth，1972；Jandt，2018）。例如，如果没有外人在场，日裔美国人和其他美国人在看引发压力的电影时流露出来的面部表情是相同的，但是在有观察员在场的情况下，日裔美国人就会比其他美国人更多地隐藏自己的情绪（Gudykunst 和 Kim，1992）。

姿势

做演讲时，要站直，但是身体不要僵硬。让受众感觉到你能把控全场，同时又不尴尬别扭（这也是很多演讲初学者容易出现的问题）。

避免一些常见的错误：不要双手插兜，也不要十指相扣放在身前或者背后；不要斜靠在讲台、演讲桌或者白板上。经过练习，你会越来越自如，你的姿势也会传递出这种感觉。

如果是播客或在线论坛，当然你会坐着，但一定不要驼背——即使受众看不见，也能感觉出来。

手势

公开演讲中手势用于进一步说明语言信息。我们在日常会话中也会因此而使用手势。例如，当你说“过来”时，可能会移动头部、双手、胳膊，或者也许你的整个身体都会示意对方往自己的方向走。你的身体动作和语言都在传递“过来”这一信息。

然而，演讲中不要用手去整理自己的仪容。例如，不要去梳理头发、拉扯衣服；不要去动身上的手表、戒指、首饰等。对于你本人、受众和演讲内容都恰当、自然、自发的身体语言才是有效的。如果手势看上去是预先设计好的或者演练好的，那只会让受众觉得太造作、不真诚。总的来说，手上不要做任何自己感觉不恰当的动作，因为受众会感觉得出来。如果你觉得轻松、自如，你在做动作时就不会有意识或过于刻意。

身体移动

在公开演讲时，身体移动往往很有用，这让你和受众都更警醒。即使是在演讲桌后面演讲，你也可以传递出身体移动的感觉。例如，你可以向后一步、向前一步或者动一下上半身，这样都会让受众感觉到你的身体有动作。

如果有演讲桌，那么在你想要走动时，可以走到桌子一旁，或者走到桌子前方，再回到桌子后面。在向受众提问，或者要提出一个特别重要的论据时，你的身体可以配合着向前倾。但是绝不要整个人靠在桌子上，把桌子当成支撑物。

要避免身体移动可能会出现的三个问题：太少、太多和太模式化。太少的身体移动让人感觉你被困在了桌子后面，害怕受众，不愿意敞开心扉与受众互动。太多的身体移动让受众分心，注意力全都转移到了你的身体移动上，想知道你下一秒又会走到哪里。太过模式化的身体移动让受众很容易厌倦——太稳定和单一的节奏会很快让人感到疲倦。受众往往也会觉得这样的演讲者很不自然、不够投入。

可以借用全身的运动来强调演讲的过渡、重要的新假设、证据、关键论据等。因此，在演讲的过渡之处，你可以向前一步，提示受众要说新内容了。在参考辅助材料时，可以配合一些全身运动（手势和目光转移等）。

Dave and Les Jacobs/Tetra Images, LLC/
Alamy Stock PhotoAlamy Stock Photo

观点

走向演讲台

受众最先看到的一幕就是演讲者走向演讲台、讲桌或房屋前方的过程。你见到的演讲者犯过哪些错误？什么样的入场方式是较为恰当的？

身体距离

身体距离，或者说沟通中空间的使用方式，是公开演讲中的一个重要考量因素。思考一下你与受众间的距离以及他们彼此之间的距离。如果你站得离受众太近，他们会很不自在，感觉自己的个人空间被侵犯了；如果你站得太远，又会让人觉得你不够认真、兴趣不足或是不太自在。

也要意识到一点，不同文化对于演讲者应该站立在什么位置的预期也是不尽相同的。一条实用的建议就是观察其他演讲者，然后根据观察结果调整自己的位置。同时，观察受众，判断自己是站得太远（大部分受众身体前倾、表情困惑），还是站得太近（他们基本上都往后靠在椅背上）。如果你注意到了这些迹象，就慢慢调整距离，但不要引起受众对你身体移动的过多关注。

使用笔记

对有些演讲而言，使用笔记会很有帮助。例如，在一张纸上列好简短的提纲，或者用若干张索引卡片。以下是几条关于如何有效使用笔记的建议：

- 笔记内容尽量少。笔记内容越少，你的表现也会越好。很多演讲者带笔记上台的原因之一就是避免与受众面对面的互动。然而，有了演讲经验之后你会发现，这种面对面的互动才是演讲中最有意义的部分。
- 抵制住带详细提纲的诱惑。如果拿了详细提纲，你很有可能会过于依赖提纲，从而忽略与受众目光交流带来的信息。笔记上只留必要的信息，绝不要过量，否则会妨碍你与受众的交流。
- 用公开而巧妙的方式看笔记。不要过分展示你的笔记。在做手势时不要把笔记拿在手里，那有些太明显了。同时，也不要刻意隐藏它们。公开、诚实、优雅地使用笔记。要做到这一点，你需要非常熟悉自己的笔记。带着正式演讲中的笔记至少排练两次。
- 不要让笔记妨碍你与受众的直接互动。使用笔记的过程中适时暂停，注视受众，恢复目光交流，然后继续演讲。只是用笔记做提示，不要照着读。唯一的例外是那种较长的名言或者较复杂的统计数据，但是读完这些信息后也要马上恢复与受众的目光交流。

应对提问

许多公开演讲都会在演讲结束后安排问答环节，因此你要做好回答问题的准备。一般说来，问答环节很有帮助，因为接下来的对话可以让演讲者有机会进一步谈论他感兴趣的话题。另外，演讲者似乎也有义务接纳各种问题，毕竟，受众耐心听完了演讲者想要表述的所有内容，演讲者也应该反过来倾听一下受众的声音。

大多数公开演讲场合下，问答环节的提问主要针对的是演讲内容。以下十条关于问答环节的建议可以帮助你更好地准备：

1. 预估问题。预估一下你最有可能被问及的问题，像准备演讲一样认真准备这些问题的答案。
2. 鼓励提问。如果你希望受众积极提问，那么在问答环节的开头可以说些鼓励的话语。例如：“我知道大家会有很多问题，尤其是关于新的健康计划如何运作以及如何获得资金。我会很高兴回答大家的提问。有人要提问吗？”
3. 与受众保持目光交流。让受众感觉到你在继续与他们交谈。
4. 如有需要，请求说明或重复。听到一个问题后，你先暂停片刻进行思考。如果你不太确定问题的内容，可以请求受众给予说明。回答一个受众没问到的问题是没有意义的。如果你猜想很多现场的其他受众没有听清某个提问，那就先把这个问题重复一下，再开始回答。

5. 善于甄别。并非每个提问都要回答。如果受众提出的某个问题过于私人化或者与你不想涉及的领域有关，可以不予回答。你可以这样说，“我还是想讨论今天的论题”，或“这是一个很棒的问题，但我认为不太适合现在讨论”。
6. 控制好防御心。不要把提问当成人身攻击。相反，应该认为提问代表受众想获取更多信息，或者受众对你的立场有异议。
7. 表达感激。在合适的时候，称赞提问者并评价其提问很精彩。这会鼓励其他人积极提问。但是不要过度，一定不要对每个问题都做此评价。
8. 不要不懂装懂。如果遇到不懂的问题，就大方地承认。如果合适的话，可以说明你会努力找寻答案，并及时回复提问者。
9. 强化要点。考虑一下说服性回应的效果。问答环节通常给你更多机会来进一步论证自己的要点，可以把问题的答案与要点联系起来。例如：“我很高兴你问到儿童保健方面的问题，因为今天我探讨的内容正是关于我们要投票的这两个提议有什么区别。我支持的提议……”
10. 不要让一名提问者把控整个问答环节。不要专注于跟某个提问者辩论，而忽略了在场的其他受众。通常有条不成文的规则：每位提问者可以再跟进一个问题。如果适用，就根据这条规则来做。不要跟任何受众进行时间过长的对话。

公开演讲选择点

受众的问题

你做了一场演讲，话题极具争议性，结束后受众中没有人提问——他们对前两场演讲也是如此反应。你可以做些什么来鼓励受众提问？

演讲的类型

3 第三部分

第 11 章

说明性演讲

Drazen/E+/Getty Images

说明性演讲的原则适用于所有类型的信息传递，无论其是线上的还是线下的。

本章主要讨论你有可能遇到的一种重要演讲类型——说明性演讲。我们将先学习一下此类演讲传递信息的重要原则，然后讨论其不同类型，以及做好每种类型的方法。

说明性演讲的原则

无论是线上还是线下，都需要大量的思考与努力才能成功地向受众传递信息。以下原则（如图 11-1 所示）可以帮助你更轻松、更有效地完成说明性演讲。

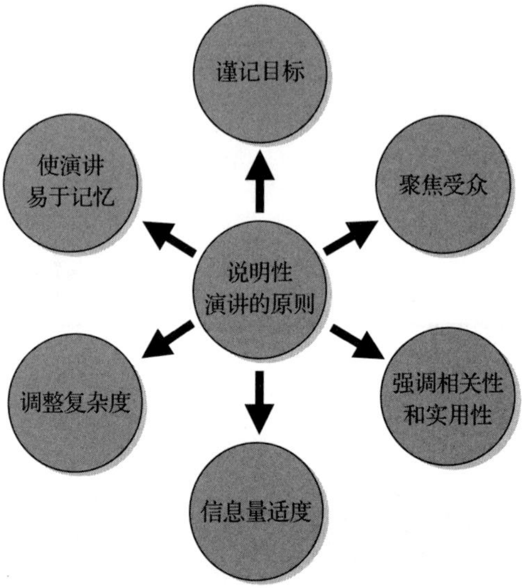

图 11-1　说明性演讲的原则

谨记目标

说明性演讲的目的是向受众传递准确清晰的信息。更确切地说，你需要完成下列目标之一。

- 让受众了解他们之前未知的信息。例如，你为受众说明人工智能研究中电池研究的进展，介绍受众之前不了解的一种文化习俗，讲解他们从未听说过的一件历史事件。
- 澄清常见的误解。例如，你谈论人们对于疫苗、关税的常见误区。
- 解释一个问题的两面。例如，你介绍两种健康计划，分析它们各自的优点和缺点，但并不探讨孰优孰劣。
- 丰富受众已知的信息。例如，受众对于军训或医疗手续有一定了解，你在此基础上做进一步的介绍。

我们还可以按照说明性演讲的不同类型（描述型、定义型、示范型）来研究其不同的目的。

谨记目标有助于你选择合适的支撑性材料和辅助手段，明确所讲的范围，调整自己的语言，并成功运用本书中讨论过的其他原则。

聚焦受众

某种程度上，受众会影响你演讲的内容和演讲的方式。假设你要做一场关于“微软新版 Windows 操作系统”的演讲，如何准备演讲会因受众不同而有很大不同。例如：

- 对于苹果系统的老用户来说，这些信息是全新的，你的目标是为他们带来全新的知识。

- 对于认为苹果操作系统和微软操作系统差别不大的苹果系统的老用户而言，你的目标是澄清误解。
- 对于正在使用旧版本 Windows 的用户来说，你需要向他们展示新旧版本的区别。

强调相关性和实用性

受众对于具有相关性、实用性的信息最感兴趣，你自己作为受众一定也深有体会。例如，你会记得一条能帮助你在工作面试中留下好印象、做一名好父母、更好处理人际关系的建议。与你一样，其他受众也会对有用的信息更用心地倾听。正如我们在第 4 章所讨论过的，受众花时间听演讲是希望自己有所收获。

如果你希望受众认真倾听，就一定要让演讲内容与受众的需求和目标相关。在整个演讲过程中，尤其是演讲开头，要让受众明确知道你所讲的内容现在或不久的将来对他们非常有相关性、实用性。例如，你可以这样说：

> 我们都想有稳定的经济状况。我们都想买得起那些时常出现在杂志里或电视节目里的奢侈品。如果能够买辆高档车，却不用担心首付或者分期付款，那该有多么美好！事实上，这不是什么遥不可及的目标，而是我今天的演讲要讲的。我会给大家介绍几个投资策略，这些策略可以给我们的收入带来高达 20% 的增幅。

信息量适度

受众一次能吸收的信息量是有限的，所以你要抑制住自己想要给受众过多信息的冲动。与其不断拓宽信息的广度，不如挖掘信息的深度。一是一口气介绍五个事物，却每一个都语焉不详；二是只介绍两个事物，但是每一个都辅以例子、说明和描述来详加说明。相较之下，后者要比前者好得多。例如，试图用一次演讲就穷尽男女之间在生理、心理、社交、语言等各方面的区别，那是非常不现实的。演讲时由于时间限制，演讲者只能对每一个话题都走马观花，导致最终没传递多少实质性的内容。其实，能把其中的一个方面说清楚都很不容易了。所以，更好的做法是选取其中一个细分话题（例如，男女语言能力发展的区别或者男女遇到的语言问题的不同），然后对此进行深度剖析。

调整复杂度

信息的传递方式既可以很简单，也可以非常复杂。调整信息传递方式的复杂度对于成功的公开演讲至关重要。调整应依据我们在本书中提到的各种因素做出，例如，受众对话题的了解程度、演讲时长、你想要达到的目标、你的具体话题等。如果你过度简化内容，也许会让受众觉得乏味，或者更有甚者，让他们觉得受到侮辱。而如果你说得太过复杂，又有可能让受众一头雾水，达不到传递信息的最终目的。

演讲初学者往往会犯过于复杂化的错误，没有意识到一场 5 ～ 10 分钟的演讲不足以让受众明白过于复杂的概念或流程。至少在你最开始学习公开演讲时，尽量让演讲内容保持简明而非复杂。对于降低复杂度，一种方法是让新信息与受众已知的内容产生关联，如比较陌生的动物与熟悉的动物、一种新食物与一种日常食物、写书与写学期论文等。另一种方法是确保你的用词都是受众可以理解的（尤其是那些缩略语或者缩写）。如果你猜测某些词汇比较难懂，那就适时给予说明和解释。例如，要能够想到，有些行话或者术语对于一名音响设备技师来说也许很常见，但对于在 Spotify 平台上听音乐消遣的受众来说可能就很陌生。试着从受众的角度来看待自己的话题，想一想他们对于话题了解多少，对于其中的专业术语了解多少。

道德选择点

以说服为目的的说明

你想要呼吁大家为修缮当地儿童社区中心而捐款，准备为此做一场说服性演讲。然而，眼下你不得不做一场描述型演讲，但你不知道把该中心存在的所有问题都细致描述出来是否道德。你希望自己演讲的信息是真实的（具有说明性），但是你也非常希望大家能为此中心的修缮来捐款。如果你的演讲表面上是说明性演讲，更大程度上却是说服性演讲，这样是否道德？这种情形下，你有哪些选择？

使演讲易于记忆

如果遵循公开演讲的原则（使用语言、演讲方式、寻找支撑性材料等方面的原则），你就可以帮助受众更好地记住演讲内容。如果你像前面说的强调兴趣和相关性，受众也会更容易记住演讲内容，因为他们会觉得演讲内容与自己是有关的，非常重要。除此以外，还有以下若干建议：

- 重复你希望受众记住的内容。通过重复要点来帮助受众记住你最希望他们记住的内容。
- 使用标识语。让受众把注意力放到你最希望他们记住的内容上。例如，你可以说，“要记住的第一点是……”或“我希望，你们在走进投票站时可以记住……”

- 使用内部总结式过渡。内部总结可以帮助受众回顾之前讲过的内容，并明白这些内容与后续内容之间的关系。这种重复可以强化你传递的信息，帮助受众记忆演讲要点。
- 将信息表述模式化。如果受众能跟上你的思路，他们就可以更好地在脑海中梳理演讲内容。如果他们可以明白你用的模式（时间模式、空间模式等），那么他们就能够记住更多的内容，因为他们头脑中可以形成一个框架，把演讲内容放进去。
- 吸引受众的注意力。吸引受众注意力的最佳方式就是直接提出要求。例如，可以直接说，“我希望大家注意我这次演讲的三个要点……”或者“我希望你们记住这一点……”

Andrey Popov/Shutterstock

观点

烹饪的原则

观看一集完整的烹饪类节目。上述六个原则在节目中用到了几条？你的下一场演讲可以如何使用这些原则？

通过上述讲解，我们已经明确了说明性演讲的原则，下面让我们来了解说明性演讲的主要类型。

- **描述型演讲**是指主要描述一个物品（如人的心脏）、一个人（如一个天才、一位艺术家）、一个事件（如一次飓风）或一个流程（如收养儿童）的演讲。
- **定义型演讲**主要用于定义一个术语（如“语言学家”）、一种系统或理论（如“进化论”），或者相似和相异的语汇。
- **示范型演讲**用于展示如何做某件事（如保护自己免遭身份盗窃）或某个事物的工作原理（如网络爬虫的工作原理）。

公开演讲选择点

令人难忘的演讲

思考一下你刚刚做过和即将要做的演讲，有什么方法可以让它们令受众更加难忘？

描述型演讲

描述型演讲主要解释说明一件物品、一个人、一个事件或一个流程。以下是若干例子。

描述一个事物或一个地方

- 新款苹果手机。
- 非洲地理。
- 大学的组织架构。
- 当代的医院。
- 电脑系统的元件。
- 谷歌的工作空间。
- 现代大型超市。

描述一个人或一种人

- 南希·佩洛西、比尔·盖茨或安格拉·默克尔的权利。
- 本杰明·富兰克林、罗莎·帕克斯或昆丁·塔伦蒂诺的重要性。
- A 型人格和 B 型人格。
- 幸福的人和悲伤的人。
- 一位（真实的或理想中的）慈善家的贡献。
- 严格的素食主义者和一般素食主义者。

论题

正如我们在第 3 章中所阐释的，演讲的论题是演讲中最为重要的一个概念，也是你最希望受众记住的内容。描述型演讲的论题可以明确你在演讲中要描述的内容。例如：

- 幼儿习得语言有四个阶段。
- 网上购买股票有三个步骤。
- 四大事件导致了伊拉克战争。

要点

演讲的要点是论题的主要分支。通过针对论题进行策略性提问来得出要点。例如：

- 幼儿语言习得的四个阶段是什么？
- 网上购买股票的三个步骤是什么？
- 哪些事件导致了伊拉克战争？

支撑性材料

显然，你不能只列出要点，而是应该用细节去完善它们，使得它们内容丰富、有趣、令人印象深刻，以及最重要的一点——清晰。要想达到这种效果，你可以用多种不同的材料来放大和支持自己的主要观点，如实例、例证、证词和数值型数据等。因此，在描述儿童语言习得阶段时，你可以给出咿呀学语的例子，说明牙牙学语最早出现的年龄阶段、这个阶段持续的时长，以及这个阶段的男孩与女孩之间的区别。

也考虑一下演讲辅助手段的使用。描述一个物品或一个人时，可以向受众展示照片：向他们展示电话的内部构造、大脑的图片、人体的骨骼。在描述事件或过程时，可以用示意图或者流程图来说明各个阶段或步骤，如购买股票、印刷报纸、组织游行的步骤。

组织

描述物品或者人物时可以考虑使用空间或者话题模式，描述事件和流程时则可以考虑使用时间模式。例如，假设你要描述费城的城市分布，你也许可以从北方出发，一路向南（使用空间模式）。如果你想描述托马斯·爱迪生的成就，你可以选择爱迪生最伟大的 3 ～ 4 项成就并逐一讨论（使用话题模式）。

如果要描述导致伊拉克战争的事件，你可以选取时间模式，从最早的事件说到最后的事件。时间模式还适用于诸如“飓风如何形成”“游行如何组织”这样的话题。

考虑使用 5WH 模式。新闻报道的分类尤其适用于描述事件和流程。例如，如果要描述如何购买房子，你可以考虑这五大问题：谁（Who）、具体步骤（What）、要去的地方（Where）、每个步骤的时间（When）、购买这个房子的优缺点（Why）。

以下是两个描述型演讲的提纲示例。在第一个示例中，演讲者描述了如何减少电费支出的四条建议：

总体目的：说明。

具体目的：描述如何减少电费支出。

论题：电费支出可以减少。（如何减少？）

Ⅰ. 密封窗户和门的漏缝。

Ⅱ. 在门窗上用挡风雨条。

Ⅲ. 给墙加隔离层。

Ⅳ. 安装抗暴风雨的门窗。

在第二个示例中，演讲者描述了跨文化沟通中恐惧心理的工作机制：

> 总体目的：说明。
>
> 具体目的：描述跨文化沟通中恐惧心理的工作机制。
>
> 论题：恐惧心理影响跨文化沟通。（如何影响？）
>
> Ⅰ. 我们害怕遭到反对。
>
> Ⅱ. 我们害怕尴尬。
>
> Ⅲ. 我们害怕受到伤害。

在做这场演讲时，一开始演讲者可以说：

有几种恐惧妨碍了跨文化沟通。第一，我们害怕遭到反对——这种反对也许来自我方的文化群体，也许来自对方的。第二，我们害怕尴尬——害怕因为说错话或显得不顾及他人感受而让自己尴尬，甚至让自己出丑。第三，我们害怕受到伤害——我们对于其他文化群体的刻板印象可能会导致我们以为他们是危险的或者有伤害性的。

接下来让我们详细地分析一下这几种恐惧。这样我们就可以清楚地了解它们是如何影响我们的跨文化沟通的。

首先，让我们来看一下害怕遭到反对。

说完这些之后，演讲者可以详细阐述这种恐惧，并给出一些具体的说明。也许演讲者可以分享自己过去遭到反对的一些经历，以及传播学理论家对于这种恐惧的论述，或相关研究对于这种恐惧对跨文化沟通有何影响的发现。

观点

以电视购物广告为范本

虽然电视购物广告的意图是说服观众购买，但其本身为说明性演讲提供了绝佳的范例。在这些对产品的描述中有哪些方面包含着说服的元素？

Shutterstock

定义型演讲

什么是领导力？什么是社会学和心理学的区别？什么是文化人类学家？这些演讲话题都属于定义型说明性演讲。

定义是对词语意义的说明。定义型演讲不同于第 5 章所讲述的用定义来充当支撑性材料。定义型演讲中的论题就是对一个词语、一种系统或理论的定义，或者是对一组词语或系统之异同的说明。定义型演讲的论题对受众而言也许是全新的，也许是熟悉的，但是视角与以往不同。

定义词语

- 什么是领导力？
- 什么是水力压裂？
- 什么是伪证罪？
- 什么是注意缺陷多动障碍？
- 什么是自尊？
- 什么是糖尿病？

定义一种系统或理论

- 什么是弦理论？
- 什么是进化？
- 什么是保守主义？
- 什么是虚拟现实？
- 什么是未来主义？

定义一组词语或系统的异同

- 抢劫、入室盗窃和偷盗的区别是什么？
- 基督徒和穆斯林有什么共同点？
- 谷歌搜索引擎和必应搜索引擎有哪些区别？
- 先天因素和后天因素对于性格的影响有何差别？
- 纸质词典和在线词典有什么不同？
- Netflix、Amazon Prime 和 Hulu 三个视频网站有什么区别？

公开演讲选择点

为不同的受众描述事物

朱丽叶准备做一场演讲来描述一款自己特别着迷的虚拟现实游戏。在受众中有些人非常讨厌这款游戏，认为打这种游戏纯粹是浪费时间；还有一些人正相反，对游戏持较正面的态度。朱丽叶想要表述她对这两种不同观点的认可。朱丽叶有哪些办法可以引入这个话题？如果你是她，你会说什么？她如何才能做好这场说明性演讲，且不把个人对这款游戏的喜爱之情掺杂进去？

- 恋母情结和恋父情结有什么不同？

论题

定义型演讲的论题是一句关于你想要定义或比较的词语或系统的论述，例如，“基督教和伊斯兰教有很多共同点”或者“纸质词典和在线词典有三个主要的区别”。

要点

与其他演讲一样，你可以通过针对论题提问来衍生出要点。例如，你的演讲话题若是“基督教和伊斯兰教有许多共同点”，那么较合理的问题是：“基督教和伊斯兰教分别是什么？”“基督教和伊斯兰教有哪些共同点？”对于这些问题的回答可以构成要点。如果你的论题是“纸质词典和在线词典有很多不同”，那么你的要点就是它们有哪些不同。

支撑性材料

一旦确立了要点，接下来就要用具体的实例、证词等来支撑要点。例如，关于上述基督教和伊斯兰教的话题，你的要点之一是两种宗教都崇尚认真劳作的价值，那么你就可以引用《新约》或《古兰经》里的话语来说明这一信仰；或者你可以列举一些著名的基督徒或者穆斯林，他们的故事能很好地诠释这种品质；或者你可以引用著名领导人谈论相关论题的话语。

组织

除了使用多重定义法，还要确保顺序是从已知到未知：从受众已知的内容开始，一步步讲到他们不太熟悉或完全未知的领域。假设你要解释音素学（对此受众非常陌生），想传递的具体概念是“每一个音素代表一个独特的发声”，你可以像下文这样开头，然后逐步深入受众的未知领域：

> 我们知道在书面语言中，字母表中的每个字母代表着一个书写单元。每个字母都与其他字母不同，t不同于g，g也不同于b，等等。每个字母都被称为一个“字素”。我们知道在英文中共有26个字母。
>
> 口语也可以用同样的方式来考察。每个音都与其他音不同。t音不同于d音，d音不同于k音，等等。每个单独的发音就被称为一个“音素”。
>
> 接下来，我会详细地解释一下音素的定义。

以下是两个示例，为我们说明了如何构建一个定义型演讲。在第一个示例中，演讲者用空间顺序（从上到下的顺序）说明个人简历的组成部分：

> 总体目的：说明。
>
> 具体目的：说明个人简历的主要组成部分。
>
> 论题：个人简历有四个主要的部分。（哪四个部分？）
>
> Ⅰ.明确你的就业目标。
>
> Ⅱ.明确你的教育背景。
>
> Ⅲ.明确你的工作经验。
>
> Ⅳ.明确你的特殊才能。

在第二个示例中，演讲者选择的话题是撒谎的三种类型，然后用话题模式来组织这篇讲稿：

> 总体目的：说明。
>
> 具体目的：通过解释撒谎的三种类型来定义撒谎。
>
> 论题：撒谎有三种主要的类型。（哪三种类型？）
>
> Ⅰ.隐瞒是把真相隐藏起来的过程。
>
> Ⅱ.篡改是把虚假信息当成真实信息来传递的过程。
>
> Ⅲ.误导是表露一种情感，但是让对方误认其起因的过程。

在做这场演讲时，演讲者可以说：

谎言就是谎言，所有谎言本质上没什么区别。真的吗？其实不尽然。事实上，撒谎有许多方式。我们可能会隐瞒真相，可能会通过传递不实信息而篡改真相，还可能表露一种情感，却不说明情感的真正起因，从而误导他人。

让我们先来看第一种谎言——隐瞒。大部分谎言都是对真相的隐瞒。通常，撒谎行为都是指人们没有说出真相。我们没有做出任何虚假的陈述，只是没有说出事实。接下来，我给大家举几个例子，是我最近听说的一些事情。

公开演讲选择点

定义“理想的”

假设你正在准备做一场关于理想的朋友（爱人、雇主、同事、父母、队友等）的演讲。你有哪些方法可以为理想的朋友（爱人等）下定义？

观点

说明的策略

在每天的新闻广播和日常的工作学习中，定义型演讲随处可见。根据你的经验，有哪些策略对于定义一个想法或概念特别有效？

示范型演讲

无论是在演讲中使用示范作为一种手段，还是整个演讲就是专门为了示范某件事物，你都要向受众示范如何做某件事或者某个事物是如何运作的。这类演讲有时也被称作流程演讲，因为它们的重点通常是向受众说明如何执行某个流程或某个流程如何工作。以下是一些示范型演讲的话题。

示范如何做某件事

- 如何给房屋加隔热层？
- 如何创建播客？
- 如何追溯自己的家族历史？
- 如何做人工呼吸？
- 如何防御性驾驶？
- 如何做预算？

示范某个事物是如何运作的

- 领英是如何运作的？
- 如何安装 Google Hangouts？
- 液态镜头是如何工作的？
- 身体如何保持体内稳态？
- 飓风是如何形成的？
- 如何进行心脏搭桥手术？

论题

示范型演讲的论题主要是明确你想要给受众示范的内容，例如：

- 电子邮件是通过从一台计算机到服务器，再到另一台计算机的一系列电子连接来工作的。
- 给房屋加隔热层有三种方法。
- 做预算包括四个步骤。

要点

通过针对论题提出“如何……”或“……是什么”之类的问题，你可以列出演讲的要点：

- 电子连接是如何工作的？
- 给房屋加隔热层的三种方法是什么？
- 做预算的步骤是什么？

在上述第一个示例中，要点是电子连接的工作方式。在第二个示例中，要点是为房屋加隔热层的方法。在第三个示例中，要点是做预算的步骤。

支撑性材料

你可以用多种材料来支撑要点，如通过向受众展示使用不同防盗方式的房屋，示范不同种类锁的工作原理，示范不同类型安保系统的工作原理。

对于示范型演讲而言，演讲辅助手段非常有用。视觉辅助的最佳范例就是美国的很多饭店墙上张贴的海姆立克急救法步骤，它们用图片配文字的方式依次示范了急救法的各个步骤。文字信息与图画信息的结合使得这个重要的流程简单易懂。然而，如果是关于海姆立克急救法的演讲，那么最好只用图片，否则文字信息会让受众无法专注于演讲内容。

组织

大部分情况下，示范型演讲用时间模式最适合——按照操作顺序来示范每一个步骤。这样的话，你就避免了示范流程中可能会出现的最大难题——回溯。不要忽略任何步骤，即使你认为受众对这个步骤很熟悉了，然而事实未必如此。另外，每一步之间要有过渡衔接。例如，在解释海姆立克急救法时，可以这样说：

> 现在你已经用胳膊环绕住了急救对象的上半身，接下来你应该……

可以用清晰的步骤编号来帮助受众理解，如“第一步”“第二步”等。

通常有用的做法是：先大致描述情形，然后按照顺序具体示范每个步骤。例如，你的话题是在给一面墙刷漆前如何做好准备，你可以在演讲的开头为受众总体介绍一下这个流程：

> 在刷漆前，你需要确保这面墙已经被砂纸打磨得很光滑，没有灰尘，很干燥。砂纸磨墙不同于砂纸磨木头。好的，接下来我们来一起看看砂纸磨墙的具体方法。

以下是示范型演讲的两个示例。在第一个示例中，演讲者解释用破布滚动来粉刷墙面的正确方法。演讲者使用了时间模式，按照操作流程来逐一介绍：

公开演讲选择点

意外情况

伊桑准备做一场演讲来示范如何做素食汉堡。就在开场前，伊桑被告知演讲现场没天然气了。面对这种情况，伊桑可以用哪些方法来应对？如果你是伊桑，关于这种情况（现场没有天然气），你会说些什么吗？

总体目的：说明。

具体目的：示范如何用破布滚刷墙面。

论题：破布滚刷墙面有三个步骤。（哪三个步骤？）

Ⅰ. 涂底漆。

Ⅱ. 涂光面漆。

Ⅲ. 用破布滚过带光面漆的湿墙面。

在第二个示例中，演讲者说明并示范如何积极倾听：

总体目的：说明。

具体目的：示范积极倾听的三种技巧。

论题：我们可以成为积极的倾听者。（我们如何成为积极的倾听者？）

Ⅰ. 转述说话者的意思。

Ⅱ. 对说话者的感受表示理解。

Ⅲ. 向说话者提问。

Pressmaster/Shutterstock

观点

工作中的说明性演讲

在你选择的行业中，具备成功地准备并正式发表说明性演讲的能力能够带来哪些益处？

在演讲时，演讲者可以这样说：

积极倾听是一种特殊的倾听。这种倾听是倾听者全身心地投入并关注说话者。这也许是最重要的一种倾听。积极倾听包含三个步骤：转述说话者的意思、对说话者的感受表示理解、向说话者提问。

积极倾听的第一步就是转述说话者的意思。什么是转述呢？转述就是用自己的话来重新表达说话者的意思。也就是说，你用自己的话来表达你所理解的说话者的想法。例如，假设说话者说了……

比较两篇说明性演讲示例

现在我们已经了解了说明性演讲的类型和原则，接下来我们一起来看两篇公开演讲稿的示例，它们可以帮助我们再一次回顾说明性演讲的重要原则。

公开演讲学习辅助材料 一篇较差的说明性演讲的讲稿

下面是一篇较差的说明性演讲的讲稿。这篇讲稿是专门用于说明演讲初学者经常会犯的错误的。它用比较粗略的手法（一般不会真有人做这么糟糕的演讲）指明了你需要避免的事情。研究表明，我们往往可以从反面例子中学到很多东西（Goldstein、Martin 和 Cialdini，2008；Hesketh 和 Neal，2006）。

第一步，只读左边的演讲稿，不看右边的"问题 / 修改建议"栏。边读边思考它犯了哪些错误，你会如何修改它。第二步，通读全篇之后，重新逐段阅读，再把你自己的分析和右栏的内容结合起来学习。

演讲稿	问题 / 修改建议
标题：偏见	这个标题可能会让受众以为演讲是关于种族偏见或者宗教偏见的。但事实上，这个演讲内容与此无关。请读完全篇后，给演讲起一个有趣且有吸引力的标题。
论题：什么是证实偏见、不证实偏见、内群体偏见和信念偏见?	论题用疑问句来表述容易让人困惑。应该换成陈述句，例如，偏见的种类包括证实偏见、不证实偏见、内群体偏见和信念偏见。
总体目的：说明。	总体目的还可以，但是读完全篇，你会发现演讲者不只是在做说明。

具体目的：向受众介绍偏见的相关知识。

开头

具体目的太宽泛，需要再具体些：要定义证实偏见、不证实偏见、内群体偏见和信念偏见。

哈！我来了。公开演讲对我而言是全新的，所以我有点紧张——我是说，非常紧张。

尽量避免这一类的开场白，它们只会让受众把注意力放在你的不足上；相反，你应该鼓励受众更加关注你的能力。

让我们来看[开始翻演讲笔记，整理笔记，喃喃自语着：“第 1 页，第 2 页——好了，都在这儿了。”]

这类的表现明显暴露出演讲者的准备不足；相反，应该事先按顺序整理好笔记。

今天我想要跟你们谈论一下偏见——证实偏见、不证实偏见、内群体偏见、信念偏见。我在网上读了一篇关于这个话题的非常有趣的文章，于是我想，正好我要做演讲，这可真是太棒了。这篇文章很有趣，真的。

直接切入话题未必不好，但是更吸引注意力的方式也许更好一些。或许可以先提一个问题或者讲一个非常戏剧化的故事。

我有许多偏见，所以我对这个话题很感兴趣。我知道你们也有许多偏见，所以这些可能也能帮到你们。所以，你们应该认真听。

承认自己有偏见（这在所有文化中一般都被认为是不好的）也许并不是一种很好的建立演讲者与受众关联的方式。并且说受众也有偏见可能对许多受众而言是一种侮辱。应该强调自己的强项而非弱点。

“所以，你们应该认真听”这句话本意是想让大家为之一笑，但是很有可能会失败。正式演讲前应测试一下你的笑话，可能某个笑话对于他人而言不像对你自己来说那么好笑。

因此，正如我刚才说的，我要开始谈论偏见了。

这句话在这里用作过渡句，引导受众从演讲的一部分来到下一部分，但是这个过渡句太短。这里可以用更详细的过渡来说明有哪四种偏见以及为什么要讨论这四种偏见。

主体

"证实偏见"的意思就是你会去寻找能确认你观点的信息。不仅如此，你会认为那些能确认自己想法的信息比其他信息更重要。我猜测在任何方面都是这样。我可以给大家举个很典型的例子。我姐姐认为雪佛兰是最好的车，而且她只看雪佛兰车的广告。

这里演讲者开始探讨第一种偏见，但是并没有给出偏见的定义。应该先给出偏见的定义，再开始介绍四种偏见。另外，你可能还需要回答受众必然会有的疑问："为什么介绍这四种偏见？"如果可以说明介绍这几种偏见的原因，或者讲明它们的内在联系，就可以更好地回答受众的疑问。

还有一个例子，如果你想要说服受众相信X，那么你就要做研究，寻找能让自己相信X的信息。但是你并没有这样做，也许那是因为你仅仅想为演讲做准备，而不想浪费时间去寻找自己用不到的信息。

这种X举例法是行不通的。这是在向受众表明，演讲者并没有做好充分的准备，无法给出一个非常典型、具体的案例。一般来说，具体的例子要比未知的X要好。

"不证实偏见"的意思是人们会否认与自己想法不同的信息。因此，我姐姐就拒绝接受那些说宝马更好的广告。这真的很过分，但她就是这样。毫无疑问，宝马胜过雪佛兰。如果我有了固定工作并且赚到大钱，我想买的车就是宝马。

这里再次用姐姐举例就很乏味了，而且演讲者强调对宝马汽车的偏好，本意是想说服受众，但实际上却会使受众分心。这里又一次表明，演讲者并没有把话题想得很清楚。例子的选择是非常重要的，在演讲前应该认真思考和排练。

比如说你相信X，然后有人给你提供了赞成X和反对X的信息。你会相信赞成X的信息，却摒弃反对X的信息。事实上，一项关于死刑的研究揭示了这一点。

这里这个X举例法同样无法提升演讲的清晰度。这里提到的死刑方面的研究，原本可以成为一个非常典型的例子，演讲者可以更具体地做出解释：那些赞同死刑的人更相信支持死刑的研究，而不太相信那些不支持死刑的研究。

此外，关于死刑的研究需要口头引用，要说明这个研究的具体来源。

“内群体偏见”也被称为“群际偏见”，意思是人们喜欢跟他们属于同一团体的人。因此，如果你在摄影俱乐部，听说另一个人也在这个俱乐部，也许你会对这个人有好感。不过对这一点我不是很确定，我就在摄影俱乐部，可那里很多人我都不喜欢。而且我觉得那里有些人也不喜欢我——事实上可能有很多人都不喜欢我。这个应该是这样的，可我不是很确定。

注意，这里演讲者不光是在简单地解释概念，还在对概念进行评估。如果这个演讲原本就是评估偏见理论的，那么这种个人经历的举例也许还说得过去。然而，在定义型演讲中，仅仅给出定义就好。

维基百科说关于内群体偏见有两种理论：现实冲突理论和社会身份理论。我不知道这是否有用，但维基百科是这么说的。

只介绍两种理论而不做任何解释，会让受众感到困惑而不是明朗——除非受众对这个话题已经有了相当的了解。此外，有些人可能会不赞同用维基百科作为引用源。所以，要了解你的受众。

“信念偏见”意味着人们会接受一个符合他们信念的结论。同时，如果结论不符合他们的信念，他们会拒绝接受。因此，结果就是人们不看证据，只看结论。就像我姐姐，她总是不在意任何对于宝马的调查研究，她只追随“雪佛兰最好”的结论。

到目前为止，这个关于姐姐的例子看上去已经很愚蠢了。一定要避免使用这种听上去会很愚蠢的例子。如果在本来没设想受众会笑的地方受众却笑了，那么即使是一个资深的演讲者，也会感到心神不安。

这真的很令人困惑，一定是与论据的有效性相关。看起来如果你有信念偏见，你就不会在意论据的有效性。因为你只看结论。

“有效性”这个词也许应该被定义。这是一个比较复杂的词，需要多花一些时间来讲述。所以更简单的方式是可以不用这个术语，而是换成其他表述方式，例如“这个论据的说服力和真实性”。

结尾

共有四种偏见——证实偏见（就像我姐姐和她的车）、不证实偏见（还是我姐姐和她的车）、内群体偏见（摄影俱乐部）、信念偏见（还是我姐姐）。

这种总结无法帮助受众记住讨论过的内容，受众可能会记住演讲者姐姐的故事，但是无法记住这四种偏见。另外，这里如果使用过渡句来

	引导受众从主体来到结尾，也许会更好一些。例如，可以说："正如我们刚才看到的，有四种类型的偏见……"或者说："总的来说，我们已经讨论了四种偏见……"
顺便说一下，我的信息大多来自某个网站，具体网址我记不清了。	这种类型的引用出处是非常不充分的，正如我们在前面"口头引用"部分（见第5章）讨论过的，说明材料的来源是演讲非常重要的一部分。并且对于如此复杂的话题，只有1～2个引用源也是不够的。
如果你们还想了解更多，可以去网上找。	这种表述太过宽泛，而且听上去更像是随口一说。更具体的表述才是有效的。例如，准备一份关于这些术语的打印材料，受众就可以从中获得更多的信息。 另外，演讲者似乎毫不关心受众是否希望对各种类型的偏见做更多的了解。演讲者应该从头至尾都对自己的话题表现出热情。对自己的话题有热情也愿意分享的演讲者会更受欢迎。

下面是一篇较好的说明性演讲稿，来自阿什利·伯迪克。对比两篇讲稿，可以更加明白在准备一场说明性演讲时，哪些是应该做的，哪些是应该避免的。

公开演讲学习辅助材料 一篇较好的说明性演讲稿

演讲稿	评论
题目：精神疾病 开头 如果我告诉你们，今天在座的人里面至少有四分之一的人在遭受某种精神疾病带来的痛苦，你们会相信吗？事实上，你们应该相信。因为，这是真的。	演讲的标题，通常演讲时不用说出来。 通过开场白，演讲者希望可以吸引受众，因为演讲与每个人都有关。这个演讲开头的大致提纲如下： Ⅰ. [精神疾病]

A. 吸引注意力：四分之一

B. 惊人的事实：

1. 4300 万

2. 不到一半的人得到帮助

3. 精神疾病很早开始

4. 自杀的高发

C. 导入

1. 精神疾病的类型

2. 污名

3. 如何做

在美国，每四个成年人中就有一人罹患某种精神疾病，也就是说，患有精神疾病的人的总数达到了 4300 万人。而在这 4300 万人当中，只有不到一半的人获得了应有的帮助。精神疾病每年为美国带来 1930 亿美元的损失。在所有的慢性精神疾病中，有一半人的病症是从 14 岁就开始了，四分之三的人 24 岁就已经有了。自杀现象也主要源于精神疾病，它是美国人排名前十的死因之一，自杀的数量甚至高于他杀。

演讲者说明了一些关于精神疾病的惊人数据，这样可以激发受众的兴趣并保持他们的注意力。

好的，如果你们还没有猜出我想要说什么，那么我来告诉你们，我想跟大家谈论的是精神疾病。这个话题不但与我有关，而且在我看来也特别重要。这不仅仅是因为我在这方面的个人经历，更因为它对那么多人的生活造成了影响。

这里是过渡部分，为受众引入演讲话题，并强调个人经历，由此建立演讲者与话题的关联。

我要先说一下最常见的几种精神疾病，然后我会简要谈一下精神疾病的污名从何而来。最后，我会论及如果你或者身边的人需要帮助，该如何去做。

这里演讲者做了更详细的导入。可以看出主体部分用了话题模式，大致提纲如下：

Ⅰ. 常见的精神疾病

Ⅱ. 污名的由来

Ⅲ. 如何得到帮助

为什么要听我说这个话题呢？我来回答你们。因为你们认识的人和爱着的人有可能就在忍受这种疾病，甚至你们本人也有可能在承受这种疾病。这并不总是坏事。许多精神疾病是完全可控的，轻微到甚至察觉不到，所以有的人甚至不知道自己得了病。不过，别担心。得精神疾病跟所谓“疯了”之间完全不能画等号。但是，现在我们的确应该让自己更了解精神疾病，因为它已成为一个越来越严重的问题，不仅是在我们的国家，而且是在整个世界范围内。

演讲者给出了听演讲的理由。通常，当我们觉得话题与自己有关时，听得就会比较起劲。这里，演讲者就是希望达到这种效果。

因此，我们开始吧。

这里是个简单的过渡句，从开头过渡到主体部分的第一个要点。

主体

最常见的精神疾病之一就是焦虑。尽管焦虑有许多不同的形式，但其核心概念和症状是相同的。焦虑是指用害怕和恐惧来应对事物的行为，通常还伴有一系列的生理症状。这些症状可能包括：

- 恶心 / 呕吐。
- 发抖。
- 心跳过速。
- 出汗量过多。
- 总有不好的预感。
- 时不时心慌。

焦虑是身体的自然生理反应。人们在考试前、演讲前，或者在面对某些局面时感到焦虑是很正常的，因为这种感觉可以帮助我们对环境保持警惕，还可以帮助我们更好地判断正误。

这是演讲的第一个要点（常见精神疾病类型）的第一部分。第一种疾病——焦虑被首先加以讨论，并通过说明其普遍症状使介绍更加生动。这一部分的提纲大致如下：

Ⅰ. 常见的精神疾病

A. 焦虑

B. 抑郁

另一种常见的精神疾病是抑郁。抑郁是一种导致持续悲伤和无精打采的情绪紊乱。抑郁的症状可能包括：

- 觉得自己没有价值。
- 睡眠紊乱。
- 对日常活动（性生活、爱好、体育运动、上学）没有兴趣。
- 没有食欲或暴饮暴食。
- 原因不明的生理问题。
- 频繁想到自杀或者曾有自杀企图。

如果经历失去亲人、恋爱分手、考试不及格等，每个人都会感到抑郁。与焦虑一样，抑郁是对生活中某些境况的正常反应。

但是如果这些感觉开始影响你的正常生活了，那么它们就成为一个问题了。如果抑郁已经严重到令你不想起床，觉得自己活下去没意思，或者焦虑到已经无法看清现实，心跳过快、在洗手间干喘气等，那么你就需要做出改变了。

这里是第二种类型。演讲者又一次用列举症状的方式让内容更清晰。

一项最近的研究发现，这两种精神疾病在十几岁和 20 多岁的年轻人中都非常高发。这可能会包括今天在座的许多人。记住，如果你们真的有刚才提到的两种问题，或者有其他精神紊乱的情况，这都未必是坏事。

这里演讲者再次在话题与受众间建立联系。

大多数人一听到“精神疾病”这个词，就会想到“生病”“疯了”“脑子有问题”等。尽管精神疾病是一种生病状态，但这并不意味着此人一定有严重的问题。人们总是把精神疾病与不好的事情联系在一起。一项由克里斯普等学者展开的研究显示，大部分人都会把精神疾病与不好的事物联系在一起，即使他们身边的人

这是第二个要点——精神疾病的污名问题。演讲者分析了人们会把精神疾病与“发疯”联系在一起的原因。

这一部分的提纲大致是这样的：

Ⅱ. 污名

A. 人们往往把精神疾病与“发疯”联系在一起。

有这样的遭遇，甚至他们自己有这种经历。这种负面名声可以追溯到精神疾病最早被发现的时候。当时，有精神疾病的人会被排斥、被奚落，甚至被残忍对待。早期人们把精神疾病归因于恶魔附身。后来又认为有精神疾病的人无法正常参与社会生活，所以他们自然而然地应该被驱逐。现在社会上已经可以公开讨论这种疾病，在为精神疾病正名方面取得了很大进步。但是，这种污名仍旧很难彻底清除，因为那么久以来许多人都是这么想的。

B. 这种污名来自多种不同的想法。

C. 现在精神病患者已被正名。

那么，如果你遇到这方面的问题需要帮助，或者你身边的人需要帮助，究竟该怎么做呢？如果你怀疑自己有某种类型的精神疾病，那么一定尽快去寻找专业人士的帮助。比起一味回避问题，更好的做法是得到一个明确的诊断，然后开始把问题控制住。

这里演讲者介绍了第三个要点——如何得到帮助。

这部分的提纲可能是这样的：

Ⅲ. 怎么做

A. 寻求专业帮助。

B. 不要逃避问题。

你可以先联系初级保健医生，他们可以帮你寻求正确的方向：是需要治疗师、药物，还是要找人讨论一下现在的情况。走向治愈的第一步就是面对问题。有研究表明，回避问题的人更有可能做出自我伤害的行为。不要逃避问题！

结尾

我希望通过上述讨论，大家已经了解了精神疾病的类型、为什么它们会给患者带来污名，以及如果你或身边人需要帮助时该如何去做。

不久之前，我也在挣扎，就像许许多多遭受抑郁和焦虑的人一样。当时我的生活非常糟糕，甚至觉得生活再也不会好起来了。但是通过学习相关知识、掌握一些治疗技巧、寻求各方面的帮助，我终于成功走过了那个阶段。

在结尾的一开始，演讲者先对演讲内容做总结。其提纲大致如下：

Ⅰ. 总结

A. 精神疾病的类型

B. 污名

C. 如何做

Ⅱ. 个人化

Ⅲ. 结语

我知道精神疾病这个话题不容易谈论，所以非常感谢大家能够认真倾听。这是一个更加需要公开讨论的话题，今天，我们已经迈出了第一步。	这种表达谢意的方式不仅仅停留在简单的“谢谢”两个字上，演讲者还重申了这个话题的重要性。
甘地曾有一句话说得非常好：“改变世界，从改变自己开始。”	用甘地的名言来简单利落地结束整场演讲。

如果想在演讲中使用外部资料，那么最好应该尽早了解相关知识，这样你能够在阅读文献时做好记录。

我们已经阅读了上面的演讲稿示例及其评论，接下来思考以下问题，它们大多是基于如何准备演讲和发表演讲的十个步骤，其中略去了无法评论的“排练演讲”步骤，添加了“最终评估”部分。

1. 话题、目的、论题。这个话题合适吗？目的清晰吗？演讲的论题或主要思想是我们需要注意到平时往往不太明显的精神疾病症状。这个主要思想表述清晰了吗？如果不够清晰，你会如何改进？
2. 受众。演讲者几次努力在受众和话题之间建立关联。在公开演讲中，你会怎样让话题与你的受众产生关联？
3. 研究。演讲者几次引用研究结果。这是否足以让你认可演讲内容的真实性？还有哪些方法可以用来引用研究结果？
4. 支撑性材料。你认为该演讲者对支撑性材料的运用如何？你还会想添加什么材料吗？如果确实想添加，具体想添加什么？
5. 要点。如果你准备做一场关于精神疾病的演讲，你会使用哪些要点？
6. 组织。该演讲者使用了话题模式，还能用什么模式来组织演讲？如果用其他模式，要点会是什么？
7. 完善措辞。你如何评价本篇演讲稿的语言？这些语言清晰、生动、恰当、亲切和有力量吗？演讲中的句子类型变化适度吗？
8. 开头、结尾、过渡部分和标题。演讲者还能用什么方法来引入话题？如果是你，你会如何引入话题？演讲者用甘地的话来做结语，还能用什么方法来结束演讲？演讲中的过渡手段恰当吗？如果不恰当，你会如何改进？你觉得演讲标题如何？标题吸引受众吗？这个标题会带给受众什么样的预期？
9. 发表演讲。如果你有机会看到视频，可以去观看一下。你认为她的演讲方式怎么样？
10. 最终评估。演讲者成功实现演讲目的了吗？

第 12 章
说服性演讲

Shelly Rivoli/Alamy Stock Photo

公开演讲的终极目标就是说服，即影响受众的思想和行为。

在第 11 章我们主要学习了说明性演讲，研究了沟通信息的重要原则以及说明性演讲的不同类型。本章我们主要以大致相同的方式谈论说服性演讲：包括说服性演讲的原则、三类证据及说服性演讲的几种类型。

表 12-1 说明了以说明为主要目的和以说服为主要目的的两种演讲之间的主要差别，是本章与第 11 章内容的很实用的过渡。

表 12-1　说明性演讲和说服性演讲的区别

演讲构成元素	说明性演讲	说服性演讲
话题 / 议题	很重要但通常没有争议	很重要且有争议性
目的	向受众传递新信息	影响受众的态度、想法或行为
论题	说明演讲的主要内容	说明需要辩论的立场
支撑性材料	主要是例子、定义、数值型数据和演讲辅助手段	除了跟说明性演讲一样的材料，还有基于逻辑、情感和可信度方面的论据

说服性演讲的原则

如图 12-1 所示，通过遵循这些原则，你可以更有效地增强、改变受众的态度或信念，可以更成功地让他们行动起来。这些原则有的比较简单，仅需两三段就可以叙述清楚；有的则比较复杂，需要更详细的论述。然而，它们全都可以帮你成为一名更有说服力的演讲者。

谨记目标

说服是指影响他人态度、信念、价值观和 / 或行为的过程。在说服性演讲中，你也许需要实现以下两个目标中的一个。

- **改变态度、观点和价值观**。改变也许意味着加强现有的态度和信念；改变也可能意味着要改变受众现有的想法和信念。
- **激励行动**。你的最终目标是希望人们行动起来。例如，去给甲而非乙投票，为无家可归的人筹集款项，或者去选修犯罪学等。

很实用的一个方法是将影响看成发生在“说服连续统”上某一个点的事物，这个连续统从一个极端延续到另一个极端。假设你要做一个关于校园枪支的演讲，你也许会将受众的态度标注为一个连续统——从非常赞成到强烈反对，如图 12-2 所示。你的任务就是促使受众朝着你希望的方向移动。你可以用信息来强化、弱化或改变受众对于校园持枪的态度、想法或价值观，或者你可以用信息来促使受众行动起来——去抗议、写信或者在请愿书上签名。如果你的目的是说服受众反对校园枪支，那么如图 12-2 所示，任何朝右的移动都是成功的说服。反之，如果你的目的是说服受众支持校园枪支，那么任何朝左的移动都是成功的。

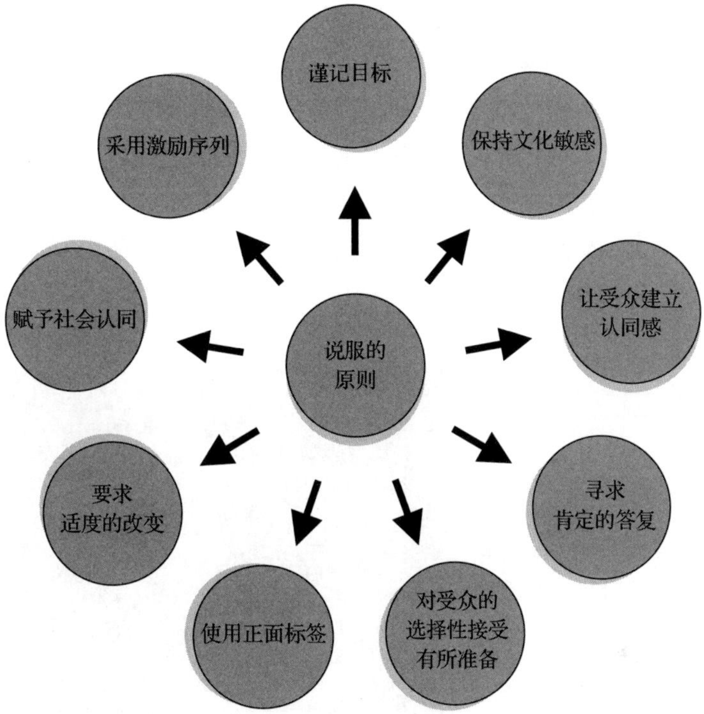

图 12-1　说服的原则

非常赞成校园持枪 _____ : _____ : _____ : _____ : _____ : _____ : _____ 强烈反对校园持枪

图 12-2　说服连续统

保持文化敏感

对于说服而言，文化差异特别重要。你用于影响文化群体 A 的诉求也许就不适用于文化群体 B。对于不同文化背景的受众，你声明立场和建立论据的直接程度都应有所不同。通过学习以下七个文化维度，你可以更好地理解文化差异的重要性（Hall，1976；Hall 和 Hall，1987；Hofstede、Hofstede 和 Minkov，2010；Singh 和 Pereira，2005）。

这七个维度中的任意一个对于有效的说服性演讲都意义非凡，尤其是在当代全球的受众几乎都可以通过播客、YouTube 和网络论坛来收听演讲的情况下。

个人主义文化和集体主义文化

个人主义文化强调个体、个体的成功和个体的责任。集体主义文化（如危地马拉、厄瓜多尔、巴拿马、委内瑞拉、哥伦比亚、印度尼西亚、巴基斯坦、哥斯达黎加和秘鲁）却认为群体、家庭或组织比个人更重要。在影响个人主义文化背景的受众的演讲中，你可以更强调独立、与众不同、独特等特征。强调自己的能力也是比较重要的，如果你不这样做，受众就会认为你也许没什么能力。然而，面对集体主义文化背景的受众时，演讲重心应该放在家庭、忠诚（对品牌或者对组织）、民族身份、民族自豪等方面（Dillard 和 Marshall，2003；Han 和 Shavitt，1994）。面对集体主义文化背景的受众，过分强调自己的能力或者过分强调自己公司的业绩也许会让人觉得无礼。

观点

反向说服

有时会出现反向说服的情况。这种情况指的是演讲者希望向某个方向说服受众，结果受众都朝着相反的方向去了。这种情况往往是因为受众认为演讲者不正直、一心自我宣传、信息不准确等。反向说服在人际沟通中也会发生。例如，某人明明想要别人觉得自己知识渊博、稳重老练，没想到最后给人留下的印象却是个势利鬼。你生活中有哪些反向说服的经历？你认为哪些因素会导致这种状况？

Juice Images Ltd/Getty Images

观点

文化差异

根据霍夫斯泰德和明科夫（Hofstede and Minkoff，2010）的研究，文化差异最重要的区分维度就是个人主义取向和集体主义取向。你的说服策略在面对高度个人主义文化的受众时以及高度集体主义文化的受众时会有哪些不同？

高权力距离文化和低权力距离文化

在高权力距离文化背景的国家（例如，巴西、墨西哥、印度、菲律宾）中，有权力的人和没权力的人差别很大。在低权力距离文化背景的国家［如丹麦、新西兰、瑞典、美国（稍弱一点)] 中，两类人差异不大。如果你面对的是高权力距离文化背景的受众，那么在演讲中提到杰出的大人物，并借用他们所信仰和倡导的东西来说服受众，往往是很有效的。然而，在低权力距离文化背景的受众面前，这种方法就不太奏效了，效果反而不如用与受众群体比较相近的人的话语来说服他们。

高模糊容忍度文化和低模糊容忍度文化

在某些文化背景中，人们对于未知没有什么焦虑，也不会刻意去避免不确定性。然而，在另一些文化背景中，人们却尽力避免不确定性，对于未知也会有很多焦虑。高模糊容忍度文化的成员不会对未知感到焦虑，代表性国家包括新加坡、牙买加、丹麦、瑞典、爱尔兰、英国、马来西亚、印度、菲律宾、美国等。低模糊容忍度文化的成员对于未知会比较焦虑，会尽力消除不确定感，代表性国家包括希腊、葡萄牙、危地马拉、乌拉圭、比利时、萨尔瓦多、日本、秘鲁、法国、智利、西班牙、哥斯达黎加等。低模糊容忍度文化的受众会特别需要专家的（或由专家认可的）信息——他们想清楚地知道从哪里可以获得信息和指导。这类受众也会很重视传统，因此在演讲中提及历史对他们也较为有效。高模糊容忍度文化的受众却更愿意接受全新的、不同的事物。

男性文化和女性文化

男性文化重视传统的男性价值观，如力量、地位、成功，代表性国家包括日本、奥地利、委内瑞拉、意大利、瑞士、墨西哥、爱尔兰、牙买加、英国和德国等。女性文化重视传统的女性价值观，如亲密感、关系、忠诚，代表性国家包括瑞典、挪威、荷兰、丹麦、哥斯达黎加、芬兰、智利、葡萄牙、泰国等。这种区别带来的影响显而易见。男性文化的受众会更喜欢听到关于成就、探险、享受的内容，也会比较容易接受直接推销。女性文化的受众更愿意接受“软推销”，也更容易被和谐与美的事物打动。需要说明的一点是，有部分学者认为这两个术语可能会进一步加深性别成见，所以建议用“成就取向”和“人本取向”来分别替代它们。然而，男性（masculine）和女性（feminine）是学界通用的表达法，也是网络搜索研究资料时应该使用的关键词。因此，本书在这里使用这两个表达只是为了反映研究者们对两种文化的思考，并不是要加深已有的成见（Lustig 和 Koester，2013）。

高情境文化与低情境文化

在高情境文化中，信息包含在整个交流情境中，所以不必用语言清晰地表述出来（例如，日本文化、阿拉伯文化、拉丁美洲文化、泰国文化、朝鲜文化、阿帕奇族[①]文化及墨西哥文

① 阿帕奇族是美国印第安人的一个部族。——译者注

化）。在低情境文化中，信息需要用清晰的语言来表示，人们不会根据情境进行想当然的推测（如德国、瑞典、挪威、美国等）。来自高情境文化的受众更喜欢委婉含蓄的表达方式，而来自低情境文化的受众更想听到细致、直接、清晰的表述。

长期取向的文化和短期取向的文化

短期取向的文化（如波多黎各、加纳、埃及、尼日利亚、多米尼加共和国等）更加重视当下，他们强调“有钱就花”“享受现在”。因此，多讲述现在或者近期的享受就会对这些受众比较有效。长期取向的文化（如韩国、日本、乌克兰、德国等）更强调未来的回报，所以受众较容易对未来的回报比较感兴趣，例如，以后可以致富或者升职、储蓄的重要性、健康饮食的需要和保险的重要性等。

自身放纵的文化与约束的文化

这种维度的划分主要基于文化是自身放纵的还是约束的。自身放纵的文化（如委内瑞拉、墨西哥、波多黎各、萨尔瓦多、尼日利亚、哥伦比亚等）主要有两种价值观：①感觉自己有自由按心意做事，无须被迫去做别人要你做的事；②有休闲时间。两种价值观的结合定义了什么是“幸福”，而幸福也是高放纵型文化特别重视的因素。约束的文化（如巴基斯坦、埃及、拉脱维亚、乌克兰、阿尔巴尼亚、白俄罗斯等）重视对满足感的约束，认为太多的快乐是不光彩的。对于低放纵型文化（约束的文化）背景的受众（他们重视未来）而言，节约、省钱或为未来而努力学习等话题比较容易接受，但对于高放纵型文化背景的受众（他们要享受当下）而言，这些话题就没那么有吸引力了。

让受众建立认同感

有一个密切相关的原则，就是身份认同，也就是你表现自己与受众相似之处的过程。如果你能向受众表明你与他们有相同的态度、观点、价值观，毫无疑问，你就可以更好地实现说服受众的目标。其他方面的相似度也很重要。例如，在某些情况下，相似的文化背景、教育背景或社会背景都有助于让受众建立对你的认同感。然而，需要注意的是，缺乏诚意或者通过不真实的信息让受众建立认同感很有可能会适得其反，带来许多问题。所以，不要去暗示你与受众之间并不存在的相似之处。

总的来说，己所不欲，勿施于人。不要让受众去做你自己都没有做过的事情，而是要让受众知道你希望他们做的，你自己已经做到了。否则，受众完全有权质疑：“你为什么没有这样做？”另外，还要向受众表明你很高兴自己做了这件事。例如，与受众分享你献血或为盲人学生读书之后的满足感。

寻求肯定的答复

研究证据清晰地表明，获得肯定的答复有助于得到进一步的肯定答复（Goldstein，Martin 和 Cialdini，2008）。如果在相关话题上你已经获得了受众肯定的答复，那么你就更有可能获得下一个肯定的答复（最理想的是，获得关于演讲论题的肯定答复）。即使这个肯定的答复只是对应一个小问题，它也为你获得后面更大问题的肯定答复铺平了道路。例如，如果房主同意了在窗户上安装一块小小的“安全驾驶”提示牌，他们就更有可能同意更进一步的要求（例如，在他们精美的草坪上安装一块较大的提示牌）。相较之下，已经拒绝安装小提示牌的房主再答应后期请求的可能性就小得多。接下来，我们看看以下例子中的演讲者是如何在一场关于“持枪疏忽”的演讲中使用这一技巧的（Perry，2016）：

> 对于枪支法案也许我们各执一词，但至少有一件事我们可以达成共识：我们不能再无视枪击导致的死亡事件了，不能再有任何生命因不该持枪的人拿到了枪支而逝去。

对受众的选择性接受有所准备

受众在倾听时也会遵守选择性接受规律。这种规律或法则可以分两部分来看：①受众积极寻求与自身观点、信念、价值观、决定和行为相符的信息；②受众有意回避与自己已有的观点、信念、价值观、决定和行为相矛盾的信息。这种现象在受众对自己的想法和观点充满自信时最为明显。

如果你想说服与你态度不同的受众，就要做好受众会选择性接受信息的准备。你可以用步步推进法；也就是说，等你给出全部的证据和论据之后再下结论。直到给出了所有证据和论据，再把你与他们想法相冲突的观点揭示出来。如果你一上来就亮明观点，受众很可能就直接屏蔽演讲内容，不给你说服他们的机会了。因此，如果你想在演讲中做出这些必要的改变或调整，就要事先充分了解受众的立场和观点。假设演讲的话题是“削减大学在体育课程上的开支”。如果受众与你的观点一致，都赞成这种削减行为，那么你可以开门见山地说出自己的论题思想。演讲的开头可以这样说：

> 各项体育活动占用的大量资金原本可以用于学校图书馆、实验室、语言实验室。接下来我想具体探讨一下这些被无意义地占用的资金原本可以怎样更好地用于其他方面。

然而，如果你的受众强烈支持现有体育活动，那么你就需要先陈述证据，再涉及论题。例如你可以这样说：

> 学校现有的图书馆、实验室、机房都急需设备更新。我们先来看一下更新这些地方的设备对我们有哪些好处，然后来讨论筹措资金的方法。

使用正面标签

人们的行为方式往往会与外界给自己贴的“标签”一致，尤其当它们是对个人有正面影响的有利标签时。因此，如果你称赞受众具有某种好的态度或品质（从道德角度而言，你必须是真诚地认为他们确实具有这样的态度或品质），他们就更倾向于按照你的评价去行动（Goldstin、Martin 和 Cialdini，2008）。例如，你希望动员受众花时间去帮助有学习障碍的人。如果你将受众描述为“充满关爱、充满同情心、乐于助人的”，他们也会更倾向于认为自己具有这些品质，则就更有可能同意具有这些品质的人会同意的请求。

观点

负面标签

负面标签在哪些方面可用作一种说服策略？

Ed Lefkowicz/Alamy Stock Photo

要求适度的改变

要记住，在鼓励行为或态度的改变时，变化的幅度越大，你的目的就越难达到。从我们之前介绍的“说服连续统”的角度来看，如果你要求的是往某一个方向的小幅度移动，成功的可能性就更大一些。原因很简单：作为受众，通常我们都需要大量的证据和充分的理由才会愿意做出重大的决定，如改变职业、搬到另一个地方、开始投资股票等。

另外，对于相对而言不太重要的事物，我们会更容易被说服（且需要较少的证据）。例如，是给“联合心脏基金”捐款还是给“美国心脏基金”捐款。

一般来说，人们的改变是一点点、长期地进行的。因此，要想具有说服力，目标应是长时间内一步步地改变。例如，一场试图说服酗酒者去参加戒酒会的演讲，比起一场试图直接说服酗酒者永远戒酒的演讲，更有可能成功。如果你想让受众从根本上改变态度，或者去做一件他们之前竭力反对的事情，那么你的努力可能会白费。在这种情况下，受众可能会完全屏蔽你说的内容，无论你的论据是多么逻辑严谨与精妙。

同样地，在演讲中要为受众设立合理的目标。记住，也许你只有 10 分钟，在这 10 分钟里，你不可能创造奇迹。因此，你应该只要求小小的、易于实现的行动，例如鼓励受众去访问某个网站（甚至可以是一个观点、价值观与他们不符的网站），或者下一次选举时去投票，或者去购买一款新的防病毒软件。

赋予社会认同

当你向受众展示你希望他们做的事其他人也在做时，就为他们带来了社会认同（Cialdini，2013；Goldstein、Martin 和 Cialdini，2008；Surowiecki，2005）。因此，假设你希望受众在听演讲时关闭手机，你可以怎么做？考虑以下两种做法：

1. 那么多人都不关手机，这样干扰了其他人。这就是典型的不考虑他人。

2. 那么多人都把手机关了，非常尊重他人的感受。

哪种策略会更有效呢？第一种情形，你使用的是负面社会认同——你让受众知道有许多人在做你不希望他们做的事。这样的话，他们就有可能会想，既然别人这样做，我为什么不可以？第二种情形，你提供的是正面社会认同——你让受众知道许多人都在做你希望他们做的事。因此，他们也更有可能去效仿他人，从而也就按照你说的去做了。这种“群体本能”是一种很有力量的动因。

采用激励序列

激励序列是非常经典的说服法则。这是组织演讲的一种方法和策略。激励序列可以分为五个步骤：①吸引受众的注意力；②证明有改变的需求；③提出能够满足需求的建议；④让受众想象如果按照你的建议去做会有什么样的结果；⑤呼吁受众行动起来（German、Gronbeck、Ehninger 和 Monroe，2013）。下面我们来逐一详述。

1. 注意力。第一步是让受众能够全神贯注，认真倾听。如果这一步可以有效实施，受众就会很愿意倾听你所说的内容。获取关注可以通过许多不同的方法，如提出问题、提到在场的某个（些）受众，讲述非常戏剧化或幽默的故事。关于这些方法，在第 8 章中曾有详细讨论。

2. 需求。第二步是向受众证明他们了解或实践某事的必要性。你可以用以下三种方式来证明这种需求：

一是说明现在及将来的需求或问题。

二是用具体的实例、例证、统计数据、证词或其他形式的支撑性材料来说明需求。

三是说明这种需求对特定受众产生的影响，如对他们的经济状况、职业目标和个人幸福感产生的影响。

例如，要说服一群六七十岁的老人购买家用电脑，你可以这样说：

> 一项关于六七十岁老人的研究表明，老人们最迫切的需求之一就是可以方便、快捷地获得医疗信息。如果你也有同样的需求，那么家用电脑可能就是问题的解决方案。

3. 满足。第三步是提供用于满足第二步所提及需求的“解决方案”。这一步让受众明白，你在让他们了解问题的解决方案，或者说你在动员他们去解决问题。也就是说，你在回答“受众如何通过我说的方法来满足需求”这一问题。这一步通常包含两种信息：

一是清晰地说明（如有需要，可以辅以实例或例证）你希望受众了解、相信、实践什么。

二是清晰地说明你希望他们这样做的原因和具体方法。例如，你可以说：

> 有了家用电脑，你就可以迅速地获取数千种药物的信息。

接下来你可以向受众说明（也许用现场演示的方法）如何用家用电脑查询信息。

公开演讲选择点

使用激励序列

格斯想要做一场反对建立青少年中心的演讲。他的观点是，要想解决青少年犯罪问题，应对各种罪行施以更严厉的惩罚。他想用激励序列模式。按照前文描述的步骤，格斯可以如何来构思他的说服论据呢？

4. 视觉化。第四步是强化受众的感觉或信念；带受众脱离时空的局限，积极想象这种需求得到满足后的情景（借助第三步提到的解决方案）。要实现这一步，你可以：①向受众展示如果建议被真正付诸实施会有怎样的积极效果；②向受众展示如果建议不被实施，会有怎样不好的结果。也可以把这两种方法结合起来，既说明这个建议带来的好处，又说明现状或其他建议带来的坏处。例如，可以这样表述：

> 只要鼠标轻轻一点，您就可以足不出户获取重要的医疗

信息，再不用出门对付各种交通状况，浪费时间了。

然后你可以用一个具体的例子来说明受众如何获取信息。

5. 行动。告诉受众该如何行动才能满足上面提到的需求。你的目标是让受众向某个方向前进。以下是完成此步骤的三个方法：

一是明确说明受众接下来该如何行动。

二是回应受众的情感诉求。

三是对未来的行动提供指导原则。

例如：

阅读这本小册子——《60 岁以后的电脑人生》，然后去离家最近的电脑商店，与销售人员聊一聊。

或者你可以建议他们考虑在社区报名参加成人电脑课程。

需要注意一点，如果你的说服目的是强化或改变受众的态度和信念，那你必须鼓励受众至少想象一下强化或改变后的态度和信念。如果你的目的是让受众行动起来，那么你需要对下一步该怎么做给出很具体的说明。

表 12-2 从受众反应的角度来分析激励序列，并说明了在使用该序列时需要注意的一些问题。后面的公开演讲学习辅助材料展示并讲解了一篇使用激励序列组织的演讲稿。

表 12–2　作为说服策略的激励序列

步骤和目的	演讲者需要回应的受众问题	理想的受众反应	注意事项
注意力（让受众认真听取信息）	我为什么要听？这值得我花时间吗？	• 听上去很有趣。 • 我想了解更多。	受众的注意力要与话题相关。
需求（向受众说明存在需要解决的问题）	我为什么要了解这些？为什么要行动？	• 好吧，我懂了，的确存在问题。 • 要采取行动改变这一切。	不要把需求过分夸大。
满足（向受众说明如何满足需求）	我该怎么做？	• 我可以改变现状。 • 我知道自己该怎么做。 • 我有能力这样做。	回应受众可能会有的任何异议。
视觉化（说明需求满足后的情形）	做了之后会有什么不同或改善？	• 如果实现了真的好棒啊！ • 的确需要这样的改变。	现实一些，不要把未来描绘成完美境界。
行动（鼓励受众行动起来）	我现在该如何行动来实现这种改变？	• 让我加入。 • 这是我能做的贡献。 • 我会参与。	具体一些。要求受众做出力所能及的行动或改变。

公开演讲学习辅助材料

带有注解的准备阶段的提纲（按照激励序列组织）

该提纲示范了如何用激励序列来撰写一份演讲提纲。在更长的演讲中，也许你需要提供 2 ～ 3 个论据来说服受众建立青少年中心，而非仅仅下文中的“青少年中心可以降低青少年犯罪率”这一条理由。

青少年中心

总体目的：说服

具体目的：说服我的受众能够为 14 号提议（建立社区青少年中心）投赞成票

论题：青少年中心可以降低青少年犯罪率

Ⅰ. 如果你稍做努力，就可以使青少年犯罪率下降 20%，你愿意吗？

A. 汤姆的杂货店被几个青少年破门而入。

B. 洛兰的音像店窗户被一帮孩子打碎。

Ⅰ. 注意力

演讲者提出一个问题，吸引受众的注意力，紧接着引用一些受众都深有体会的具体案例。这些问题和案例都聚焦在一个话题上——“降低青少年犯罪率的必要性”。如果这个演讲论题还包含建立青少年中心的其他理由，那么这些理由也应该在这一部分涉及。

Ⅱ. 青少年犯罪率有上升的趋势。

A. 总体的犯罪数量在上升。

1. 在 2003 年有 32 起青少年犯罪事件。
2. 2010 年有 47 起。
3. 2013 年有 63 起。

B. 严重犯罪行为的数量也在增加。

1. 2003 年有 30 起轻罪和两起严重犯罪。
2. 而到 2013 年有 35 起轻罪和 28 起严重犯罪。

Ⅱ. 需求

演讲者直接明了地叙述需求，并且证明问题的确存在。演讲者向人们展示犯罪率的上升，无论在绝对数量上还是在严重程度上都是如此。为了增加受众对这些数字的理解，可以把这些数字写在一块白板上，显示在表格中，或者做成幻灯片，那样效果会更好。在比较长的演讲中，可能还需要在这一步去论及其他一些需求，如需要给青少年提供一个学习有用的职场和社交技能的场所。

Ⅲ. 青少年中心将有助于减少青少年犯罪。

A. 我们周围有三个城镇，由于建立了青少年中心，而降低了青少年犯罪率。

Ⅲ. 满足

在这一步，演讲者向受众表明，建立青少年中心可以带来很多益处，且没有明显的坏处。

1. 在马尔伯勒地区，青少年犯罪数量总体下降 22%。
2. 在海兰和埃伦维尔地区，严重犯罪数量下降了 25%。

B. 青少年中心不会增加我们的税收负担。

1. 纽约州政府同意支付大部分的费用。
2. 当地商人同意支付剩下的费用。

演讲者通过周围城镇的数据来证明，青少年中心能够满足降低青少年犯罪率的需求。如果演讲者认为受众可能还会有别的反对理由，这些理由也应该在这一步被回应。

Ⅳ. 青少年中心的建立可以带来青少年犯罪率的下降。

A. 如果效仿周围地区的做法，我们的青少年犯罪率也有可能下降 20% ～ 25%。

B. 汤姆的店就不会被人破门而入。

C. 洛兰的窗户也不会被人打碎。

Ⅳ. 视觉化

在这一步，演讲者用前文中所提到的数据，以及在演讲开头所讲到的具体案例来给受众描绘一幅远景，即随着青少年中心的建立，城市的未来将会有什么样的改变。

Ⅴ. 给 14 号提议投赞成票。

A. 下周的投票活动中，会要求你给 14 号提议（建立青少年中心）投票。

B. 如果你希望降低青少年犯罪率，那么就请给 14 号提议投赞成票。

C. 鼓励你的家人、朋友、同事都给它投赞成票。

Ⅴ. 行动

在这一步，演讲者呼吁受众采取具体的行动——为建立青少年中心的提议投赞成票，并且鼓励身边人都这样做。另外，演讲者重申了论题——青少年中心可以降低青少年犯罪率。

说服的三种证据

古典修辞学（以及当代研究）确认了说服的三种功能证据：逻辑证据、情感证据和可信度证据。

逻辑证据

当演讲者使用逻辑证据时，主要用事实和证据而非情感或权威性来做论据。不难推断，一旦受众被逻辑证据说服，他们一般可以长久保持这种立场，不会轻易被未来出现的相反观点打动（Petty 和 Wegener，1998）。我们依次来看一下逻辑证据的三种类型，以及各自的一些谬误。

具体例子推论法和归纳法

用具体例子推论法意味着你仔细分析几个具体的例子，然后得出一个总的结论。这种推论方式被称为归纳法，比较适用于你想要论述一个总体原则，但又无法面面俱到去讨论的情况。例如，你走访几个斯堪的纳维亚半岛的城市，然后得出关于整个半岛的一些结论。通过思考以下问题可以批判性地分析（你自己的或者他人的）这种推论法的使用是否合理。

- 具体例子的数量够吗？两条总体原则可以帮助你判断这个问题。第一，你结论涉及的范围越广，你需要的具体例子就越多。如果你的结论是关于整个国家或者整个文化的，你就要研究相当数量的人之后才能得出很初步的结论。而如果你的结论对象是一箱大约 100 个苹果，那么只要抽样几个就足够了。第二，整个群体的多样性越高，你要分析的具体例子也越多。有些阶层或群体的事物是非常相似的，有些却是比较不同的，这些都会影响到多少具体例子才算是足够的样本。沸水里的意大利面每根都大同小异，所以尝一根就可以知道其他的情况。然而，斯堪的纳维亚的城市各不相同，所以想要对这个地区做出结论需要很多的样本来分析。
- 有没有明显的例外？当你研究具体例子并试图做出关于整体的结论时，要把例外考虑在内。因此，如果你查看了计算机专业学生的成绩，发现 70% 的同学绩点都在 3.5 之上，你很可能就想下结论，计算机专业的学生都特别聪明。但是另外 30% 低于 3.5 的人呢？他们低多少？这也许是你下结论时必须考虑的重要的例外，需要你用合理的方式来限定自己的结论。究竟多少例外、什么样的例外算是“重要的例外”，那就要视具体的情况而定了。

因果推论法

用因果推论法意味着你可以从二者之间的任一方向开始。你可以从原因到结果（从观测到的原因到观测到的结果），或者从结果到原因（从观测到的结果到观测到的起因）。可以用以下问题来分析自己或他人对这种推论法的使用是否合理：

- 其他起因是否也会产生这种结果？如果你观察到某种结果（例如，犯罪率高或者学生缺乏热情），你就要考虑除了自己假设的原因，还有没有其他原因也造成这种结果。因此，假设你的预设是贫穷导致犯罪率高，但也许其他的原因才是真正的诱因。又或者贫穷是原因之一，但不是最主要的原因。所以说，不要忘记研究其他原因的可能性。
- 因果关系的方向是这样的吗？当两种情况同时出现时，有时很难判断哪个是起因，哪个是结果。例如，缺乏亲密的人际关系和缺乏自信往往体现在同一个人身上。缺乏自信的人很少跟他人建立亲密关系。但是究竟哪个是因、哪个是果呢？有可能是缺乏亲密关系“导致了”自信心的缺乏，也有可能是缺乏自信心“导致了”亲密关系的缺乏。当然，还有可能是其他预先没有研究过的原因（例如，曾经遭受负面评价），同时导致了缺乏亲密关系和缺乏自信这两个结果。

迹象推论法

迹象推论法是指基于频繁出现的线索或症状来得出结论。医疗诊断是这种推论法的典型应用。总体的过程很简单。如果某种迹象和一件物品、一个事件、一种状况通常都是同时出现的，那么这种迹象的出现，也就说明了这件物品、这个事件或这种状况的存在。例如，疲劳、极度口渴和暴食是甲亢的迹象，因为它们经常伴随着甲亢而出现。通过思考以下问题可以分析对这种推论法的使用是否合理：

- 这些迹象足以得出这个结论吗？出现了极度口渴、暴食和疲倦的迹象，在多大程度上可以肯定是甲亢呢？对于大部分的医疗病症而言，我们永远也无法有绝对的把握，但是我们可以在合理存疑的基础上基本确信。
- 有没有其他迹象也会带来同样的结论？就上述例子而言，极度口渴可能由许多因素引发。同样地，疲倦和暴食也能归因到其他病症上。然而，三者同时出现，诊断结论似乎就是唯一的了。一般来说，有越多的迹象指向同一结论，你就可以越有信心。
- 有没有相互矛盾的迹象？有没有两个迹象得出的结论是相互矛盾的？例如，男管家有动机也有使用暴力的历史（这些迹象支持“男管家是谋杀犯”的结论），但同时男管家有不在场证明（这个迹象支持“男管家是无辜的”的结论），那么男管家有罪的结论就不得不被重新考虑甚至是彻底弃除了。

批判性地倾听推理的逻辑论据及逻辑谬误

当倾听逻辑论据或者看似有逻辑性的论据时，除了思考上述关于各种推论法应思考的问题外，还要批判性地倾听，思考是否存在推理谬误，即论据看似能够证明问题但实则并未证明问题。以下是六个常见谬误：轶事证据、诉诸传统、证词法、转移、打楔子、议程设置。学会发现他人演讲中出现的这些谬误，同时在自己演讲中也应该避免这些谬误。

- 轶事证据。你经常会听到有人用轶事证据来“证明”某个观点：“男人就是那样的；我特别了解，因为我有三个兄弟。”“日本经理人就是这样的，我可见多了。”这种“证据”不恰当的原因之一就是它们样本太少，无法得出结论——这就是典型的以偏概全。另一个不恰当的原因是个体的评论往往会带有自己的态度与想法。例如，你个人对于日本经理人的看法可能会影响你对这类人行为的认知。

- 诉诸传统。诉诸传统的方法通常被用于反对变化。人们会用这种方法指出建议创新是错误的，不应该被采纳，因为过去从没有这样做过。这种谬误在历史上反复出现，被人们用来抵制新事物。然而，显而易见的是，过去是否做过某件事跟这件事是否有价值、是否值得做并无必然联系。
- 证词法。证词法这一技巧在于将你对这个人的态度与你对这件事的态度联系在一起。如你很尊重说话者，那么你就会同意这件事；相反，如果你很不喜欢说话者，你就会反对这件事。广告商家经常使用这一技巧，他们让演员打扮成医生、维修工、大厨等，然后帮助推销产品。有时这种技巧只使用模糊或宽泛的称呼来指代“权威人士”，如“专家们一致认为”“科学家说”“好厨师知道”“牙医建议”等。
- 转移。使用这种方法时，演讲者把自己的想法与你对某个事物的尊重（获得你的赞同）或厌恶（获得你的反对）联系起来。例如，跑车生产商希望人们多购买他们的汽车，就会将这些车与“社会地位”和“性魅力”联系起来；健身俱乐部宣传者或某种饮食法的倡导者会将他们的宣传对象与“健康、自信、良好的个人魅力”联系起来。
- 打楔子。使用打楔子这种技巧时，演讲者反对某个提议或新动向，理由就是这种改变会像打进一片“薄楔子”，把通往灾难的所有大门都撬开（Chase，1956）。虽然没有什么确凿的证据，但从古至今，一直有很多人靠使用这种论据来抵制变化。较有代表性的“打楔子”结论有：学校（种族）融合或者跨种族婚姻会导致美国社会和教育体制的崩塌；公共场合全面戒烟会导致餐饮业遭受重创。
- 议程设置。使用议程设置时，演讲者主张几件事是最重要的，其他事情都不重要，或者没有意义。这一类错误会经常出现，如“这个城市存亡的关键就是平衡预算”，或者“我们这些大城市的小学教育只面临一个问题，那

公开演讲选择点

选取说服论据

格雷丝在准备一场关于政策的说服性演讲，她的论题是“所有提供通灵服务的商家都应该以诈骗罪被起诉”。格雷丝有哪些方法可以说服受众接受她的主张？

就是暴力问题”。然而，几乎所有事物都有很多面，也会牵涉到很多问题。人们很多时候宣称只有 ××× 重要，其根本原因在于，“如果你只关注 ×××，我就可以更好地说服你”。

情感证据

情感诉求（或者说激励诉求）是在说服时利用受众的情感、需求、欲望、愿望，这可以是一种非常有力量的说服方法（Wood，2000）。具体来说，在你使用情感诉求时，你使用那些力量来激发、感动或触动人们去形成、改变或增强他们的态度或行为方式。例如，追求地位可能是一种动因。这种功能动因可以用来激励人寻找高社会地位的职业或者用某种方式来穿着打扮。

如图 12-3 所示，迄今为止，亚伯拉罕·马斯洛在 20 世纪 60 年代提出的需求层次理论仍旧是最实用的人类动机分析之一（Benson 和 Dundis，2003；Maslow，1970）。这个理论包含的假设之一就是人们会先满足最低层级的需求，只有当低一级的需求满足了，高一级的需求才开始影响人们的行为。例如，当人们还吃不饱（对于食物的需求尚未得到满足）时，他们不会关心安全需求或者免于恐惧的需求。同样，如果他们的安全需求尚未得到满足，他们就不会去关心友谊的需求。这一理论带来的启示是，你要先去了解受众哪一层的需求还未被满足，而这些未被满足的需求可以被用来作为激励他们的因素。

以下是围绕马斯洛需求层次理论所衍生出来的非常实用的激励方法。阅读这一部分的同时，请认真思考自己接下来的演讲可以如何运用这些方法。

生理需求

在世界上的许多地方，甚至在美国的部分地区，人们基本的生理需求都尚未得到满足。这些是非常有效果的激励因素。在世界上许多最贫穷的国家，承诺可以满足人民基本生理需求的演讲者会得到人民的拥护。然而，大多数受众对于食物、水、新鲜空气的需求早已得到满足，所以用这类问题来说服或激励他们可能效果不大。但是，如果是线上交流，你的受众群也许更加多样化，其中也许会包括一些基本生理需求尚未得到满足的人。

安全需求

对于那些安全需求或者免于恐惧的需求没有得到满足的人，诉诸安全保障、免受身体伤害和心灵伤害便很容易激发他们。在很多场合我们可以看到对这类诉求的回应。例如，广告中对于车内或屋内安装防盗装置的宣传；在政治演讲中承诺增加街头和校园警力；在激励大师的演讲中承诺可以带来心理安全感，并彻底摆脱焦虑感。有时安全需要也体现在个体对秩序、结构和组织的向往中——商业广告也会充分利用这一点，例如，手机和信息管理软件的个人信息助理功能。

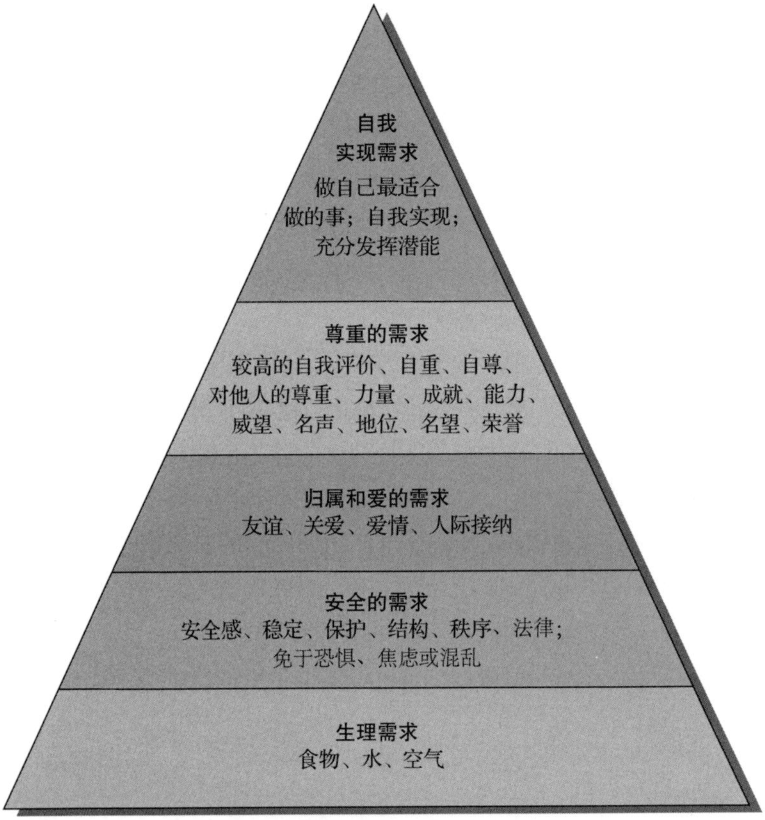

图 12-3　马斯洛的需求层次理论

你会如何用这张图来描述受众的需求满足状态？根据这张图，你认为哪些需求用于激励最有效？

资料来源：Based on Abraham Maslow. Motivation and Personality. New York: HarperCollins, 1970.

归属和爱的需求

归属和爱的需求是非常强大的，大部分人都渴望爱与被爱。如果你能教给受众如何去爱与被爱，他们不仅会听得很认真，还会很感激你。我们还需要归属感，也就是友谊和陪伴。一方面，我们渴望独立与个性；另一方面，我们同样渴望成为群体中的一员。可以留心单身俱乐部、约会服务机构的广告是如何利用人们的这一诉求的。仅仅基于这一种需求，它们就已经成功地吸引了成千上万人的关注、兴趣和参与。

尊重需求

我们需要良好的自尊感：正面的自我形象，最佳角度体现自我形象。我们希望自己是自信的、有价值的、可以为社会带来贡献的。我们希望自己是有成就的人。在利用人们对成就的渴望进行说服时，你需要在演讲中清晰地说明你的演讲内容、思想和建议可以怎样帮助受众获得成就。向受众说明你的演讲内容可以如何帮助他们追寻目标，受众就会非常积极地倾听，并乐于接纳你的思想。

自我实现需求

高居马斯洛的需求层次顶端的是自我实现的需求。每个人都有自我实现的欲望，即希望自己在做的事是最适合自己的。如果你觉得自己是个诗人，那么你就应该从事诗歌创作；如果你认为自己适合做教师，那么你就应该从事教学。即使你没有从事这些职业，你内心还是存在这种渴望的。自我实现的需求，即对于“发挥自身最大价值”的渴望感，能够激励受众努力追求自己的最高理想，在演讲中用其激励受众往往也深受受众的欢迎。

批判性地倾听情感诉求

情感诉求无处不在，敦促你去做各种事情——最常见的是购买某个产品，或者支持某种立场或事业。以下建议可以帮助你在倾听这类诉求时做批判性的思考：

- 情感诉求不能成为证据。无论演讲者的声音多么有感染力，身体语言多么有魅力，无论演讲者的语言多么打动人心、有激情，都无法证明演讲者正在陈述的内容。
- 情感是无法公开检视的。事实上，你无法判断演讲者的真实想法。也许他内心根本没有这种情感，只是很擅长使用面部表情管理技巧，或者有聪明人帮他撰写了讲稿。
- 证据缺乏时，情感诉求被用来转移受众的注意力。如果演讲中只有情感诉求，没有证据和论据，或者你怀疑演讲者想用情感诉求来让你忽略没有证据的事实，问一下自己为什么。
- 情感诉求的动机高低不同。演讲者可以激发受众对于爱与和平的向往，也可以煽动仇恨和战争。在为慈善机构做募款宣传时，活动方可能会诉诸高动机的情感诉求（例如去帮助比自己不幸的人的欲望），也可能诉诸低动机诉求（例如负疚感与恐惧感）。
- 特别留意对于怜悯心的诉求。通常逻辑学家将之称为“诉诸怜悯”。例如，“我真的已经尽力做了，但是我太难过了，无法专注”。

可信度证据

可信度是指受众在多大程度上认为你是一个值得相信的演讲者。可信度不是一种你要么拥有要么没有的客观感受；相反，它是受众对你看法的反映。在阅读这类证据之前，思考以下问题，想一想受众最有可能如何评价你。

1. 你知识渊博吗？

2. 你是一位认真的研究者吗？

3. 你对话题很了解吗？

4. 你对演讲材料（即证据和论据）的使用合理吗？

5. 你关心受众的反应吗？

6. 你诚实（不会去歪曲事实）吗？

7. 你很坚定吗？

8. 你对某话题很有热情吗？

9. 你态度积极而非消极吗？

这些问题基于大量的相关研究（Richmond、Wrench 和 McCroskey，2013），主要集中考察我们接下来将要讨论的关于可信度的三种品质——能力、人品和魅力。问题 1 ～ 3 考察受众对你能力的看法：在他们看来，你的能力如何？问题 4 ～ 6 考察受众对你人品的看法：他们是否认为你是个正直和有道德的人？问题 7 ～ 9 聚焦于魅力：受众是否认为你态度积极、充满活力？一边阅读以下讲述，一边思考：你可以怎样来增加自己的可信度或可靠度，即别人对你能力、人品和魅力的认可度。

如果受众认为你有能力、有知识、人品好、有魅力或活力，他们就会觉得你可信。那么，你在改变他们的态度或者动员他们行动方面也会更加成功。

究竟什么因素能打造出可信度，也会因文化的不同而不同。例如，对于给学前儿童选教师这种情况，在有些文化中，人们会把能力视为最重要的因素；但在另一些文化中，人们会认为善良、道德、名声等是最重要的。并且，每种文化对于可信度究竟包含哪些因素也会有完全不同的看法。例如，“人品”在有的文化中意味着遵守特定宗教的教义规则，在有的文化中则意味着“不做违背良心的事”。

能力

“被感知的能力”是指受众对你的知识和专业水平的看法。在受众眼中，你知识越丰富，专业水准越高，他们就越愿意相信你。同样，如果你认可某位教师或医生的专业知识水平，你就会很信任他。你可以用以下几种方式来表现自己的能力。

- 告知受众你的能力。让受众知晓使你有资格讲述这个话题的专业知识或者学习经历。如果你的话题是集体生活，而你现在就在过集体生活，那么就在演讲中说明这一点。

如果有可以增加你可信度的独特的个人经历，就讲给受众听。在美国的各种演讲场合，这条原则都是适用的。然而，在另外一些国家，尤其是集体主义文化的国家，如日本、韩国等，强调个人能力或者自己公司的强大可能就意味着暗示受众不够好或他们的公司不够好。但是，在个人主义文化的国家，例如北欧国家、美国、西欧国家等，如果你不强调个人能力，受众就会觉得你确实没什么能力。

- 引用多种研究做论据。让受众明白你做了细致的前期研究，告知受众你读了哪些书、走访了哪些人、查询了哪些文章。把这些背景介绍穿插在演讲的全过程中，不要一下子说完。
- 强调信息来源人的资历。如果受众对这些人物不熟悉，那就需要你对信息来源人的特定能力做专门的强调。这样做可以让受众知道，你尽力找到了最权威的人士。例如，如果仅说“参议员卡多瓦说……”无法让受众知晓这位参议员的可信度；可以这样表述：“参议员卡多瓦过去是麻省理工学院的经济学教授，也曾担任金融委员会会长三年，他认为……”

人品

受众如果认为你有非常好的人品，为人正直、有道德，他们也会认为你非常可信。当受众认为你所说的内容是出于善意（而非仅仅考虑你自己的利益），他们就会认为你是可信的，也更愿意相信你。你可以通过以下几种方法来打造自己的人品可信度。

- 强调公正。做说服性演讲时，要强调对事物的两面你都仔细考察过（前提是你的确这样做了）。陈述事物的两面时，要说明你讲述的是准确的、不偏不倚的。特别小心，不要遗漏任何受众可能会想到的问题，否则就很容易让人感觉你的立场并不客观。告诉受众，你的立场选择是基于对事物客观公正的评价。
- 强调对受众的关心。让受众知道，你对他们是否幸福很关切，而不是一心追求个人利益。如果受众感觉你一切只是“为了自己”，你在他们心目中的可信度自然就会降低。向受众明确表示，你最关心的是他们的利益。告诉受众，新的立法可以减少他们的税负；循环利用可以造福他们的社区；对于性骚扰的了解可以让他们在工作环境更自在、压力更小。
- 强调对于高层次价值观的关注。如果演讲者关注的只是琐碎小事，在受众眼里可信度就不会太高。相反，如果演讲者让受众感觉到他关心的是真理和总体的原则，受众就会比较信服。因此，要清楚地说明一点，即你的立场（你的论题）是与高层次的价值观密切相关的，以及是如何相关的。

例如，以下是科菲·安南在2006年9月19日即将卸任联合国秘书长时的告别演说片段，在演说中他强调了自己对于那些高层次价值观的关注：

> 是的，我仍然深信，要解决世界的分裂问题，唯一的答案就是一个真正的联合国。环境变化、艾滋病和病毒、公平贸易、移民、人权——所有这些问题都将我们带回这个起点。在我们的村庄、社区和国家，每一件事的应对都需要每个人的身体力行。而现在每件事都是全球范围的，所以，只有依靠这个范围最大的世界机构，依靠由它协调和支持的全球合作，才能达到我们最终的目标。

魅力

魅力是受众眼中你的个性和活力二者的结合。受众如果喜欢你，觉得你很友好、开朗，而非孤傲、保守，他们就会觉得你比较有可信度（值得相信）。同样，比起说话犹犹豫豫、语气不够坚定的演讲者，受众更喜欢有活力的演讲者；比起一个害羞、内向、说话轻声细语的演讲者，他们更愿意信任一个外向、开朗、充满力量的演讲者（也许这是因为受众觉得有活力的演讲者是敞开心扉和真诚的，而一个害羞、内向的演讲者可能是遮遮掩掩的）。作为演讲者，你可以从许多方面来增强自己的魅力，从而提升自己的可信度。

- 表现出积极的态度。向受众表明你对公开演讲、对与所有受众面对面交流非常开心。一般来说，我们会觉得一个态度积极、面向未来的人比一个态度消极、瞻前顾后的人更可信。强调你面对受众时的喜悦之情，强调希望而非绝望，强调幸福而非悲伤。
- 表现出热情。无精打采、忧愁拖沓的演讲者是有魅力的演讲者的对立面。有机会一定去看看马丁·路德·金或葛培理[①]的演讲。他们在演讲时完全专注于演讲本身，专注于所有的受众。他们都是热情造就魅力的典型。
- 怀有同理心。使用有同理心的语言，不要用苍白的、无决断力的语言。使用清晰、有力而非随意、犹豫的手势。表现出对自己立场的坚定支持——受众往往更倾向于支持对自己的论题非常坚信的演讲者。

批判性地倾听可信度诉求和人身攻击

当你在倾听时，如果演讲者努力建立自己的可信度，那么需要你做出批判性的评价。以下是你在做评估时可以思考的三个问题：

- 演讲者与使用的可信度维度是否相关？例如，一位政治家的家庭成员（尽管他们都是不错的人）与他在社会保障、移民方面的立场是否相关？这位政治家之前有（或没有）从军经历与他正在讨论的问题相关吗？

---

① 葛培理（Billy Graham）是美国著名牧师，被称为20世纪最有影响力的基督教福音布道家。——译者注

- 演讲者是否用自己的可信度代替了证据和论据？演讲者也许会强调自己的教育背景（打造“能力”可信度）、提到参加过某些仪式（打造“人品”可信度）或者表现出自己的领导力（打造“魅力”可信度）。但是，如果这一切只是用于转移受众的注意力，来掩盖自己缺乏证据的事实，这种可信度就是毫无意义的。
- 演讲者的可信度真实吗？演员扮演牙医来为牙膏做广告，可追根究底他还是位演员，而不是一名牙医。很多时候，人们下意识地因为某个角色身上的制服就把可信度赋予了他。即使真的是一名牙医在做代言，也要意识到这名牙医这样做是有报酬的。尽管这并不一定说明这个代言是有问题的，但起码应该让你多些思考。

除了上述问题，还要特别留意人身攻击这一错误的说服策略。在听别人演讲时要警惕这种内容，在自己演讲中更不要使用这种方法。

- 对于个人利益的攻击可能会采取以下两种方式。一种方式是演讲者攻击某人没有资格发表观点，说这个人与这件事不相关或者缺乏一手资料。例如，演讲者可能会摒弃某条关于流产的观点，仅仅因为这个观点是由男士提出的。另一种方式是演讲者说某人没有资格赞成某提议，因为他会从提议中获益。例如，演讲者指出某人可以从减税提案中获得许多利益，但实际上，这一事实并不能说明这个减税提案是无益的。一个观点的合理性永远与提出者的性别（或文化）无关。同样地，其合理性也与提倡者是否可以获得好处无关。一个观点究竟合理与否，只能由其推理过程和证据来判断。
- 人格攻击。通常被称为“针对个人的”攻击。这种攻击一般会指责某人（通常是对手）曾做过某件错事，或者有某种性格缺陷，其目的就在于贬低这个人的可信度，转移受众对于被讨论话题的关注。例如，“你愿意相信一个屡次（恋爱）不忠的人吗？”我们经常能在政治类演讲中听到这种话，但其与论题是否有道理无关。
- 贴恶名标签。贴恶名标签，往往也被称为“井中投毒”，即演讲者给某个观点、某个群体或某种政治哲学贴上一个恶名标签（如“刚愎自用”“对恐怖主义怀柔”），让受众不假思索地就去对这个对象进行谴责。贴恶名标签的反面就是“粉饰法”，即演讲者通过把某个事物描述得特别高尚、特别有价值来让受众不假思索地接受（如“民主”“言论自由”“学术自由”）。通过使用这些“美德词汇”，演讲者试图让受众忽略证据，直接赞同他的想法。

了解了这些说服策略之后，我们就可以研究一下各种各样的说服性演讲。大部分说服性演讲可以根据其针对的问题分成三类：针对事实问题的、针对价值问题的和针对政策问题的。接下来我们解释一下三种演讲的区别，并通过举例说明各类演讲的论题、要点、支撑性材料和组织，阐明如何构建这些演讲。

事实型说服性演讲

事实问题的关注点就在于什么是真实的，什么是虚假的；什么是存在的，什么是不存在的；什么的确发生过，什么没有发生过。有些事实问题很好回答，它们包括一些你很熟悉的问题：谁是亚里士多德？目前有大约多少人使用网络获取新闻？这些问题的答案你都可以通过查参考书、登录相关网站或询问专业人士来获得。

然而说服性演讲中涉及的事实问题却不太一样。尽管这些问题同样也有答案，但是答案并不好找，甚至永远也找不到。关于争议性较大的问题，也许不同的人有不同的答案。每天的报纸和网站上都充满了这样的问题。就拿 2019 年 2 月 5 日来说吧，这一天可以从媒体上看到的事实问题就有：我们的饮食中需要脂肪吗？特朗普是种族主义者吗？唐纳德·特朗普真的创造了美国历史上最伟大的经济繁荣吗？霍华德·舒尔茨竞选美国总统的话会分裂民主党吗？

论题

针对事实型说服性演讲，可以基于对事实的陈述来确定演讲论题，以下是一些示例：

- 这家公司的女性员工面临玻璃天花板（上升瓶颈）。
- 原告被诬陷（或诽谤、诋毁）了。
- 这起死亡事件是一次医生辅助的自杀行为。
- 越有吸引力的人，得到的薪水也越高。
- 电视节目中的暴力内容会导致电视观众的暴力行为。
- 单独关押并不能遏制犯罪。

假设你要以上述第一句为论题做一场演讲，你也许可以把论题句写为“这家公司歧视女性”。“这家公司是否歧视女性”就是一个事实问题；很明显，答案要么是肯定的，要么是否定的。然而，你是否能证明自己的论断是事实型说服性演讲的核心所在。

要点

一旦确定了论题，你就可以通过问诸如“你怎么知道这一点”或“为什么你认为这是真的（这是事实）”这样的简单问题来生成演讲要点。对于上述问题的答案能让你把要点罗列出来。你演讲的简要提纲可能如下所示：

> 总体目的：说服。
>
> 具体目的：说服受众这家公司歧视女性。

论题：这家公司歧视女性。[我们如何判断出这家公司歧视女性？]

Ⅰ. 女性薪水少于男性。

Ⅱ. 大部分聘用是针对男性的。

Ⅲ. 就管理者职位而言，女性少于男性。

在演讲开头介绍各个要点时，务必在要点和论题间建立清晰的联系，在最后总结部分重申这种关联性。不要让受众忘记，女性薪水少于男性这一点可以成为直接证明演讲论题“这家公司歧视女性”的一条论据。

支撑性材料

明确要点之后，你要开始搜寻支撑要点的信息。以本演讲的第一条要点为例，你可以罗列证据如下：

Ⅰ. 女性薪水少于男性。

A. 过去五年来，女性编辑助理比男性编辑助理的平均年收入少 6000 美元。

B. 过去五年来，平均每个入门级岗位的女性员工比相同岗位的男性员工的年薪少 4500 美元。

C. 过去五年来，女性员工的奖金比男性员工少 20%。

有些演讲的内容主要聚焦于一个事实问题，那么其论题就是一个事实问题。另一些情况下，也许演讲中只有某个要点是事实问题。因此，假设你的演讲目的是倡导某个州允许单身父母收养儿童，那么，你演讲的一个要点就是事实问题：你要努力证明单身父母可以是非常称职的父母。一旦你证明了这一点，你就可以更好地说服受众支持单身父母的收养权。

在事实型说服性演讲中，你需要强调逻辑证据。事实是你最好的证据。你掌握的事实越多，在针对相关问题时就越有说服力。例如，你能搜集到女性比男性收入少的事实证据越多，你在

公开演讲选择点

生成要点

佩姬准备做一场事实型说服性演讲，其主要观点是“有暴力内容的电子游戏对儿童有害”。佩姬的演讲要点可以有哪些选择？

证明这一点时就越令人信服，最终，也越能证明这家公司的性别歧视现象。

尽可能用最新的材料。你掌握的材料越有时新性，它们与目前的情况也就越相关，也就越有说服力。在我们这个例子里，如果你说 2013 年女性收入平均比男性收入少 5000 美元，那就毫无意义，因为这无法证明公司目前的状况。

组织

事实型说服性演讲也许最适合使用话题模式，用这种模式可以逐一陈述每一条论据。例如，在上述提纲示例中，“要点”部分的组织就使用了话题模式：每一条关于性别歧视的证据都是重要性等同的要点。

价值型说服性演讲

价值问题关注人们眼中的好与坏、道德与不道德、正义与非正义。例如，2019 年 2 月 5 日，新闻媒体中出现的价值问题有：拉尔夫·诺瑟姆辞去州长职务是否对于弗吉尼亚州而言是最好的？美国和墨西哥之间的边境墙符合美国价值观吗？亚马逊公司在纽约长岛建立新的总部对于纽约人来说是好事吗？

关于价值问题的演讲旨在强化受众已有的某种态度、信念或价值观。许多政治类或宗教类演说都属这类。例如，去听宗教演说的受众往往已经是信徒身份，这些演说的目的是进一步加强他们已有的信仰与价值观。在这类宗教场合，受众与演讲者的价值观原本就是一致的，也愿意聆听演讲。而那些旨在改变受众价值观的演讲难度就要大得多，大多数人都会抵制变化。当你试图改变人们的价值观或信仰时，你就是在打一场异常艰苦的战争（虽然未必不会成功）。

确保你明确表述了你想倡导的具体的价值观。例如，假设你准备做一场演讲来说服高中生读大学。你需要强调大学是有价值的，但是应该聚焦于大学哪方面的价值呢？经济价值（大学毕业生的收入高于非大学毕业生）？社会价值（大学生活很好玩，可以交许多好朋友）？知识价值（大学拓宽你的视野，让你成为一个更具批判性和创造力的思考者）？一旦你明确了具体的方向，相关要点的确定也就容易多了，接下来寻找合适的支撑性材料也容易多了。

论题

专注于价值问题的论题示例如下：

- 死刑是不正当的。
- 斗牛是不人道的。

- 化学武器是不道德的。
- 大学体育活动大幅度弱化了学术活动的重要性。
- 单独关押犯人是野蛮的折磨。

要点

与事实型说服性演讲一样，你也可以通过提出策略性的问题来罗列价值型说服性演讲的要点。例如，问题可以是“为什么这是好的”或“为什么这是不道德的”。以上面的第一个题目为例，你可以问：“为什么死刑是不正当的”，对于这个问题的回答可以帮助你明确演讲的要点。演讲的简要提纲可能如下所示。

> 总体目的：说服。
>
> 具体目的：说服受众死刑是不正当的。
>
> 论题：死刑是不正当的。[为什么死刑是不正当的？]
>
> Ⅰ. 刑事司法体系可能会误判。
>
> Ⅱ. 死刑是残忍和非正常的惩罚。
>
> Ⅲ. 任何人都没有夺走他人生命的道德权利。

支撑性材料

要证明你的要点，必须搜寻相关的证据。例如，要向受众说明死刑会误判，你可以列举 3 ～ 4 起曾经很轰动的案件：犯人被执行死刑之后通过 DNA 比对等手段发现他是无辜的。

有时，针对某些话题，你有必要明确在你的评判标准下，什么是“好的”“道德的”“公正的”。例如，在“斗牛是不人道的”这一演讲中，你也许需要先定义什么样的行为会被视为不人道的。在这种情况下，你演讲的论题部分可能会是这样的：

> Ⅰ. 不人道的行为有两个特点。
>
> A. 它很残忍，带来很多痛苦。
>
> B. 它不是人类必需的。
>
> Ⅱ. 斗牛不人道。
>
> A. 它残忍，且带来很多痛苦。
>
> B. 它不是必需的。

这里要注意，在死刑案例中，演讲者的目的是加强或改变受众对于死刑的想法。演讲者不需要受众去做任何与死刑有关的事，只希望受众相信这是不正当的。然而，价值问题可以成为让受众采取行动的第一步。例如，一旦受众认可了死刑是不人道的，接下来你就可以呼吁他们采取行动了，也许在下一次演讲中——让他们支持一位反对死刑的官员，投票赞成或者反对某项相关提议，或者加入反对死刑的组织。

观点

观点相反的受众

艾伦准备做一场演讲，指出某些生活方式网站应该被加以限制。艾伦知道受众会反对他的立场，所以他在思考演讲用什么样的要点最合适。根据你对说服技巧的了解以及对受众的了解，你会给艾伦什么建议？

SDI Productions/E+/Getty Images

公开演讲选择点

选择支撑性材料

卡桑德拉正在计划做一场演讲，话题是“单独关押犯人从道德角度而言是不正当的”。如果她的演讲对象是学生，哪一类支撑性材料会特别有用？

组织

与事实型说服性演讲一样，价值型说服性演讲往往也会采用话题模式来组织演讲。但即使是使用这种模式，也有次序上的问题，应先从争议最少、大家意见最一致的点开始，然后逐步展开，最后讲到受众的分歧可能会比较大的点。如果你能够拿出确凿的统计数据或者可靠的专家证言来说明某一要点，以此作为起点，你可以与受众达成共识，然后基于这种共识逐渐推演到那些你和受众可能会有分歧的点。

政策型说服性演讲

当你不再仅仅关注受众的价值观，而是想要敦促受众针对某个问题行动起来，那么你就是在考虑政策问题。例如，关于“斗牛是不人道的”的演讲中，你的主要目的是说服受众认可一种价值判断。但如果你希望能够因此而宣布斗牛非法，那你就是在倡议人们接受某种特定的政策。还是以 2019 年 2 月 5 日为例，这一天的新闻媒体中出现的政策问题有：美国的移民政策应该是怎样的？美国应该实施全民医保吗？美国应该采用什么样的环境政策？为了修建美国与墨西哥的边境墙，是否应该宣布国家进入紧急状态？教师是否应被允许在校园中隐蔽持枪？

政策问题关注应该做什么，应该采用什么样的程序，哪些法律应该被修改；简而言之，就是应该采用什么样的政策。有些演讲是为某个特定的政策进行辩护或宣传，还有一些演讲是主张废除当前的政策。

论题

说服性演讲经常是围绕政策问题展开的，以下是一些例子：

- 美国大学校园中应该严禁仇恨言论。
- 开车时使用手机发消息应该被吊销驾驶执照。
- 美国的社区应该采取对校园持枪零容忍的政策。
- 美国音乐应该为暴力内容或脏话内容分级。

从这些例子中，我们可以看出政策问题几乎无一例外关乎人们的价值判断。例如，认为“仇恨言论应该被禁止”就是基于“仇恨言论是错误的”这一价值判断；认为“对校园持枪应该采取零容忍政策”就是基于“师生带枪支入校园是错误的”这一价值判断。

要点

你可以通过问策略性问题的方式来确定你的政策型说服性演讲的内容。针对这类问题，你的提问可以是“为什么要采用这种政策”或者“为什么这种政策比当前的政策更好”。以上述第一个题目为例，我们可以这样问：“为什么校园中应该禁止仇恨言论？”基于问题的答案，你可以列出演讲的要点，例如：

Ⅰ. 仇恨言论煽动对于女性和少数族裔的暴力行为。
Ⅱ. 仇恨言论贬损女性和少数族裔。
Ⅲ. 仇恨言论给人们灌输仇恨，而非教会人们宽容。

支撑性材料

接下来你应该用各种支撑性材料来逐一证明各个要点，说服受众认可美国大学校园应该禁止仇恨言论。例如，你可以指出校园中某些群体建立网站，专门鼓吹针对女性和少数族裔的暴力行为，或者摘录一些校园演出者关于仇恨言论的歌词。你还可以用仇恨言论引发的真实暴力事件作为例子来论证你的结论。

在有些政策型说服性演讲中，你的目标可能仅仅是让受众赞同你倡导的政策；在其他情况下，你希望他们可以采取具体的行动——为某个候选人投票，开始服用维生素 C，开始节食，给他们选出的官员写信，去参加步行马拉松，佩戴艾滋病宣传丝带等。

组织

政策型说服性演讲可以用不同的组织模式。例如，如果要批判现行政策不利，可以考虑使用因果模式。如果你提出的政策旨在解决某个问题，那么可以考虑问题–解决模式。例如，在倡导“对校园持枪零容忍”的演讲中，用问题–解决模式可能就比较合适，这样你的演讲可以分为两大部分：

Ⅰ. 枪支在毁坏我们的校园。[问题]

Ⅱ. 我们必须对此采取零容忍政策。[解决方案]

政策问题通常也适合采用激励序列。以下是一场关于仇恨言论的演讲如何使用这种模式的示例：

注意力

Ⅰ. 这里讲述几个我搜寻的发生在美国校园的仇恨言论的例子 [播放幻灯片 1 ～ 7 页]

需求

Ⅱ. 仇恨言论引发各种问题。

A. 仇恨言论煽动暴力行为。

B. 仇恨言论诋毁女性和少数族裔。

C. 仇恨言论教人拒绝包容。

满足

Ⅲ. 如果我们想建立良好的学习环境，仇恨言论必须消失。

视觉化

Ⅳ. 禁止仇恨言论有助于打造有益学习的环境。

A. 学生再不用惧怕暴力。

B. 女性和少数族裔再不用担心被视为二等公民。

C. 包容取代了排斥。

行动

Ⅴ. 在我起草的请愿书上签名，敦促校方采取行动来禁止仇恨言论。

如果你希望说服受众一种政策优于另一种政策（例如，新政策会比现行政策更好），那么用比较和对比模式是最合适的。你可以把每个要点都分为两部分（现行政策和新政策），这样可以逐一对比它们的每一方面。以下示例中的演讲倡导施行新的医保政策：

Ⅰ. 新旧政策在对于精神疾病的保障方面不同。
  A. 现行医保政策对于精神疾病没有保障。
  B. 提议的医保政策对于精神疾病和生理疾病提供相同的保障。
Ⅱ. 新旧政策中费用减免的门槛不同。
  A. 现行政策享受减免的门槛是 2000 美元。
  B. 新政策的减免门槛是 500 美元。
Ⅲ. 新旧政策中住院补贴金的数量不同。
  A. 现行政策中生孩子有两天的住院补贴；新政策中可享受四天的住院补贴。
  B. 现行政策中所有患者都被分配到集体病房；新政策中所有患者都可享受半私人病房。

表 12-3 总结了三种说服性演讲的目的，所应对的问题的例子，以及受众可能提出的问题（同时也是演讲者本人需要在演讲中涉及的问题）。

表 12-3　事实型、价值型和政策型说服性演讲

问题目的	举例	受众可能想获得答案的问题
事实型说服性演讲： 说服受众接受某事是真的还是假的	单独监禁不能减少犯罪数量 这家公司歧视少数族裔 这起死亡是一起医生辅助的自杀行为	这是问题最有可能的表述吗 有任何其他可能的解释吗 我们怎么判断这是真的还是假的
价值型说服性演讲： 说服受众某事物的价值：某个事物是好的、道德的或正当的	希金斯应该被无罪释放 全民医保很重要 联合国是我们实现世界和平的最大希望所在	为什么这样做是对的或正当的 对大多数人而言，怎么做才能收益最大化 有没有更有效的计划

公开演讲选择点

选择一种组织模式

杰克计划做一场说服性演讲，倡议所有社团都应享有罢工的权利。他将如何使用激励序列来组织演讲呢？

（续）

问题目的	举例	受众可能想获得答案的问题
政策型说服性演讲： 说服受众应该采纳还是拒绝某政策	歧视少数族裔的公司应该被指控 所有州都应该将医生辅助的自杀行为合法化 汽水应该像香烟一样附有警示标识	有更好的行动路线吗 这个政策有什么缺点吗 新政策比旧政策好吗

比较两篇说服性演讲示例

既然我们已经明白了说服性演讲的原则和类型，接下来我们来看两篇公开演讲稿的示例，它们可以帮助你更好地回顾说服性演讲的主要原则。

公开演讲学习辅助材料　一篇较差的说服性演讲的讲稿

下面是一篇较差的说服性演讲的讲稿。这篇演讲稿说明了演讲初学者可能会犯的各种大小错误。与第 11 章一样，先读左栏中的演讲稿，自己思考这个演讲有哪些问题。然后，重新逐段阅读，再把你自己的分析和右栏的内容结合起来学习。

演讲稿	问题 / 修改建议
标题：所有孩子的橄榄球	可能这个标题会让很多人觉得不知所云，觉得它更像一句戏词，而不是一个说服性演讲的标题。
开头 每个人都喜欢橄榄球，对吗？你们有多少人观看了周日的比赛？［一只手举了起来］ 好吧，我猜你们周末都在学习，但还是有很多人看了。	提问是不错的开头方式。但是，如果你的问题需要回应，你就要想好会有哪些可能的回应，并为各种回应做好准备，包括那些可能出人意料的回应。一定要有备用计划。 演讲的开头需要更多的内容；应该有明确的导入部分，也要说明演讲者为什么选择这个话题。
因此，为什么不在小学就开设橄榄球课呢？这是我今天的论题。	对于这个论题，可能很多受众都不会赞同。在这种情况下，演讲者应该更注意策略，把论题句

放到所有的证据和论据都讲述完再说。如果是受众赞同的观点，开门见山未尝不可。

主体

橄榄球教会我们竞争；球员要像在真实世界里一样，你们知道，也就是在象牙塔之外的世界里一样战斗。正如克努特·罗克尼说过的：“如果失败后不知汲取教训，你会输得更彻底。”

许多受众可能会反对强调竞争和战斗，他们可能更喜欢合作。所以，可以同样强调合作。

这里引用克努特·罗克尼的话似乎不知所云。演讲者并没有在这句名言和演讲内容之间建立清晰的联系。如果受众费力思考这句话到底想说明什么，又会错过接下来的内容。

大多数受众也许并不知道克努特·罗克尼是谁（他是圣母大学历史上一位极富声誉的教练），所以可以介绍一下他的资历。“你们知道”这样的停顿填充词会让演讲者听起来准备不充分，或者像是没想好接下来自己要说什么。

橄榄球运动还能赚很多钱。大学橄榄球队可以为学校挣得数以百万美元的收入，所以我们学校为什么不可以呢？

大学（一般有数千名成年人）和小学（一般只有几百名孩子）没有可比性。没有根据的比较往往会适得其反——会导致受众不想再听这条论据，甚至想放弃整场演讲。当选择两件事物进行比较时，一定要确保它们之间在各个主要方面都有很多共同点，而且一旦把它们联系起来，受众也容易认可这种相似性。

举例：

得克萨斯大学总的运动收入有 10 450 万美元，它是通过体育比赛收入最高的大学。密歇根大学紧随其后，有 8500 万美元，亚拉巴马大学有 8200 万美元，奥本大学有 7700 万美元，佐治亚州立大学有 7500 万美元，佛罗里达州立大学有 7500 万美元，圣母大学有 6900 万美元，路易斯安那州立大学有 6800 万美元，宾夕法尼亚大学有 6600 万美元，阿肯色大学有 6400 万美元。

罗列这些学校及其收入对某些受众来说可能很有趣，但这与演讲目的没有多大关系。而且，即使这些数据相关，也应该告诉受众这些数据的时新性和可靠性。

2017 年美国国家橄榄球联盟的比赛有 1726 万人来到现场，还有 2220 万人通过电视观看了比赛。这加起来，你知道，要有 5000 万人了。

并且，约有 10 340 万人收看了 2018 年的“超级碗”赛事。

使用数据时，通常应取整数①，这样可以方便受众记忆。另外，要注意加法的准确性。这里就加错了②，这会降低演讲者的可信度。更糟糕的是，这些数据与在小学中设立橄榄球队没有任何关系。

除此以外，橄榄球球员的收入也很可观（平均薪水大约是 190 万美元，高的可以达到 1000 万美元，甚至更多），所以真的是个很高收入的领域。

注意整篇演讲中没有使用任何过渡语汇，也没有清楚的组织模式——除了有开头、主体和结尾以外。

阿隆·罗杰斯刚刚的签约价是 3350 万美元，顺带说一下，有人可能不知道，他是在绿湾包装工队效力。

这一点同样与论题无关，而且，“有人可能不知道”这样的表述可能会冒犯受众。

还有，受众需要知道这些数据的来源，它们是否可靠，是否是最新的。

我的家族拥有廉价体育用品商店，所以我们学校如果组队的话，能以很优惠的价格买到球衣和设备。

这里演讲者似乎在为家族招揽生意，这样就产生了利益冲突。一般来说，如果受众感觉到有利益冲突，他们对演讲者可信度的认可就会大打折扣，甚至会怀疑整场演讲是不是一则经过包装的广告。

你们知道孩子们有多喜欢球衣。

这个论据对于反驳橄榄球带来伤病而言太过无力。而且，这像是再一次强调演讲者的家族生意。

---

① 原文的单位是“百万”，如 1726 万的表达是“17.26 百万”，所以全部数据皆保留了一位或两位小数。——译者注

② 1726 万与 2220 万相加，其实是 3946 万。演讲者计算错误，认为是 5000 万。——译者注

杰夫·史密斯是我认识的一个打橄榄球的朋友，他说橄榄球帮助他成为一名成功的律师。橄榄球教练威廉姆斯也说橄榄球帮助他成为一名更棒的教师。	这两个例子不足以说明什么。而且，受众需要知道橄榄球究竟是如何帮助杰夫成为一名优秀律师的，又是如何帮助教练成为一名更好的教师的。演讲者没有解释清楚这背后的关联性。
许多人认为打橄榄球会令身体甚至脑部受伤。但我本人就打橄榄球，可我从没受过伤，我那些打橄榄球的表兄弟们也是。所以，这些看法不正确。也许这是个阴谋论。	这样的例子无法说明为什么小学里要设立橄榄球队，甚至无法说明橄榄球不会造成伤病。这些例子无法反驳那些关于橄榄球令身体受伤或者脑部受伤的确凿的统计数据。很多受众对那些数据可能都有所了解，所以会觉得演讲者的相关知识匮乏，也就对演讲内容失去兴趣了。
结尾 所以，如果有投票的话，一定要为橄榄球投赞成票。	像所有演讲一样，这篇演讲需要一个结尾：先做简短总结，然后激励受众，最后简明利落地结束演讲，这样效果会好得多。 如果你想动员受众做某件事，一定要具体说明他们应该如何行动起来。

公开演讲学习辅助材料

一篇精彩的说服性演讲稿

下面是一篇精彩的说服性演讲的讲稿。这篇演讲稿来自得克萨斯大学奥斯汀分校的凯文·金。当被问及为何对这个话题感兴趣时，他说："我目睹了许多家人和朋友在与阿尔茨海默病做斗争。在做了一些基础研究后，我发现一个让人非常难过的问题——我们并没有为寻找治愈这种疾病的良方付出足够的努力。"凯文认为最大的挑战在于"如何使结构尽可能紧凑，以及能够为我的受众提供实际的解决方案"。

演讲稿	评论
标题：为阿尔茨海默病的研究筹款	你认为这个标题怎么样？会吸引你听演讲吗？这个标题会给受众带来什么预期？

开头

有一年春天，喜剧演员赛斯·罗根放下手里的烟卷，去往国会大厦，在参议院拨款委员会面前作证。9年来，罗根眼看着自己的岳母在阿尔茨海默病的侵扰下健康每况愈下，情形越来越失控。在2014年2月26日的这次发言中，罗根呼吁国会更加重视阿尔茨海默病的研究。最后，有部分委员会成员听取了罗根的诉求，确切地说，是30名委员中的2名。

这里演讲者用具体事例来吸引受众的注意力。受众很容易在头脑中想象出这些画面，也很容易与罗根产生共鸣，而且这个事例也清楚地说明了演讲论题——需要提升对阿尔茨海默病研究的重视程度。

尽管像癌症和艾滋病这样的重疾导致的死亡人数在逐渐减少，但遗憾的是，2015年阿尔茨海默病协会的报告显示，该病是目前排名前十的死因中唯一死亡人数仍旧在攀升的疾病——过去十年来，死于阿尔茨海默病的人数增加了70%。2015年3月15日，CNN发出预警，到2050年，超过1400万"婴儿潮世代"会罹患这种疾病，将比目前的数量翻三番，并且会给纳税人带来约1.2万亿美元的经济损失。《斯坦福医学期刊》2014年4月4日警告，照此趋势下去，整个美国的医疗保险和医疗补助系统都会面临崩溃。这些数据不是在呼喊，而是在尖叫、在呐喊，再不控制的话，这种疾病有蔓延之势。值得欣慰的是，2011年，奥巴马总统签署了《国家阿尔茨海默病计划法案（NAPA）》，其目标是在2025年前找到治愈这种疾病的方法。

这里演讲者通过说明患病人数的增长以及1400万人即将罹患这种疾病证明了问题的严重性，并且说明以后它甚至可能使美国的医疗保险和医疗补助系统崩溃。

也可以关注本演讲中引用的研究：①这里引用的信息表述得很清晰，研究机构和出处也都很有公信力；②研究都具有时新性，这个演讲发生在2015年；③根据出处，这些研究也都很客观；④研究很充分；⑤听上去也非常准确；我们能感觉到演讲者并未有意遗漏与他论题不符的研究结果。

然而，尽管我们的政府有非常远大的目标，据2015年2月15日美国新闻报道，在NAPA签署4年多之后，美国国立卫生研究院用于阿尔茨海默病的研究经费与4年前相比

在证明问题的重要性之后，这里演讲者指明了缺乏资金的问题。

这里明确表述了演讲论题：必须增加对阿尔茨海默病的研究投入。

没有任何变化。事实上，对比之下，在看护阿尔茨海默病患者方面每支出 27 000 美元，在疾病研究方面才支出 100 美元。我们必须打破对于这个话题的集体沉默，给予阿尔茨海默病的研究以积极的经费支持，以免为时太晚。

为此，今天我们来讨论一下阿尔茨海默病研究经费不足的原因——污名、现实中的挑战、缺乏倡议活动，并为每种原因找到相应的对策。正如罗根所说："说起阿尔茨海默病，美国人只敢轻声细语，因为他们的政府也在轻声细语。"今天我要说，让我们造出点动静来吧！

这里演讲者做了简短导入，介绍接下来的主要内容。从这段介绍中，我们得知演讲会有三部分，分别对应研究资金不足的三个原因：污名、现实中的挑战、缺乏倡议活动。并且我们还得知这三点又各细分为两部分：解释原因，并分析解决方案。

主体

《华盛顿邮报》2014 年 3 月 4 日刊文说，到目前为止，很多人还只把阿尔茨海默病当成一般的记忆力问题（比如，一下子忘记钥匙放在哪里，忘记关掉炉火），根本没有意识到这实际上是一种致命的脑部疾病。这也是缺乏研究基金的第一个原因：人们对于这种疾病很无知，整个社会给予它"污名"。所以让我们探究这个起因，并讨论应对的方法。

这里演讲者明确第一个主要议题：许多人因患病而承受"污名"。

从一开始，我们对于阿尔茨海默病的谈论就充满了错误的信息。更糟糕的是，由于它的"污名"，甚至没什么人愿意谈论这种疾病。据 2015 年 2 月 5 日《休斯敦纪事报》揭示，许多患者对诊断出这种疾病都羞于启齿，尽力隐瞒。据 2014 年 9 月 4 日的"每日医疗"文章说，这是因为 60% 的患者担心人们会认为他们小题大做，或者会排斥他们。

这里演讲者提供证据来证明"污名"是主要问题之一：许多病患出于尴尬而隐瞒病情。

而事实是，这种疾病是个残忍的小偷，它会一点点偷走你的记忆、语言、大小便控制力及自己吃饭的能力。一个患者谈起自己的“无声”遭遇，他说：“家人和朋友都很不自在，他们不知道如何再与我正常交流。”当我们身边最爱的人都避讳与我们谈论这个话题时，还怎么指望国会能对此有什么合理的讨论呢？

这里演讲者说明这种疾病绝非小事，它非常严重。

要解决资金不足的问题，我们必须从科学的、客观的对话开始。第一步，可以通过收听班纳阿尔茨海默病研究所的免费网络系列论坛——“健忘症对话”来学会如何交流这种疾病。可以通过扫描这张卡片上的二维码来了解如何收听。

这里演讲者用“要解决资金不足的问题”标识他即将提出第一个问题的解决方案，并且他还用“第一步”“第二步”这样的表达来标识解决方案的两个部分。

第二步，在了解了如何对话之后，我们有责任与其他人开诚布公地讨论这个话题。与朋友一起观看电影《依然爱丽丝》，主动去联系罹患这种疾病的亲友，去倾听他们的感受，或者阅读和分享我创立的微博客（tumblr）上人们记录的父母辈和祖父母辈身患这种疾病的故事，网址是 alzstories.tumblr.com。如果我们希望可以获得足够的研究资金，就必须让这些严峻的现实成为我们集体意识的一部分。

注意这里演讲者给出了非常具体的行动建议。注意演讲者对这个话题非常了解，做的准备相当充分。

演讲者对于话题的了解以及清晰的引述都清楚地建立了自己的可信度。

卡罗尔·哈里森在 2015 年 3 月 18 日接受《费城询问报》采访时谈道，她的母亲和姨妈都患上了阿尔茨海默病，经历了种种苦痛，她以为自己什么都见过了，直到有一天她去看望这对姐妹，发现她们肩并肩坐着，却谁也意识不到彼此的存在。要帮助哈里森这样的家庭，我们来看一下资金不足的第二个原因——现实中的研究困难，以及我们可以做些什么。

这里演讲者用具体事例来介绍第二个原因（即现实中的挑战），并且再一次强调这种疾病的可怕程度。

首先，阿尔茨海默病研究缺乏资金是因为它缺乏一个无法用钱购买到的资源——受试对象。据合众国际社 2015 年 2 月 10 日的报道，波士顿大学在研究方面做出重大突破，希望能够将其研制的药物 T-817MA 推进到第二期：在患者身上做试验。但是阿尔茨海默病中心同一天刊文说，该药物在推进到二期的过程中陷入停顿，原因就是找不到足够的患者来做药物试验。尽管药物试验的好处可能是巨大的，但担忧感和羞耻心更占上风。而且，很多长期与病魔做斗争的人早已丧失了认知能力，无法由自己确定是否参与试验，而照顾他们的人又不愿意为他们报名。所以，现实中的困难使得阿尔茨海默病研究对于投资者而言成了风险比较高的投资。

这里演讲者说明缺乏药物试验受试对象也是资金不足的主要原因。

幸运的是，我们都可以为这个问题的解决贡献一份力量。阿尔茨海默病协会最近发起了一个名为“治疗匹配”（Trial Match）的项目，这是一个免费为患者匹配合适的临床研究的项目。如果你关爱的某个人正在遭受疾病之苦，就请扫描这个二维码，这样你可以获取关于这个项目的更多信息，然后与你的亲友交流，告诉他们参与这个项目的好处。但是，从长远来看，解决资金不足问题的重担还是落在我们这代人的肩上。所以，我亲爱的千禧一代的同龄人们，当你坐下来认真起草遗嘱时，一定要告诉家人，如果有一天自己确诊了这种疾病，允许他们让你参与治疗，并且允许他们在你逝世后捐出大脑以供科学研究。如果有足够的资金，患者的参与对合理利用资金以及寻找治疗方法而言都是最关键的。

这里演讲者针对缺乏受试对象这个问题提出了许多受众可以做到的解决方案。

去年，奥巴马总统终于批准投入更多资金，将联邦政府用于阿尔茨海默病的研究预算提升到5亿美元。但是，正如2014年2月2日阿尔茨海默病协会报道指出的，如果我们想要有一线希望战胜这种疾病的话，我们需要的不是5亿美元，而是20亿美元。因此，接下来让我们探究最后一个原因——筹集款项的倡议活动太少，并且探讨如何解决这个问题。

这里演讲者通过简单的过渡句“接下来让我们探究最后一个原因——筹集款项的倡议活动太少”来引出第三个原因。

简单来说，对这个问题的呼吁太少。美国国立卫生研究院年度基金报道指出，去年有30亿美元用于帮助美国100万名艾滋病患者，但对于500万名阿尔茨海默病患者，研究资金只有4.8亿美元。我不想鼓吹疾病间的竞争，但情况往往是，宣传活动越浩大，能够得到的资金也越多。阿尔茨海默病没有（像艾滋病那样的）“百老汇关怀”[①]或粉红丝带，正如2015年版的《美国退休人员协会》杂志所评论的，阿尔茨海默病缺乏社会认知，缺乏高调的幸存者来帮助宣传活动，使其更加有血有肉，争取更多的联邦政府资金。阿尔茨海默病需要更积极、更大众化的宣传活动，需要那些能够意识到任由疾病发展会有怎样恶果的人来做宣传。

这里演讲者说明对于阿尔茨海默病缺乏宣传的事实。

事实是，我没有权利影响联邦政府层面关于资金的决策，但是我们今天在座的各位都可以为治愈这种疾病尽一份力。我在今天演讲的社区都发起了名为“1比33”的活动，因为如果资金还是不足，那么到2050年，每33秒就

这里演讲者针对资金不足的第三个原因（即缺乏倡议活动）提出了解决方案。

① 百老汇组织发起的一个关爱艾滋病患的非营利组织。——译者注

会有 1 个人死于阿尔茨海默病。所以，我请求在座的每一个人都做一点捐赠，可以是 3 美元，33 美元，甚至是 33 美分。在本轮活动结束后来找我，用我的方形设备可以直接为“1 比 33”活动捐款。募集到的所有款项会直接捐给阿尔茨海默病协会的“新调查者研究基金”。去年，美国国立卫生研究院拒绝了 700 个很有希望的研究项目，原因正是因为资金不足。每捐出 1 美元，我们离资助研究项目都更近一步，离最终攻克疾病也会更近一步。

结尾

今天我们探讨了阿尔茨海默病缺乏研究资金的三个原因，以及相应的实际解决方案。去年春天，我的祖父没能通过时钟测试——这是一种测试早期阿尔茨海默病的工具。目前他还没有被完全确诊，但是如果有一天他真的被确诊了，我希望自己能够尽所有力量来与这残忍的病魔做斗争。我也鼓励在座的每一位，在自己力所能及的范围内，与我一起作战。

如果用激励序列模式，你会如何组织这篇演讲呢？演讲者如何吸引受众的注意力、建立需求、描述对需求的满足、让受众想象问题解决后的情形，并呼吁行动？

在这个简短的结尾，演讲者用第一句话对论题部分做了总结，用第二句再次动员受众行动起来，然后用第三句干净利落地结束了整场演讲。

文献引用:

……

对演讲稿可能会有规定的参考文献格式。去查明具体要求是什么，然后在查阅文献时仔细做好记录。

如果想在演讲中使用外部资料，那么最好应该尽早了解相关知识，这样你能够在阅读文献时做好记录。

接下来思考以下问题，它们大多是基于如何准备演讲和发表演讲的十个步骤，其中略去了无法评论的“排练演讲”步骤，添加了“最终评估”部分。

1. 话题、目的、论题。这个话题合适吗？目的清晰吗？这个演讲的主要思想表述清晰吗？如果不够清晰，你会如何改进？
2. 受众。演讲者几次努力在受众和话题之间建立关联。在公开演讲中，你会怎样让话题与你的受众产生关联？

3. 研究。演讲者几次引用研究结果。这是否足以让你认可演讲内容的真实性？还有哪些方法可以用来引用研究结果？
4. 支撑性材料。你认为该演讲者对支撑性材料的运用如何？你还想添加什么材料吗？如果确实想添加，具体想添加什么？
5. 要点。如果你要就相同话题做演讲，你会使用哪些要点？
6. 组织。演讲者使用了问题－解决模式。还能用什么组织模式？如果用其他模式，要点会是什么？
7. 完善措辞。你如何评价本篇演讲稿的语言？这些语言清晰、生动、恰当、亲切和有力量吗？演讲中的句子类型变化适度吗？
8. 开头、结尾、过渡部分和标题。演讲者还能用什么方法来引入话题？如果是你，你会如何引入话题？演讲者结束演讲的方法怎么样？还能用什么方法来结束演讲？演讲中的过渡手段恰当吗？如果不恰当，你会如何改进？你觉得演讲标题如何？标题吸引受众吗？这个标题会带给受众什么样的预期？
9. 发表演讲。如果你有机会看到视频，可以去观摩一下。你认为其演讲方式怎么样？
10. 最终评估。演讲者成功实现演讲目的了吗？

第 13 章

特殊场合演讲

Michael Buckner/Variety/Shutterstock

特殊场合通常需要特殊场合演讲。

除了前面提到的各种说明性演讲和说服性演讲，还有几类通常被称为“特殊场合演讲”的演讲，你也需要有一定的了解。本章我们主要学习介绍型演讲、颁奖演说和获奖演说、赢取好感的演说、致歉演说、揭幕演说、毕业演说、悼词、告别演说、祝酒词。学习目的并不是要掌握各种细节性的技巧（虽然每种类型我们也讨论了技巧），而是要让你意识到这些演讲都是我们日常生活中的一部分。

特殊场合演讲

在开始研究种类繁多的特殊场合演讲之前，要意识到特殊场合演讲同样遵循我们之前讲过的说明性演讲和说服性演讲的总体原则。然而，除此以外，还有一些要特别强调的特征与原则，它们适用于各种（或说大部分）特殊场合演讲。

- **受邀**。特殊场合演讲通常都是受邀进行的。一般说来，你受邀去做一个特殊场合演讲（例如，公司邀请你做友好演讲，逝者的家人邀请你致悼词，你所属的组织邀请你颁奖或者请你去接受奖项），收到邀请后，要尽可能多地去了解你即将面对的受众、场合以及演讲的时长。
- **文化**。这里强调文化，并非因为它是特殊场合演讲所独有的，而是因为人们往往会忽略文化因素。文化从来不是无足轻重的。与其他各类沟通形式一样，特殊场合演讲也必须以对文化影响有充分了解为前提。因此，要特别留意你的受众群体的文化特征，在演讲过程中，尤其是演讲的开头，保持自己的文化敏感性。
- **情境**。与所有演讲一样，特殊场合演讲也是发生在特定的情境中。这个情境有其物理的、文化的、社会心理的和时间的特征。这些特征都会影响你演讲的内容和演讲的方式。在宗教场所致悼词和在死者生前常去的俱乐部里做演讲是不一样的。同时，要明确自己在整个活动中的定位。
- **简洁**。这一点不难理解。特殊场合演讲通常都很短小，所以简洁是一个很重要的目标。你需要事先了解自己大概可以讲多长时间。例如，如果你受邀为一个持续一整天的研讨会致开幕词，也许演讲时间会长一些。然而，如果是在追悼会上安排了许多人致悼词，你是其中之一，那么演讲时间预期就比较短。
- **受众**。要了解受众的预期并尽可能多地去了解受众。当然，如果你是为某个家庭成员致悼词，那么你应该已经非常熟悉所有的受众了。然而，如果你的演讲目的是帮助你的公司与当地某企业建立友好关系，那么你前期要做的调查工作就会多一些。还要记住，与所有其他演讲一样，你的发言可能既有现场受众，也有远程受众。

- **目的**。特殊场合演讲的目的都很具体，而且它们的篇幅一般都很短小，所以，不要游离得太远。也许最常见的错误就是演讲者过多地谈论自己，却忽略了要颁出的奖项或者婚礼中的新郎和新娘。
- **正式程度**。正式程度随情况不同变化也较大。有些演讲非常正式，沿袭着既定的规则。例如，祝酒词几百年来都遵循同样的正式程序，而许多小组会议则无须那么正式。所以，有一个好方法是了解演讲场合的正式程度以及受众对演讲的预期，它会助你确定如何着装，还会影响你对语言、案例的使用和演讲风格的呈现。
- **正面的**。所有特殊场合演讲的信息都是正面的。即使是表面调侃某人实则祝贺某人所取得的成就的“逗趣演讲”，其用意无疑也是积极的。尤其在悼词中，正面评价更为重要。对于任何致以敬意的演说，道理也是同样的。这些场合不需要所谓百分之百的坦率，而是更需要你回忆逝者的优点，需要你称赞获奖者的成就。同时，你也不希望自己说假话，所以你说的内容应该是真实的，除非是在“逗趣演讲”中反讽、幽默时利用夸张的手段来达到效果，这些时候夸张是核心手段。
- **“开头–主体–结尾”的结构**。有一点很容易被忽略，就是特殊场合演讲更需要有开头、主体和结尾。即使只有 3 ～ 4 分钟的演讲也需要完整的结构。正式演讲时，不要忘记时间限制。很多演讲者花太多时间在开头，反而没有充足的时间来展开要点。如果演讲本身很短，那么开头就需要特别简短。

介绍型演讲

介绍型演讲与我们在第 1 章中探讨的自我介绍演讲不太一样。这里探讨的介绍型演讲一般旨在为受众介绍一位演讲者，或者介绍一个其他演讲者即将讲述的话题。例如，在某人上台发

公开演讲选择点

准备介绍型演讲

在阅读下文之前，起草一份简短的介绍型演讲的讲稿（大约 120 个字，时长 1 分钟），该演讲用于他人介绍你出场发言（无论话题是什么）。起草完后，思考一下：你为什么会在演讲稿中包含这些信息而排除其他信息？

言前，通常会有另一个人先上台介绍该演讲者及其发言的论题。在那些有许多演讲者的会议中，通常会有专人上台介绍所有演讲者将聚焦的大议题，并且可能会在各个演讲间做过渡性介绍。

在介绍型演讲中，你的主要目的是获取关注并吸引受众的注意力。介绍型演讲一般属于说明性演讲，它会遵守我们前面讨论过的说明性演讲的一般模式。主要的区别在于，你不再谈论某个具体话题，而是谈论演讲者是谁、演讲者即将说些什么。在介绍型演讲中，你应遵循以下总体原则：

- 说明演讲的重要意义。吸引受众对演讲者的兴趣与关注，并让受众知晓演讲的重要意义。
- 说明演讲者、话题与受众之间的关联。回答受众心中不可避免的疑问：我们为什么要听这位演讲者讲述这个话题?
- 强调演讲者的可信度。例如，告知受众，演讲者为什么有权为受众做关于这个话题的演讲。注意文化差异：在美国，不要夸大或过分宣传演讲者的资历。然而，在拉丁美洲文化中，人们认为夸张的赞誉才是正常的。
- 用与主旨演讲一致的风格来做介绍。介绍演讲者时，风格的正式程度应该与主旨演讲保持一致。否则，演讲者就不得不努力去消除这种气氛差异带来的影响。
- 简短（与主旨演讲的长度成比例）。如果主旨演讲很简短，例如，只有 10 ～ 20 分钟，那么你的介绍型演讲就不要超过 1 ～ 2 分钟。然而，如果主旨演讲长达 1 小时，那么你的介绍最少也应持续 5 ～ 10 分钟。
- 不要去涉及演讲者会讲述的具体内容。记住，有趣的故事、机智的笑话、惊人的数据或历史的类比等常用的演讲开头手段，也许正是演讲者准备使用的，所以如果你在做介绍时就使用这些素材，反而可能会给演讲者带来麻烦。
- 不要对演讲者或话题做过度宣传。介绍时正面评价演讲者，但是也不要过度吹捧，以免演讲者与你勾勒的形象无法匹配。

在“公开演讲学习辅助材料”栏目中，我们提供了一份介绍型演讲的示例稿，并配有针对这份演讲稿的评论与思考题。这个栏目给你提供的是完整的介绍型演讲的讲稿，并且会提出一些参考问题，让你去思考在准备这类演讲时如何应用本书前文中所讲述的十个步骤。

介绍型演讲

演讲稿	评论/问题
开头 很高兴为大家介绍乔·鲁滨逊先生。我想为大家简单说一下乔的背景、他现在的情况，以及他对于未来的计划。	在这个开头，演讲者实现了几个互相关联的目标：确定演讲的积极论调，解释演讲的目的，为受众做导入，告诉受众接下来自己要说的大概内容，并告诉受众自己遵循的是时间模式——从过去开始，推进到现在，再以计划中的未来结束。还有什么类型的开场白适用于这里？你还能用什么方法来组织你的介绍型演讲？
过渡 首先，让我们来看一下乔的过去。	过渡句提醒受众，演讲者即将从开头过渡到主体的第一个要点。
主体：第一个要点（过去） 乔来自亚利桑那州，他曾经在那里工作和生活，他与父亲和爷爷奶奶有个小农场，他每天主要负责照看奶牛。在农场的工作和生活赋予了乔对动物的热爱，他带着这份爱憧憬着未来。	这里演讲者为我们介绍了乔的过去，让我们了解了他独特的经历。我们也知道了一些乔生活中的重大事件，如幼时母亲去世等。演讲者也回答了很多受众可能会问的一个问题：为什么这个年龄比别人大的学生会出现在这个课堂里？如果这是一个较长的演讲，演讲者还可以添加什么内容？你还想了解乔过去的什么经历？
乔的母亲在他3岁时去世了，所以乔一直与父亲生活在一起。乔的父亲是一位空军中尉，后来被转到哈得逊河谷这里的斯图尔特空军基地。乔觉得这是个很好的机会，可以跟父亲在一起生活，继续接受教育。	在解释乔为什么跟随父亲一起来到这里时，演讲者的话语显示了乔的幽默感，因为这些本该是爸爸经常会对孩子说的话。你能让这部分再幽默一些吗？

过渡

因此，乔与父亲一起从亚利桑那州的农场来到了我们这边的哈得逊河谷。

简单的过渡句在提醒受众，演讲者即将从第一个要点（过去）过渡到第二个要点（现在）。你还能用什么方法来实现这一过渡？

第二个要点（现在）

现在，乔用之前在农场工作和其他业余时间打工积攒的收入，开始了在我们哈得逊河谷社区学院的学业。

跟我们大多数人一样，乔对即将迎来的大学生活有些许焦虑，担心这会是一段全新而艰难的旅程，尤其是他现在已经 28 岁了。虽然乔非常热爱阅读（悬疑小说和传记是他的最爱），可是毕竟高中毕业后他就没有再正式上过学了，所以有大约十年没再写过论文或者做过试卷。因此，他有些忐忑不安，但同时，他也对大学生活的挑战充满期待。

乔还有一点跟我们一样，就是他对上公开演讲课也有些小紧张。

乔现在在我们当地的一所动物收养所打工。他特别选择这家收养所，因为这里有“不杀戮”规定——许多收养所会杀死找不到收养家庭的动物，但是这家收养所严格遵守其“不杀戮”的规定。

演讲者开始讲述现在，也描述了乔跟普通人一样的地方：他对大学和学业的担忧，以及他对动物的关心。演讲者还讲了乔与受众的共同之处（例如，几乎每位上公开演讲课的同学都会跟乔一样有些紧张）。有的人认为告诉受众演讲者的紧张感不是明智的做法。你对这部分内容怎么看？

过渡

然而，今天乔想要说的既不是过去也不是现在，他更想谈的是未来。

这处过渡告诉受众，演讲者已经介绍完了乔的过去与现在，接下来要介绍乔对未来的想法。

第三个要点（未来）	
乔的计划是在哈得逊河谷社区学院修得文学学士学位，然后去纽约州立大学新帕尔兹分校继续深造，主攻传播学专业的公共关系方向。 他未来的理想是去一家动物保护组织工作，希望可以帮助人们更加了解如何促进动物权益保障，如何阻止世界各地对动物的残忍行为。	这里演讲者讲述了乔对未来学业的打算，这是台下的每个受众都会考虑的问题，也是他们最好奇的内容。演讲者还讲述了乔的工作打算，这也是受众很感兴趣的内容。演讲者还说明了乔的兴趣和信仰体系——他对动物的热爱以及他准备以兴趣为本打造事业的决心。通过这份演讲稿，你能大致了解到关于台下受众观点和想法的哪些信息呢？
过渡（内部总结）	
与之前从亚利桑那州的农场来到哈得逊河谷的旅途一样，乔走向新帕尔兹分校和公共关系专业的道路会同样充满趣味。	此处过渡（一种内部总结）告诉受众演讲者已经结束了所有三部分的讲述（过去、现在和未来），并对这三部分内容进行了总结。
结尾	
通过过去几天的交谈，我对乔充满了信心：他有思想、有决心、有开放的心态，并且乐意与人交流。我相信对于这位有趣的亚利桑那州的农场青年以及未来的公共关系专家而言，我们的公开演讲课和哈得逊河谷社区都是很棒的起点。	在演讲的结尾，演讲者对乔表达了恰如其分的肯定，并总结了一些乔的良好品质。这些品质也与乔的过去、现在和未来紧密相关。尽管演讲者在结尾处没有说“谢谢大家”（如果前面已经有20个人发言，那么“谢谢”这样的结尾语就会让大家觉得腻了），但这里的结尾句很明显，因为它指明了乔未来的职业方向。你认为这段结语怎么样？演讲者还可以用什么类型的结尾方式？

颁奖演说和获奖演说

我们把这两种演讲放在一起介绍，是因为它们往往是一起出现的，而且也遵循相同的总体原则。

在颁奖演说中，你努力在某种情境下颁发某个奖项或荣誉，赋予这一奖项或荣誉以额外的尊严感和地位感。颁奖演说可能是为了奖励一名同事的出色工作（如获得“年度之星”称号），也可能是为了认可某次特别出色的表演（如赢得奥斯卡奖杯）。它也可能是表扬某位员工对公司的贡献，或者是称赞某位学生出色的学业成绩或体育表现。获奖演说是这些授奖仪式的另一部分：接受者在某种情境下接受奖项。

有时颁奖和获奖仪式都很简单随意，只有一句“你值得这个奖项”和“谢谢你”的回应。在其他场合中，如颁发和接受诺贝尔奖时，演讲就非常正式，会经过认真和细致的准备。这样的演讲往往会被全世界范围内的媒体刊载。而日常生活中，大部分颁奖演说和获奖演说都是介于这两种极端之间的。

在颁奖演说时，遵循以下两条原则：

- 说明颁奖的原因。要特别说明这个奖项为什么被颁给这个人。
- 说明奖项的重要性。毫无疑问，受众（以及授权或赞助这个活动的组织者）都很乐于听到这样的内容。你可以通过以下几种方式来突出奖项的重要性：介绍往届的获奖者（假如他们很有知名度的话）、强调奖项的地位（假如这是个非常权威的奖项）或者描述奖项对于之前获奖者的影响。

在准备和发表获奖感言时，可以遵守以下三条原则：

- 感谢给予你奖项的人。例如，感谢学院成员、董事会成员、学生会成员或者你的队友们。
- 感谢在这个过程中对你有帮助的人。要具体，但不要啰唆。
- 表达你个人对奖项的理解。例如，可以告诉受众这个奖项对于你的现在意味着什么，对于你的将来又意味着什么。

在许多获奖演说中，演讲者不仅会感谢那些曾经做出过贡献的人，还会为某个特殊的事业做出特别的呼吁。例如，莱昂纳多·迪卡普里奥因影片《荒野猎人》而获得奥斯卡最佳男主角奖项时，就呼吁人们更加重视环境改变带来的威胁。帕特里夏·阿奎特因影片《逃离丹尼莫拉》接受2019年美国演员工会奖时，发声支持正在进行的罗伯特·穆勒调查。马赫沙拉·阿里在2017年接受美国演员工会奖最佳男配角奖项时，呼吁更多的宗教包容。还有弗兰西斯·麦克多蒙德，她在2017年接受奥斯卡奖时呼吁为女性赋权。

公开演讲选择点

颁奖

假设你受邀为奥斯卡最佳男配角演员颁奖（你可以选择一个自己喜欢的演员）。演讲要求不超过1分钟，字数在150个字左右。你有哪些选择？你会说些什么来使演讲效果比真实的那些颁奖演说更好？

Alan Freed/Shutterstock

观点

败选演说

败选演说可以被视为获奖演说的一种变体，通常都是在政治背景下发生的。在政治竞选活动中，失败的候选人通常会发表败选演说。而且，通常胜利者也会等到失败者承认失败后才发表自己的胜选演说。败选演说中，演说者要实现以下几个目标：感谢支持者，称赞他们团结起来进行了一场漂亮的战斗；感谢投票的人；需要的话，还要为下一次选举做好铺垫。每一次选举之后，你都可以在网上看到新的败选演讲。

赢取好感的演讲

赢取好感的演讲一部分是说明性的，一部分是说服性的。表面上，演讲向受众介绍某种产品、某家公司、某个职业、某个机构或某个人，然而演讲更深层的目的是说服：加深受众对某个人物、某种产品或某家公司的印象——打造人们对于这个事物更加正面的态度。许多宣传演讲都有一个终极目标：改变受众对于某个人、某种产品或某家公司的看法。

有一类比较特殊的赢取好感的演讲，那就是自我辩解型演讲：演讲者向受众说明自己行为的理由和正当性。政治人物经常做这类演讲。总之，在准备这类演讲时，可参考以下几个建议：

- **说明值得赞誉的贡献**。说明这家公司、这种产品或者这个人能给受众带来怎样的积极影响。如果是自我辩解型演讲，至少要向受众证明他们并未被伤害；或者，如果受众的确被伤害了，那要告诉受众这些伤害不是故意的。
- **强调独特性**。在这个充满竞争的世界里，赢取好感的演讲必须强调具体的公司、个人、行业的独特性。必须突出你要宣传的对象，否则，你演讲达到的效果会被大大地削弱。
- **打造可信度**。赢取好感的演讲必须打造出可信度，这样才能达到为个人或商品获得声誉的目的。为此，应专注于我们在第 12 章中讨论过的可信度的三个方面：强调这个人的能力、善意和高道德标准。注意，这里的建议是要体现出自己是值得这份信誉的，而不要让人感觉你是在乞求人们的重视。然而，有些文化背景下，这种态度可能会让人觉得太傲慢。在许多亚洲文化背景中，请求受众的信任被看成一种适度的谦虚

公开演讲选择点

赢取好感

吉米所在的餐饮公司一年前因违规行为被健康委员会点名批评。公司要求吉米代表公司向当地教育委员会成员做一次发言，目的是帮助公司争取为整个学区的小学供应餐饮的资格。委员会成员们同意听取吉米的演讲，但是鉴于之前的不安全行为，大多数人不太想选择他的公司。吉米能说些什么来为公司赢取好感和一次新的机会？

和对受众的尊重。

- **不要过度**。表面上看来，赢取好感的演讲更像一个客观的说明性演讲。只有加以思考，才能够意识到演讲是希望获取受众对某个人或事物的好感。

另外一种赢取好感的演讲是致歉演说。在这种演讲中，演讲者为自己曾经的僭越行为表达歉意，希望可以尽量恢复自己的信誉，并重新获取受众的好感。比尔·克林顿承认自己在出轨实习生风波中误导全国民众的演讲就是个典型的致歉演说。其他的例子还有泰格·伍兹为自己的婚外恋发表的致歉声明，纽约议员安东尼·韦纳为不雅照致歉并宣称自己账号被黑客入侵等。

观点

致歉

在起草一份致歉声明时，演讲者一定要避免说哪些内容？换句话说，有哪些事是你会建议演讲者不要去做的？

揭幕演说

揭幕演说旨在为某个设施或某个活动（如一个新的研究实验室、一家新店的开业、一座大桥的开工）赋予某种特别的意义。这类演讲通常较为正式。在准备揭幕演说时，可以参考以下几个建议：

- 说明由你来做揭幕演说的原因。例如，你可以说明你与这个项目之间的关联性。
- 说明要揭幕的对象。例如，要揭幕的是连接罗斯福岛和曼哈顿的大桥，那么就尽早在发言中提到这一点。
- 说明项目的负责方。例如，告诉受众谁是大桥的设计者、谁是建筑方、谁是出资方等。
- 说明项目的重大意义。这个项目会带来哪些好处？例如，你可以描述大桥与受众的关系，具体来说，就是大桥贯通后会给受众的生活带来哪些好处。

公开演讲选择点

揭幕演说

你买彩票赢得了大奖，然后你捐出了部分钱款为你的母校建造了新的电脑机房。如果你受邀做一场两分钟左右的揭幕演说，你会说些什么？

历史上最著名的演讲之一（有人甚至会说“历史上最著名

的演讲”）就是亚伯拉罕·林肯的“葛底斯堡演说”。以下“公开演讲学习辅助材料”中附有全文。

公开演讲学习辅助材料 一篇揭幕演说

87 年前，我们的先辈们在这片大陆上建立了一个全新的国家，它孕育于自由之中，奉行所有人生而平等的原则。

如今，我们正在进行一场伟大的内战，以考验这个国家，或者说考验任何一个孕育于自由并奉行上述原则的国家是否能够长久生存下去。现在，我们在这场战争中的一个伟大战场集会。烈士们为了使这个国家生存下去而献出了自己的生命。我们来到这里，是要把这个战场的一部分奉献给他们作为最后的安息之所。我们这样做是完全应该而且是非常恰当的。

但是，从更广泛的意义上来说，不是我们奉献、圣化或神化了这片土地，而是那些活着的或者已经死去的，曾经在这里战斗过的英雄们使得这片土地成为神圣之所，其神圣远非我们的渺小之力可增减。世人不会注意，也不会长期记起我们今天在这里所说的话，但是全世界永远不会忘记勇士们在这里做过的事。这更要求我们这些活着的人去继续那些英雄们所为之战斗的未竟事业。我们应该在这里把自己奉献于仍然留在我们面前的伟大任务——要从这些光荣的死者身上汲取更多的献身精神，来完成他们已经完全彻底为之献身的事业；我们要在这里下定最大的决心，不让这些死者白白牺牲，以便使这个国家在上帝保佑下得到新生，并使这个民有、民治、民享的政府永世长存。

亚伯拉罕·林肯

1863 年 11 月 19 日

观点

揭幕演说的重要性

揭幕演说的功能有哪些？从更长久的历史角度来看，揭幕演说的功能有哪些？

毕业演说

毕业演说正式宣布并庆祝某个学业阶段（如高中或大学阶段）的结束。毕业演说旨在对毕业生表达祝贺和激励之情，因为他们就要结束一段旧旅程，开启人生新的篇章。一般来说，受邀做毕业演说的人都是较为知名的人士，尤其是大学毕业典礼的演讲者（也与大学的名望有关），通常是世界级的名人：总统、参议员、宗教领袖、诺贝尔奖获得者、著名科学家或者有类似成就的人。有时毕业演说的演讲者也可能是取得了某种非凡成就的毕业生，例如成绩最好的学生或者获得某知名奖项的学生。做毕业演说时，可参考以下几个建议：

- 可以考虑用时间模式来组织演讲。一种较为简单的结构是时间模式：从过去开始，再评价现在，最后展望未来。
- 做好相关的准备。要了解学校、学生团体、毕业生的目标和理想，并把这些内容都融入演讲中。
- 简洁。要意识到受众还在期待着接下来的活动（如毕业晚会），如果演讲太长，他们会有些坐立不安。
- 向毕业生表达祝贺。同时也祝贺他们的家长、朋友、帮助过他们的老师。
- 激励毕业生。说一些激励的话语，并且可以对他们未来应该如何利用自己的学识给出一些建议。
- 向毕业生表达美好祝愿。用比较个人化的语言来结束演讲较为合适，表达你个人的良好祝愿。

道德选择点

适度的坦诚

你要去给母校的高中毕业生做毕业演说。坦率地说，你觉得当时自己接受的教育很糟糕：老师大多对学生漠不关心，实验室和机房都30年了，学校的资金都花在体育活动上了。你很想批评学校差强人意的教育状况，想鼓励毕业生用全新的视角走入大学生活。与此同时，你还想做更大范围的呼吁——呼吁校董事会、整个社区和市政府都能够行动起来，给学校提供更好的设备和师资。考虑到毕业演说通常都会说些赞誉和庆祝的话，你不知道自己是不是应该说这些不太好的内容。你有哪些道德的选择，使自己的演讲既坦率真诚，又能够符合毕业演说这个特定的场合？

激励型演讲

如我们在前文中所讲到的，许多特殊场合演讲的目的之一是要激励受众。然而，有些演讲的主要目的就是激励：让受众情绪更高涨就是演讲的首要目标。许多宗教演说就属于这种类型。同样地，公司领导对股东做演讲；新上任的总经理对投资人做演说；指挥官在战斗打响前对士兵们做演说；当然还有职业励志演说家的励志演说，激励受众更好地安排生活、抓住机会或做其他事情来拥有更美好的人生。

在阅读关于如何准备激励型演讲的建议之前，首先来看妮基·乔万尼非常打动人心的激励型演讲。妮基·乔万尼是一位诗人，也是弗吉尼亚理工大学的教师。这次演讲针对的是2007年4月16日发生在这所学校并导致32名师生不幸遇难的惨案。

公开演讲学习辅助材料 一篇激励型演讲稿

我们都是弗吉尼亚理工人。

今天我们很悲伤，这种悲伤会持续很久。现在我们无法前行，我们沉浸在哀悼中。

我们都是弗吉尼亚理工人。

我们足够强大，可以不带泪水坚毅挺立；我们足够勇敢，可以弯下腰身，放声哭泣；我们悲痛万分，但也明白我们必须再次欢笑。

我们都是弗吉尼亚理工人。

我们无法理解这场悲剧。我们知道自己不该承受这样的命运，正如非洲的儿童不该死于艾滋病；那些不知名的儿童不该在黑夜行路时害怕被流氓军队抓走；小象不该眼睁睁看着自己的象群因为象牙而被捕杀；墨西哥的孩子们不该找不到可以喝的洁净水；阿巴拉契亚的婴儿不该被巨石砸死在爸爸亲手搭建的婴儿床上，而这一切只因当地局势的动荡。没有人应该遭遇这些命运的悲剧。

我们都是弗吉尼亚理工人。

霍奇人[①]拥抱自己，用敞开的心扉和张开的双手去接触那些奉献心灵与思想的人。我们坚强、我们勇敢、我们无辜亦无畏！我们可以超越自己的理想和假设。让我们继续插上想象的翅膀，勇敢面对各种可能。我们会穿越血泪、穿越忧伤继续前行，走向未来。

我们都是霍奇人。

我们要胜利！

我们会胜利！

我们终将胜利！

我们都是弗吉尼亚理工人。

以下是准备激励型演讲和正式做激励型演讲时可以参考的一些建议：

- 表现出你与受众是一体的。尽量用某种方式说明你与受众有许多重要的共同点。注意上述演讲稿中反复出现的“我们”：这让受众觉得自己与演讲者是一体的。

① 弗吉尼亚理工大学的学生给自己起的绰号，因为该校主校区的大多数建筑皆使用了霍奇石。——译者注

公开演讲选择点

激励型演讲

托尼娅准备在班级里做一场关于宗教或文化节日的激励型演讲。托尼娅可以分享关于这个节日的哪些激励性的内容呢？她可以有哪些方法来导入话题，吸引受众的注意力？又可以有哪些方法来成功地收尾？

- 表现出你的全情投入。你想让受众有多少热情，自己就要展示出多少热情。你自己不投入感情，受众也不会有的。
- 强调情感诉求。激励受众更多要靠情感而非逻辑。使用与具体场合相符的情感诉求。在乔万尼的演讲中，我们看到她使用的情感诉求有对遇难者的同情、对朋友和学校的忠诚，以及对他人境遇的感同身受。
- 强调正面的力量。这类演讲很关键的一点是结束语应该是积极鼓励型的。激励型演讲的整个基调通常都是积极向上的。从乔万尼的演讲中，我们也可以体会到这一点："我们要胜利！我们会胜利！我们终将胜利！"

致悼词

悼词是称颂逝者、表达敬意的一种演讲。悼词中，你回顾逝者的一生和贡献，并且给予积极的评价。这类演讲通常用于葬礼、逝者的生辰纪念日或去世周年纪念活动。这些活动的目的并不是要客观分析逝者生前的成就与失误，而是要对逝者进行颂扬。在起草悼词时，可以考虑以下几个建议：

- 说明逝者与受众的关联性。强调逝者与自己的关系、与受众的关系，甚至与更大的群体的关联性，如与整个科学界、与世界上的爱书人士、与所有为和平献身的人的关系。
- 言之有物。表明你的确非常了解这个人，了解他生活的很多细节。最好的方法就是举一些具体的例子，然后把这些例子结合起来形成某个更大的整体的一部分。这样一来，受众也能明白这些具体的例子都是更大的事业的一部分。例如，在列举几本逝者生前的著作之后，把其贡献与更宽泛的领域联系在一起，比如其对悬疑小说或当代诗歌流派做出的贡献。

公开演讲选择点

致悼词

假设你要为自己最崇拜的一位媒体人物致悼词，哪些内容是你想在这个 2 ～ 3 分钟的演讲中提到的？

- 描绘逝者值得称颂的方面。为受众介绍逝者所有的成就，让受众感觉到这个人当得起你的赞誉之词。例如，可以向受众说明这个人如何影响了患者看护的方法，如何影响了安全汽车的设计等。
- 向受众说明可以从逝者身上学到的东西。指出逝者身上的可贵品质，以此来帮助和指引他的家人或朋友更好地生活，如逝者面对逆境的勇气，逝者努力为自己的信念而战等。

以下是传播学教授和家庭理疗师伯纳德·布鲁梅尔在自己弟弟的葬礼上的精彩悼词。

公开演讲学习辅助材料　一篇悼词

我亲爱的弟弟菲尔的八个孩子，你们好：

写下这篇悼词时，一切感觉都那么不真实。此时离你们的母亲乔伊丝离世不过刚刚八个月。我们一直希望菲尔可以再多活很长时间。然而，事与愿违。一句“这就是人生”总感觉不太公平。你们八人都还没有做好与父母中一方告别的准备，更不要说是告别两人！我想这对你们每一个人来说都太难了，因为你们跟妈妈都那么亲。

该怎么说菲尔，我亲爱的弟弟呢？菲尔像我们的爸爸，无论从哪个方面来说都是这样。他和爸爸都有过大难不死的经历——闪电从他们身边擦肩而过。他们俩也都是工作狂。

我跟菲尔一起长大，我 5 岁那年菲尔来到世间，他在我们九个孩子中排行老六。从第一天起他就是妈妈偏爱的宝贝。婴儿时他就可爱迷人，有一头雪白的头发，有很多自己的想法：我们都意识到他需要在众多兄弟姐妹中寻找自己的独立空间。

那时候在农场，我们有一个四周围着高高的篱笆的宽敞庭院——因为妈妈希望圈住我们，让我们不要四处乱跑。门一般是插上插销的，但是似乎就没有菲尔打不开的插销或锁。后来妈妈又用绳子把门锁系上，但菲尔又可以轻松解开。从那时开始，菲尔就展露出了自己的机械方面的天才思维。

菲尔从小就是个健壮的婴儿，后来长成了身强力壮的小伙子，再后来成为一个强壮的男人。你们可能还会模糊地记得菲尔参加“查尔斯·阿特拉斯塑身课程”。其实他身材已经很棒了。但这就是菲尔，一旦他下定决心做什么事，没有做不成的。通过锻炼，他成了非常健美的英俊男子，就像希腊神话中的阿多尼斯那样完美。所以，这就是菲尔的人生，他总能实现自己的想法。菲尔用自己的力气为家里搬运干草，后来又用同样的肩膀扛起了钢筋铁条，用来建造房屋。我们的爸爸一直喜欢敲敲打打修理东西，但菲尔在初中时就青出于蓝了。没有哪个汽车马达是菲尔不想拆开来自己改装一下的，因为他可以让马达运转得更好。他喜欢速度！你们是不是经常会被他飙车时的速度吓坏？

有个说法可以来形容菲尔这样的人，就是“悬崖行者”。他们喜欢挑战生活的极限。菲尔总是想成为最健康、最强壮、最迅捷的人；他有勇气尝试所有我们不敢尝试的东西。

一个很典型的例子是菲尔每天的工作——他负责建筑物里的铁焊工作。他丝毫不恐高。好几次我看到他在得梅因 30 层的高空中，行走在一条条铁架子上，仿佛脚下是康庄大道。而且很多时候他还拿着工具，行走的动作简直像平衡木上的体操运动员。姐姐弗洛伦丝经常会从自己的银行办公室里探出头去，对弟弟的灵敏身段啧啧称奇。我不知道菲尔知不知道，但是弗洛伦丝的确经常会去窗边看弟弟。

愿你在乔伊丝身边安息，就像她生前总是伴在你左右一样。你是我们去世的第五个兄弟姐妹，你们都长眠在父母身边，也在我们的家族成员身边。很幸运几天前，你知道自己将不久于人世之后与我通了电话。你的身体也许已经很虚弱了，但你的头脑还是非常敏锐。电话的最后我对你说：“祝你一切都好，我不想跟你告别！”菲尔说：“哥哥，我会在路上与你重逢。”让我们用菲尔的话来做结束语吧，“我会在路上与你重逢”。

告别演说

告别演说中，你与某个组织或同事告别，即将开启新的人生阶段。在这类演讲中你需要对告别的对象表达积极的情感。一般来说，告别的情形往往是你在单位里或某个组织里取得了一定的成就，然后要离开。在起草告别演说时，参考以下几个建议：

- 感谢那些做出贡献的人。感谢那些让你的生活更有趣、帮助你更好地完成工作、教会你重要原则的人等。
- 对自己的成就表示谦虚。肯定自己取得的成绩，但是要用谦虚的口吻。
- 对过去的经历表达喜悦。这是一个回忆美好的时刻，不是做批判性评价的场合。因此，放下所有不愉快的过往，

公开演讲选择点

告别演说

假设你刚刚应聘到一家大型投资公司，正憧憬着你接下来的新职业生涯。雇用你的经理现在要离职了。在他的告别演说中，你会期望听到哪些内容呢？

起码是在演讲中。

- 说明离开的原因。这一内容并不总是合适。但是如果合适的话，可以告诉受众你为什么离开以及你下一步的打算。
- 对留下的人表达良好的祝愿。
- 给出一些忠告。告诉受众你在这段时间学到的东西，并把这些经验分享给他们。

专栏“公开演讲学习辅助材料”里面提供了卢·格里克告别棒球场的经典演讲。左栏是卢·格里克的真实演讲稿。右栏是在电影《洋基的骄傲》中加里·库珀扮演的卢·格里克所做的演讲，电影镜头扫过他在演讲中提到的那些人。

公开演讲学习辅助材料 一篇告别演说

卢·格里克的真实演讲	电影中卢·格里克的演讲
粉丝们，在过去的两周里你们一直在关注我的不幸遭遇。然而此刻，我仍然认为我是这个世界上最幸运的男人。	我已经在球场上奔走了16年了，我从你们球迷那里得到的全是善意和鼓励，别无其他。 我很荣幸能和我左首这些伟大的老将——“杀手战队”[1]，这支1927年的冠军球队一起作战。
我在棒球场上已经17年了，你们作为球迷给我的只有善意、鼓励，别无其他。环顾四周，看看这些英姿挺拔的人，你们有谁不会觉得只要能跟他们并肩作战一天都是一种荣幸呢？	同样，我也很荣幸能跟我右首的，也就是今天的纽约洋基队——“布朗克斯轰炸机”一起生活和打比赛。
毫无疑问，我很幸运。 谁不觉得认识雅各布·鲁伯特是一种荣幸呢？还有伟大棒球帝国的缔造者艾德·巴罗，	那些男孩给了我太多的赞誉与盛名——我的成就根本无法企及，他们就是铁丝网后面记者席上的我的朋友们——那些体育记者们。我还遇到了两位最好的球队经理——米勒·哈金斯和乔·麦卡锡。

① 杀手战队（Murderer's Row）一词是指1927年的纽约洋基队。当时这支球队被认为是史上最出色的球队组合。——译者注

以及和我在一起待过 6 年的那个可爱的小家伙米勒·哈金斯。还有接下来的 9 年里和我在一起的那个杰出的领导者、那个聪明的心理学学生、当今最棒的棒球经理人乔·麦卡锡。谁不认为这些都是极大的幸运呢?

毫无疑问，我很幸运。

纽约巨人队——我们曾奋勇将之击败，他们也击败过我们——当这样的对手给了你一份礼物时，这是很幸运的。当所有人——不管是球场管理员还是那些穿白大褂的男孩——都记得你手拿奖杯的样子时，你是很幸运的。

当你有一位很棒的丈母娘，你在和她女儿吵嘴时，她总会站在你这边时，你是很幸运的。

当你有父有母，他们工作一辈子，只是为了让你可以接受好的教育，可以有个强健的体魄，这是一种上天的赐福。

当你有一位坚强的妻子，她是力量的灯塔，她表现出的勇气比你想象的还要多时，这简直就是我最大的幸运了。

所以，我想说的是，生活可能给了我一些不好的东西，但给了我更多美好的东西，值得我努力活下去!

我有父有母，他们拼尽全力给我一个健康的体魄和美好的青少年时光。

我的妻子是我一生的伴侣，她给了我前所未有的勇气。

大家都说我运气不好。但是今天，就在此刻，我认为自己是这个世界上最幸运的男人。

Transcendental Graphics/Getty Images Sport/Getty Images

观点

告别演说

仔细阅读上文中的两篇演讲稿，一篇是真实的，一篇是电影中的。你认为哪一篇更感人呢？为什么？

祝酒词

祝酒词是旨在祝贺某人或庆祝某个特殊日子的简短发言。例如，你可能要对公司的新总裁表示欢迎，要对考上名校研究生的朋友表示祝贺或是祝贺一个同事的晋升。祝酒词在婚礼上或者新的项目启动时都很常见。祝酒词就是要用一种相对而言比较正式的感觉来表达祝福。在构思祝酒词时，可参考以下几个建议：

- 要简洁。要意识到人们都很期待接下来的酒宴，所以不想听长篇大论。
- 重点谈论被祝贺的人。有时演讲者太过忘情，滔滔不绝地说起了自己，却忘记了该祝贺的人。
- 不要开私密玩笑。把只有你和朋友知道的私密玩笑放在祝酒词中不太合适，也会让受众产生距离感。记住，祝酒词不光是说给被祝贺的人听，也要说给在场的所有受众听。

公开演讲选择点

祝酒词

你要在最好的朋友的婚礼上致祝酒词。在这段简短（比如大约两分钟）的发言中，你可能会说些什么？哪些是你肯定不会说的？

- 有清楚的结语。当你举起酒杯（这在发表祝酒词时中基本上是必不可少的一个环节）时，就是在提醒受众你的发言已到了尾声，他们可以开始干杯了。

观点

祝酒词

你认为人们在祝酒词中常犯的错误有哪些？在逗趣演讲中常犯的错误又有哪些？

Darren Lehane/Alamy Stock Photo

第 14 章

在群体内发言

Andrey_Popov/Shutterstock

无论是群体内发言还是代表群体发言，无论是线上还是线下，公开演讲的技能对于小群体和团队沟通都非常重要。

想一下自己所属的各种群体。首先，最明显的就是你的家庭；其次，你可能还是某个团队、某个班级、某个俱乐部、某个组织、某个兄弟会或姐妹会、某个 Facebook 或 Instagram 的好友群、某个工作组、某个领英职业群组或者某个乐队或戏剧小组的成员。也许你最重要和最令人满意的沟通就发生在这样一些团队和群体中。

掌握小群体沟通技巧和领导力技能可以让你的小群体沟通更有成效和创造力、更令人愉悦，也能使你在做团队领导时更成功地带领整个团队。能够在群体中扮演好自己的角色（无论是作为成员还是领导）都是当今职场不可或缺的技能（Morreale 和 Pearson，2008）。

本章主要介绍各种类型的小群体沟通，尤其是它们与公开演讲的关系。接下来我们来探究小群体和团队的本质、群体内发言时的成员技能和领导力技能，以及代表群体发言时的必要技能。

小群体和团队

让我们先来了解小群体和团队的定义以及它们的运作方式。

小群体是因共同目的而聚集的一群人，他们彼此依赖，有一定的组织结构，并视自身为一个群体。团队是一种特殊的小群体，它除了有普通小群体的特征外，还有一些其他的特点。根据之前研究者对于沟通理论和组织理论的研究，团队被定义为有具体目标的小群体；每个团队成员都有各自的任务，大家为实现共同的具体目标而努力（Beebe 和 Masterson，2020；Hofstrand，2006；Kelly，2006）。

小群体和团队的沟通方式多种多样。最常见的是面对面的沟通，但现在也有越来越多的沟通发生在虚拟群体和团队中，它们既可以实现关系式社交功能，也可以实现职场式商务功能。

最典型的用于满足社交功能的网络群体就是各大社交网站了，在那里朋友可以分群体交流，这些群体可以超越班级，甚至跨越大洋。而且，这些社交网站也被越来越多地应用到了商务场合，如用于寻找工作、商务研讨、解决企业内部问题，以及任何面对面群体可以做的事情。

有些群体的交流是共时性的——群体成员同时出席并进行实时沟通。视频会议就是在线共时性沟通的一种常见形式。也有不少群体沟通是异时性的，也就是说，沟通不是同时进行的。例如，有人在社交网站上发表了一个评论，其他人在不同的时间进行回复。

从上述例子中我们不难想象，虚拟群体的亲密度可能会有很大的差异。在有些群体中，成员之间彼此非常了解；而在另一些群体中，成员可能只是一般了解或者仅知道彼此的名字。

无论是社交性还是商务性的、线下的还是线上的，各类小群体或团队的沟通都可以使用相同的原则（这里，我们用“小群体”这个非常概括性的词汇来指代各种类型的群体）。无论你是与不同国家的团队成员一起完成某个项目，与新朋友在社交媒体上交流，还是与家人和亲戚面对面地聊天，这里讨论的原则都是非常实用的。

Rawpixel/123RF

观点

线上群体

除了这里提到的一些特点，你认为线上群体与其他群体还有哪些区别？例如，线上小群体交流与大学校园餐厅里面对面的聚餐交流还有哪些不同？

小群体沟通的不同阶段

在很大程度上，小群体互动类似于日常会话。所以，我们不妨将之分为五个阶段来讨论：开头、前馈、事务、反馈和结语。

- **开头**。开头阶段通常是自我介绍和互相熟悉的过程，一般会有些闲聊。例如，“周末过得怎么样？”“有谁要咖啡吗？”这个阶段的目的是让成员们都感到轻松自在。
- **前馈**。在初步的寒暄之后，通常就会有一些前馈——大致说明需要做什么、由谁来做等。在一些正式的小群体中，通常会浏览一下会议议程（这是一种典型的前馈），明确小群体任务。这就类似于列一份待办事项清单。
- **事务**。事务阶段就是具体去完成任务的阶段——解决问题、分享信息、说明其他要做的事情。
- **反馈**。在反馈阶段，小群体一起总结完成了哪些事，还有哪些未完成。还有一些小群体会在这个阶段评估之前的表现，如“我们需要更加重视财务管理”或“我们需要考虑更多的方案”。
- **结语**。在结语阶段，小群体成员又回归到对自我的关注，也会互相说些告别的话，如“很高兴又见到你”“下次见”等。

注意在整个过程中，关注的重心从成员个体到任务，再从任务回到成员个体。图 14-1 说明了小群体沟通的典型模式。当然，不同的小群体会采用不同的模式。例如，工作小群体碰面时可能会花更多时间在完成工作任务上。一个休闲的社交群体，比如两三对夫妻一起聚餐，大部分时间就可能在关注每个个体的生活。同样，花在开头和结语阶段的时间长度，也会随着小群体类型和沟通目的的不同而不同。

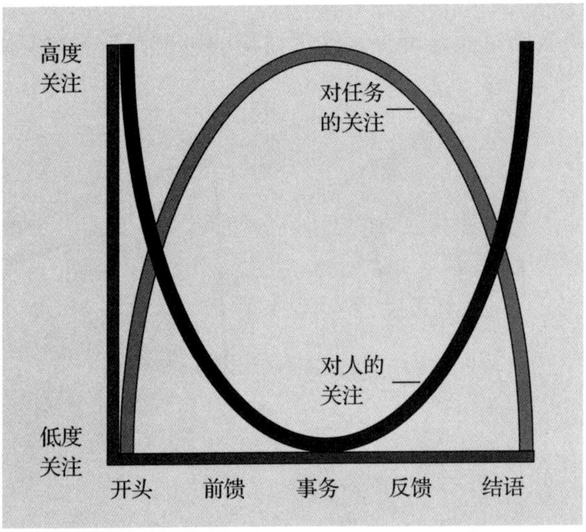

图 14-1　小群体沟通阶段及对人和任务的关注

小群体模式

小群体实现目的的模式各不相同。对于相对正式的小群体沟通而言，主要有以下几种模式：圆桌模式、专题讨论模式、研讨会模式和研讨会-论坛模式（见图 14-2）。

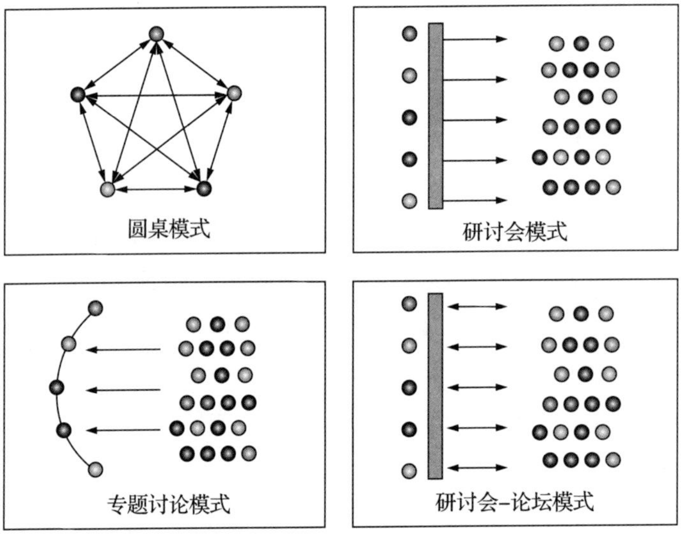

图 14-2　小群体模式

- 在圆桌模式中，小群体成员的座椅在会场中呈圆形或半圆形摆放。他们分享信息或提出方案时没有固定的顺序。小群体间的交流不是非常正式的，成员可以在自己认为合适的时候开口发言。组长或主持人的主要任务是保证讨论不偏题，或者鼓励比较沉默的成员积极发言。

- 在专题讨论模式中，小群体成员都是“专家”，但是对于发言顺序也没有严格规定。与圆桌模式的区别是，小群体成员通常是并排就座并面对受众的，受众可能会插入评论或提出问题。
- 在研讨会模式中，每个小群体成员轮流发言，发言的形式类似于公开演讲。所有的演讲都是围绕着一个共同话题的不同方面展开的。研讨会的主持人负责介绍演讲者，做好发言间的过渡性介绍，也可以提供阶段性的总结。
- 研讨会-论坛模式可以被分为两部分：第一部分是像前一个模式那样轮流做准备好的演讲；第二部分是论坛部分，主要是先由受众提问，然后由演讲者给予回应。主持人负责介绍演讲者，并主持问答环节。

这四种模式是对各种小群体模式的较为宽泛的概述。每一种模式又会有自己的一些变体。例如，就研讨会-论坛模式而言，并没有具体规定两部分各自的时间比重。而且，也可以将几种模式结合起来使用。例如，小群体成员可能先按照研讨会模式轮流陈述自己的意见书，然后按照圆桌模式来进行讨论。

小群体文化

许多群体，尤其是那些长期存在的小群体，都会逐渐发展出自己的文化规范。这些规范在很大程度上会受到群体自身是来自高情境文化背景还是低情境文化背景的影响。其他的各种文化维度也会影响群体及其成员的沟通方式。

群体规范是指关于何种行为合适（如愿意接受额外的任务、矛盾对事不对人）、何种行为不合适（如迟到、参与不积极）的规则或标准。有时这些规则会被清楚地写进公司的合同或政策里，例如“所有成员都必须出席部门会议”；有时它们是不成文的规定，如“小群体成员应该着装得体”。

每个在线群体的规范也是各不相同的，所以最好在积极参与群体沟通前尽可能去熟悉这些规范。例如，在对于自我推销或自我宣传的容忍度方面，各个社交媒体就有很大不同。领英和其他一些类似的社交平台对这类行为很反感，甚至会驱逐这样的人。脸书群组中可能不会直接把这样的人踢出群，但是很可能对他们报以许多负面评价。另外，有些群体中经常会有成员发帖为自己的服务或产品做宣传。还有些群体会正式公开地允许自我推销和宣传，但有可能群体成员个人会对这类行为表示反感。

规范不仅适用于小群体，还适用于群体中的每个成员，所以很自然地，不同文化群体的规范会各不相同（Axtell，1990，1993）。例如，尽管一些美国人更喜欢直接切入论题，日本人却倾向于先花时间社交再谈业务。在某些国家（如美国、孟加拉国、澳大利亚、德国、芬兰）的文化中，准时出席工作会议是非常重要的。但是在另一些国家（如摩洛哥、意大利、巴西、赞比亚、爱尔兰和巴拿马）的文化中，准时没那么重要；迟到不会得罪人，甚至是人们预期中的行为。在美国和大部分的亚欧国家，会议通常是在两方之间进行的。然而，在许多海湾国家，公司的业务经理人可能会同时跟好几个群体开会，处理完全不同的事务。在美国，商务场合中人与人之间的肢体碰触是很少的，但在一些阿拉伯国家，握手是友谊的象征，非常常见。

小群体类型

既然了解了小群体的总体特征，接下来我们主要来看两种比较重要的小群体类型：头脑风暴小组和解决问题小组。之所以对这两类小群体重点介绍，是因为对于二者而言，产生想法都是沟通过程的关键组成部分，而了解这种过程有助于你面对多种不同类型的沟通情况。

还有一类小群体是个人成长小组，随着时代变化，它们受欢迎的程度不尽相同。这类小群体有时也被称为“互助小组”，主要目的是帮助成员应对特定的困难，如缺乏主见、父亲或母亲酗酒、有犯罪前科、孩子有多动症、配偶私生活混乱等。有一些小群体更注重治疗，目的性更明确，就是要改变某个人性格或行为方面的重要问题。还有一些小群体旨在帮助健康的人拥有更好的状态。表 14-1 介绍了会心团体、自信训练小组、提高意识小组和干预小组。

表 14-1　个人成长小组

小组名称	小组目标	小组成员
会心团体	会心团体，也被称为“敏感训练小组”或“T[①]小组”，通常是某种形式的心理治疗团队。这些小组试着促进成员的个人成长并增强他们的人际交往能力（Hirsch、Kett和Trefil，2003；Rogers，1970）	会心团体通常鼓励成员在小组中勇敢表达出自己内心最深处的想法、恐惧和疑虑，并且鼓励成员之间用完全包容和鼓励的方式来互动
自信训练小组	自信训练小组旨在增强成员为自己的权利而奋斗的意愿，帮助他们在面对各种情况时都更有自信	这类小组旨在帮助成员提高自信，通常这些成员都是些认为自己不够自信的人
提高意识小组	提高意识小组旨在帮助人们应对自己遇到的社会问题	这类小组鼓励成员从个人角度出发来讨论某个社会事务或问题，而小组成员对彼此的想法也应持无条件支持的态度

① T 是 training（训练）的首字母大写。——译者注

（续）

小组名称	小组目标	小组成员
干预小组	干预小组旨在一起帮助其中一名成员克服某个困难。例如，家族成员一起帮助某个酗酒的亲人戒除酒瘾	在小组带头人的指引下，小组成员表达对帮助对象的爱、说明他的行为对其他成员的影响，并且对他提供帮助

头脑风暴小组

许多小群体存在的唯一目的就是通过头脑风暴来生成想法。头脑风暴是一种通过生成尽可能多的想法来分析问题的方法（Beebe 和 Masterson，2020；Osborn，1957）。尽管个人也可以用头脑风暴的方法来思考很多问题（如构思出演讲或学期论文的选题，设计出趣味假日的活动项目，或者想出一些挣钱的方法），然而，头脑风暴还是更常用于小群体讨论。各种组织机构都越来越喜欢这种方式，因为它能够让组织成员摆脱束缚，发挥出自己的创造力。它还可以增强团队合作——成员很快会发现他人的贡献可以激发自己的想法和创意。这样一来，最后的成果会让所有成员感到自豪，因为每个人都做出了自己的贡献。

头脑风暴可以分为两个阶段：头脑风暴阶段和评估阶段。这个过程很简单。首先，确定问题。这个“问题”可能会有许多可能的解决方案或想法，例如，如何为组织招募新成员，或者如何营销一个新产品。在正式开会之前，小组成员都已获知问题，所以他们可以提前加以思考。小群体成员碰面后，每人都说出尽可能多的想法。小组通常会用黑板、白板或者画架来记录下所有的想法。头脑风暴小组也可以指定一名记录员，在会议结束之后把所有成员的想法都录入电脑并整理好，以便各个成员浏览。在最开始的生成想法阶段，成员一般需遵守以下四条规则。

- 规则 1：不要做任何评价。所有的想法都会被记录下来以供后期查看（或收听）。禁止任何语言或非语言的评价，鼓励成员更加自由地参与。

  这条规则也许是最难遵守的，所以你要练习如何去回应那些“思想杀手”。例如，如果有人用下面这些话来批评别人的想法，你会如何去回应？

“这种方法我们试过，不管用。”	“这样成本太高。”
“没人会投票赞成这个。”	“我们没这种设施。”
“这太复杂了。”	“我们现在有的已经不错了。”
“这太简单了。”	“这根本不适合我们。”
“这个耗时太长。”	“这个不可能。”

- 规则 2：想法越多越好。想法越多，找到有效方案的概率就越大。
- 规则 3：鼓励对想法的组合或拓展。尽管成员可能不会批评某个特定的想法，但是他们也许会对其加以拓展或组合。某个想法的价值也许就在于它可以激发出新的想法。
- 规则 4：打破束缚，大胆思考。一个天马行空的想法可以被修正，变得更为可行，但是一个简单或保守的想法很难再焕发出什么新意了。

成员说完所有的想法之后（这个阶段大约为 15 ～ 20 分钟），大家一起评估列表中的所有内容——划去不可行的想法，保留有希望的想法并做进一步评估。这个阶段允许对想法进行批评。

观点

网络聊天

对网络信息的调查显示，正面信息和负面信息相比，人们更有可能评论后者（Rollman、Krug 和 Parente, 2000）。这点符合你发布社交网络信息的经验吗？如果符合的话，你认为原因是什么？从个人经验出发，你是否认为在面对面交流时，情况正好是相反的？

Rawpixel.com/Shutterstock

公开演讲选择点

鼓励积极贡献

你负责一个小群体讨论，话题是大家对自己日常访问的网站有哪些喜欢和不喜欢的地方。根据过去的经验，你估计讨论时会有几个成员从头说到尾，其他成员则几乎什么都不说。你有哪些方法来应对这一问题？

问题解决小组

建立问题解决小组的目的在于解决一个特定的问题或者就某个问题达成一致。从某种意义上说，这是要求最高的一种小群体。它要求所有成员不仅有小群体沟通技巧，而且每个人都必须对相关问题非常了解。另外，为了达到最佳结果，通常需要大家严格遵守一整套流程规则。

问题解决流程有六个步骤，其理论基础来自哲学家约翰·杜威对人类如何思考的见解（见图 14-3）。这些步骤旨在使问题解决得更加高效和成功。

第一步：定义和分析问题。在某些情况下，问题的性质已经很明确了。例如，一个工作小组可能要讨论情人节期间如何包装新上市的平板电脑或智能手机。然而，在有些情况下，问题可能并不够明确，需要小群体成员一起来定义。例如，糟糕的校园通信状况（这只是个宽泛的话题）。尽量不要把问题表述成陈述句（“校园网需要改进”）或是一般疑问句（“这个网站需要改进吗”），而是把问题定义为开放式的问题（“我们如何改进校园网”）。

第二步：设立评估解决方案的标准。在提出解决方案之前，先确定如何评估它们。确定小群体将用何种标准来评估解决方案的优劣。例如，可以规定解决方案必须增加 10% 的网络访问量、不增加预算、网站信息不侵犯隐私或者网站必须为所有校园里的人提供一个论坛。设立现实可行的标准；否则，最终没有任何解决方案可以通过。

第三步：确定可能的解决方案。确定尽可能多的解决方案，关注数量而非质量。这一步很适合使用头脑风暴法。

第四步：评估解决方案。在小群体成员尽力考虑到所有解决方案之后，依次对这些解决方案进行评估。每一种解决方案都应与之前设立的标准一一对照。

第五步：选择最佳解决方案。选择最佳解决方案并付诸实施。假设经过评估

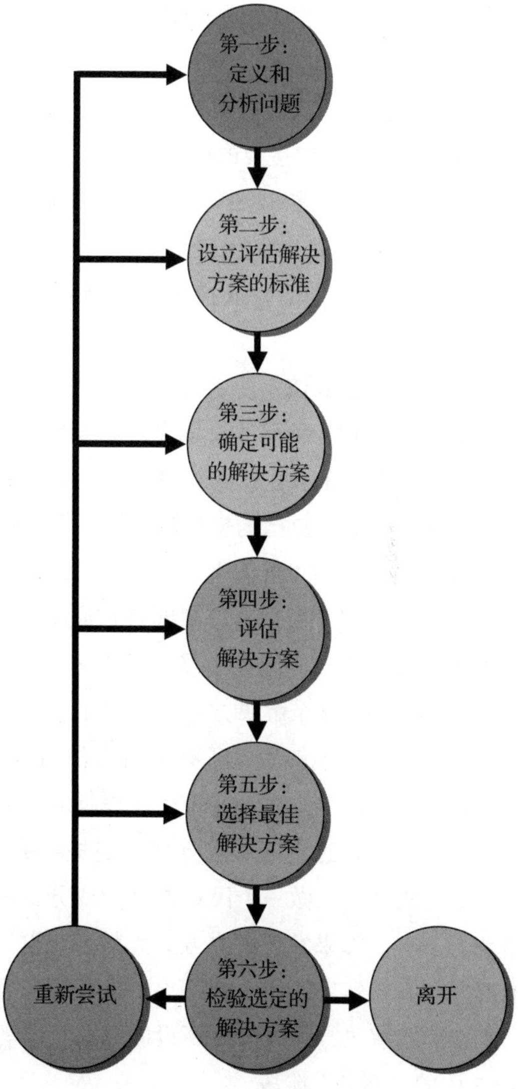

图 14-3　问题解决流程

尽管大多数小群体传播学理论家会建议你遵循以上的问题-解决模式，但也有些专家会对此稍做变动。例如，有人会建议将第二步和第三步交换顺序：先找出可能的解决方案，再确定评估解决方案的标准。这样做的优点是，你可以在没有标准束缚的前提下生成尽可能多的有创意的解决方案；缺点是，小群体成员花很多时间生成了大量不现实的解决方案，却根本无法吻合后来确定的标准。

后，小群体认定评论相关出版物和新方案最符合评估标准，那么接下来就要把这两类新闻添加到网站中。

每个小群体在做决定时可能会使用不同的方法。做决定的方法应该在小群体讨论的最开始就被确立下来。三种主要的决策方法是：权威法、少数服从多数法、共识法。

- **权威法**：使用权威法时，小群体成员先说出自己的感受和意见，然后由小群体的负责人或领导者来做出最终决定。这种方法的优点是高效，且重视经验丰富人士的意见；缺点是部分成员也许会觉得他们的想法无足轻重，因此也就丧失了参与的热情。
- **少数服从多数法**：使用这种方法时，小群体同意遵从大多数人的决定，因此在做决策时可以针对各种问题投票决定。与权威法一样，少数服从多数法也很高效。它的缺点是一旦多数的决定已经被认定，讨论基本上就被限定了。并且，属于少数的那部分成员可能会觉得自己的想法没有被考虑，感到自己被忽视了。
- **共识法**：在做小群体决定时，共识法意味着大家一致认同。这并不意味着所有的人全部意见相同，而是大家都同意按照小群体的决定去做（Kelly，1994）。这并非意味着所有成员都已经同意了该解决方案，只是说明所有成员都认可目前（针对目前的情况和小群体）这个解决方案应该被采纳和遵从。共识法在这几种方法中是最耗时的；然而，这是最能够激发所有成员合作与参与的方法。如果你希望所有成员都感到满意，愿意按照决定来做，共识法应该是最好的选择（Beebe 和 Masterson，2020）。

第六步：检验选定的解决方案。在将解决方案付诸实施后，就该检验它们的有效性了。例如，小组成员可以做一个民意调查，或分析网站访问的数据，看看访问量的增长有没有达到预期的 10%。如果发现解决方案无效，小群体就退回到前一步重新来过。这通常需要选择其他解决方案，然后评估实施结果。这有时也意味着要回到更前面的步骤，例如重新分析问题、重新确定解决方案或者重新设立评估标准等。如果方案实施顺利，那么小群体就来到了图 14-3 中的“离开”阶段。

正如上面所讨论的，你也许会在许多不同的小群体中承担不同的任务，有时是小群体领导者，有时是普通成员。接下来我们分别研究小群体中作为成员发言与作为领导者发言的不同情形。通过了解这些不同的角色及其功能，我们可以成为更优秀的小群体成员以及小群体领导者。

Wavebreak Media Ltd/123RF

观点

制定标准

一家广告公司会制定什么样的标准来评估一场促销香皂的活动？一所大学会制定什么样的标准来评估新的多元文化教学大纲？父母会用什么样的标准来评估学前机构？一群人会用什么样的标准来评估一个抗议标语？

群体内发言

接下来我们分析一下小群体成员角色、成员技能和领导力技能。

我们每个人都扮演着许多不同的角色，而且要完成这些不同的角色所赋予的不同任务。例如，哈维尔是一名非全日制大学生，他同时还是一位父亲、一名会计、保龄球队队长，有时还是一名诗人。也就是说，作为学生，他要按时上课、学习课本知识、参加考试，以及完成其他大学生应该完成的事务。与此同时，他也要完成与父亲、会计、保龄球队队长和诗人等身份相关的各种任务。类似地，我们在参与不同群体时也逐渐发展出了与自身小群体角色相符的行为方式。在继续阅读角色分类之前，请通过判断下列情况是否符合事实来思考你在不同小群体中发挥的不同作用。

1. 我提出新想法，并建议采用新的策略。
2. 我询问事实和意见。
3. 我激发小群体成员的积极参与。
4. 我做示范并寻找积极的解决方案。
5. 我鼓励小群体成员。
6. 我试着协调矛盾。
7. 我与其他成员相处融洽。
8. 为了解决矛盾，我会做出妥协。
9. 我对小群体其他成员的行为和感受做出负面评价。
10. 我试着管理整个小群体。

11. 我表达个人观点和感受。

12. 我表达困惑或轻视自己。

这 12 条论述的内容是三种主要小群体角色的典型行为。1 ～ 4 句描述的是担任群体任务角色。5 ～ 8 句描述的是担任群体建立与维护角色。9 ～ 12 句描述的是担任个人角色（与群体任务角色正相反），而这种角色的行为通常是不利于小群体实现目标的。在阅读以下几节时，试着把这些角色与你日常的行为或者你曾经历过的他人行为联系起来，然后思考一下哪种角色是有利于小群体实现目标的，哪种角色是不利于小群体实现目标的，原因是什么。

成员角色

小群体成员角色可以分为三大类，即群体任务角色、群体建立与维护角色及个人角色。这种分类方式是早期的研究者提出的（Benne 和 Sheats，1948），直到今天还广为使用（Beebe 和 Masterson，2020）。如图 14-4 所示，这些角色既适用于小群体成员，又适用于小群体领导者；既适用于面对面的小群体交流，又适用于有中间媒介的小群体交流。

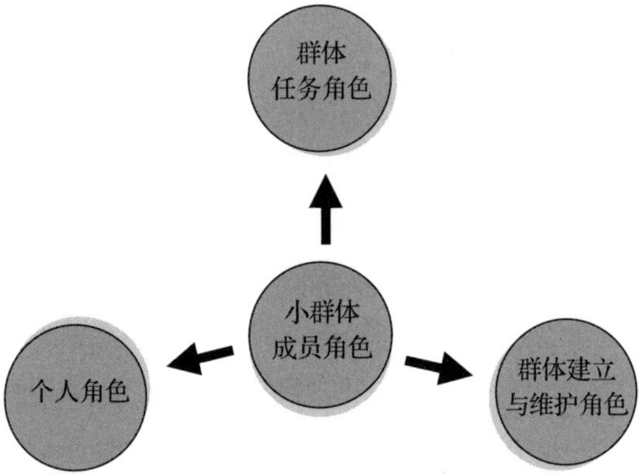

图 14-4　小群体成员角色

群体任务角色

群体任务角色促使小群体专注于实现目标。优秀的成员会承担起几种不同的任务。有些小群体成员只锁定一种任务，但是这样不利于小群体完成任务。比较理想的状态是任务能够更加均匀地分配，每个成员可以轮流完成各种任务。以下是群体任务角色的一些例子。

- 充当信息和意见的搜寻者或提供者，意味着询问或给出事实及建议，要求对问题做进一步说明，向小群体成员陈述事实或意见。例如，这个人会说：“5 月份的销售额上升了 10%。6 月份的数据有吗？”
- 充当发起者–贡献者，意味着针对旧思想提出新方法和新视角，建议新目标、新流程或组织策略。这类人可能会说：“我们需要查看一下访问者在我们的新版网站上停留的时间有多久。”
- 充当说明者，意味着举例并想出可能的解决方案，尽量在其他成员发言的基础上做进一步的说明。说明者的常见话语类似于："这种三分法适用于 ×××，应该也适用于这里。"

- 充当评估者–批评者，意味着评价小群体决策，对建议的逻辑性或可行性提出问题，为小群体提供肯定的或否定的反馈。这类人的常见话语类似于："这个主意不错，但是似乎成本比较高。"
- 充当程序设计者或记录者，意味着负责各种事务性问题，如分发材料、安排座次；记录小群体活动、建议和决策；并且（或者）充当小群体的记录员。这类人可能会说："这件事情我们已经安排了专门的会议来讨论，所以今天可以先跳过这部分。"

群体建立与维护角色

没有群体是从始至终仅仅以完成任务为目的的。群体成员之间会有各种人际关系，如果希望小群体可以运转顺利，这些关系就要得到维护。只有小群体成员开心满足，小群体活动才能富有成效。群体建立与维护角色负责满足这些人际关系的需求。以下是这类角色的几种常见任务：

- 充当鼓励者或协调者，意味着以肯定或赞扬的方式来对成员进行积极的鼓励，并协调小群体成员间的各种矛盾。这类人常见的话语有："帕特这个点子也很棒。"
- 充当妥协者，意味着通过提出合作性建议来解决自己与他人想法之间产生的矛盾。这类人一般会说："看起来我们每个部门都削减 10% 以上就行得通了。"
- 充当把关者–督促者，意味着通过激励小群体成员的努力来保持沟通渠道畅通。这类人可能会说："这些想法真不错，我们开始吧。"
- 充当标准制定者，意味着为小群体任务或解决方案设定标准。这类人通常会说："我们需要每天增加数千次访问量。"
- 充当追随者，意味着跟随其他小群体成员，被动地接受他人的观点，更多的是充当受众而非演讲者。你可能会听到他们说："如果你同意，我也没问题。"

个人角色

与群体任务角色及群体建立与维护角色不同，个人角色通常无益于小群体发展。这类人会妨碍小群体实现目标，因为他们更关注自我而非整个群体。这类角色通常可以用"机能失调"这一词语来形容，无论是对群体工作成效还是对群体成员满意度而言，他们都是一种负面因素。以下是这类角色的一些例子：

- 充当挑衅者，表达对小群体成员的负面评价并批评整个群体。他们可能会说："这个想法太可怕了，没有任何意义。"
- 充当寻求认同者或自我告白者，努力把关注点转移到自己身上，不认真讨论现阶段的任务，而是一味吹嘘自己过去的成就，或者一味地表达自我感受，不关注整个群体的反应。这类人可能会说："当初我在 B&B 设计的系统非常成功，大家都特别喜欢。我们应该就用那个。"

- 充当阻碍者，总是给出负面评价，难以相处，无论别人的想法有多少优点都一律表示反对。你可能会听见这类人说："你要觉得那样可行简直就是白日做梦。"
- 充当特殊利益追求者，无视自己群体的目标，总是为其他特殊的群体申辩。他们可能会说："这种方法不适合；这无法满足 ××× 的需要。"
- 充当主宰者，试图通过摆架子、阿谀奉承或充当老大来主宰整个群体。这类人比较典型的话语类似于："我来这里时间最长；我知道什么能行、什么不能行。"

网络上还有一类很常见的个人角色——网络喷子，他们故意发布一些错误的或令人气愤的帖子或言论，目的就是让别人费力纠正或感到生气。在任何群体中，这种发布垃圾信息或者煽风点火的行为都会浪费大家的时间和精力，并且会妨碍整个群体专注于自己的目标。

观点

成员角色

你和同事正在组建一个法律学习小组，现在你们想再寻找 4～5 名新成员。你们希望新加入的成员扮演上述哪种成员角色？什么样的成员角色你认为是不具备加入你们小组的资格的？

Rob Crandall/Stock Connection Blue/Alamy Stock Images

成员技能

以下是一些可以帮助你更成功和更愉快地参与小群体交流的指导原则。

以群体为取向

当参与小群体交流时，你的身份是群体的一分子。你与其他小群体成员要一起为共同的目标而努力，你价值的大小就取决于你的参与在多大程度上可以促进小群体目标的实现。如果是团队，你更需要利用自己的才能、知识和见解来为团队提供最佳解决方案。尽管达到小群体目标需要所有成员的参与和合作，但这并不意味着你要放弃自己的个体性、价值观和信仰。个体性和群体取向二者相结合是最理想的，因为最有效、最有创意的解决方案往往就来自大家想法的结合。用灵活的方式来开展小群体交流；每个成员带着自己的想法和信息来参与讨论，同时舍弃任何固执不变的预设结论。群体取向的重要性也体现在一条网络礼仪中：不要对邮件列表或聊天群规定的话题表示反对；如果你不想关注小群体，不想讨论小群体现在的话题，你可以停止订阅邮件或者退出聊天群。

矛盾对事不对人

小群体沟通中的冲突是不可避免的，这是发表和接纳观点的必然阶段，有助于小群体沟通更有成效。然而，要有效地管理冲突，就要做到矛盾对事不对人。当你有反对意见时，要说明这种不赞同是针对想法本身，而非针对表述想法的人。例如，假如你认为同事提出为社会服务机构筹款的想法不切实际且过于短视，那么就反对这个提议，并提出你的改进建议，而不要去批评同事。类似地，当某人反对你的观点时，也不要把这种反对认为是针对你个人的，并且由此产生负面情绪。相反地，应该把这种分歧视为换一个新视角来讨论问题的机会。用网络语言来说，不要“点火”——不要去攻击个人。不要火上浇油，或者说一些可能“点火”的话语。

虚心接受批评

如果小群体成员在讨论前就已经预设了自己的想法，那么小群体交流难免就沦为一系列的争辩，每个人都为自己的立场辩护。这样每位成员无形中都扮演了典型的个人角色，起不到促进小群体沟通的效果。其结果就是，小群体目标被完全忽视，整个小群体讨论以失败告终。

假设你花了好几个小时精心规划了自己认为最好的、最有效的广告宣传活动来应对公司的销售颓势，然而，在小群体会议中其他成员却毫不赞同。这时你不要急于为自己辩护；相反地，应该认真倾听他们的批评，然后尽量思考该如何完善你的方案，让它能够更加适合公司。为了避免不必要的冲突，你需要牢记：参与小群体交流时应该带着自己的想法而不是结论，带着建议而非决定，而且你带来的信息应该是对小群体讨论和小群体目标都有帮助的；愿意虚心接纳他人的建议并根据讨论结果来做调整；以开放的心态、批判性的思维来倾听所有成员（包括自己）的评论。

警惕社会惰化

想象一下自己在参加一场拔河比赛——你（们）需要成功地把对手拉到自己的场地这边。思考一下，你是单独拔河时更用力还是集体拔河时更用力。社会惰化的概念就来自测试人们是在个体状态下更努力还是在集体状态下更努力的一些实验；这一概念认为人们通常在孤军奋战时比在群体中奋战时更努力（Cherry，2018；Simms 和 Nichols，2014）。预防这种倾向的第一步就是要对此保持警惕。这种做法会导致小群体沟通很低效，随之又导致更低效的沟通和决策过程。也许他人会注意到你的这种惰化倾向，从而对你的专业态度产生负面印象。表 14-2 列出了可能引发社会惰化的一些原因以及相应的应对方法（Kenrick、Neuberg 和 Cialdini，2010）。

表 14-2 社会惰化

可能引发社会惰化的原因	应对方法
个体成员的贡献不容易被认可	更加重视每位个体成员的贡献，并且让成员们意识到这一点
对糟糕的表现惩罚不严厉	奖励好的小群体表现并惩罚糟糕的表现
小群体缺乏凝聚力	强调小群体或团队成员身份的重要性；遵循本书中讨论的小群体成员技能或者领导力技能也会很有帮助
任务对个人没有什么影响	强调小群体以及任务与每位成员的关联性

确保理解

确保每位参与者都真正理解了你的想法和信息。如果一件事值得被提及，就值得被清楚地表述出来。如果不确定自己表述得是否清晰，可以问："大家明白了吗？""我解释得清楚吗？"同时也确保自己真正理解其他成员的发言，尤其是在你发表不同意见之前。事实上，比较好的一种做法是在表达异议前，先用自己的话转述一下对方的意思，这样可以保证你的反对意见更清晰。例如，你可以这样说："如果我没理解错的话，你是说市场部门应该对更新产品数据库负全权责任。"在对方回应后，你再发表自己的观点。

警惕趋同思维

趋同思维导致成员们过分重视一致性，从而避免对问题及可能的方案做出现实和逻辑的分析（Janis，1983；Mullen Tara、Salas 和 Driskell，1994）。

出现趋同思维时，小群体成员对于倾听什么样的信息非常有选择性。他们往往无视与小群体立场不同的事实与意见，对支持小群体立场的想法却不假思索，照单全收。当你发现小群体有趋同思维的倾向时，可以考虑以下几个建议：

- 如果提供的解决方案太过简单，尽量向成员说明（如有可能，使用具体的例子）问题太过复杂，如此简单的方案无法解决问题。

- 如果你感觉到成员都保留了自己内心的疑虑，那么就鼓励他们坦率地说出自己的不同想法。要求成员故意唱反调，以此来探测解决方案是否经得住质疑。如果你感觉成员有保留意见，就要特地询问成员是否有不同意见。
- 为了避免小群体成员感受到必须保持一致的压力，应该去夸赞那些勇敢表达异议或疑虑的行为。例如，你可以说："这个不同观点很有道理。我们需要更多地了解这个提议存在的问题。还有其他人发现什么问题吗？"

团队领导力

相关的研究和理论对领导力有两种不同的定义：

- 领导力是影响小群体成员的思想、感受和行为的过程，能够为小群体其他成员指引前进的方向。领导力和影响力属于同类技能。
- 领导力是赋予他人力量的过程；领导者是能够帮助他人最大程度地开发自身潜能并更好掌控自己生活的人。

这两种定义并非完全互斥的。事实上，最成功的领导者应该两条都符合，他们既有影响力又能赋予他人力量。所以你应该把这两种概念都牢记在心。

在许多小群体讨论中，一人充当领导者；在其他一些群体中，也许几个人共同扮演小群体领导者的角色。在有些情况下，团队领导者可能由某个在公司或组织中有一定地位的人来指定，或者由这个人亲自担任；而在另一些情况下，团队领导者是在完成任务的过程中出现的，或者是由小群体成员投票选出来的（Smith 和 Howard，2014；Fires，2018）。有两个重要因素会影响领导者人选：一是积极参与的程度，发言最多的人最有可能成为领导者（Mullen、Salas 和 Driskell，1989）；二是认真倾听的程度，能够有效倾听的人往往更有可能成为领导者（Johnson 和 Bechler，1998；Beebe 和 Materson，2020）。

理解领导力的另一种方法就是澄清一些常见的误区。以下是小群体沟通理论家提到的三种常见误区（Bennis 和 Nanus，1985，2003；Edmondson，2017）。

- 误区 1：领导力技能很稀有。事实上，我们每个人都有潜力成为领导者。世界上有数以百万计的人在政府部门、企业部门、教育机构或其他领域担任领导者职务。
- 误区 2：领导力是天生的。事实上，任何人都可以后天习得领导力技能。这种技能并不需要任何特殊的天赋。我们都可以提升自己的领导力。
- 误区 3：领导者都很有魅力。事实上，只有部分领导者有魅力。一项关于领导者的调查显示，他们外表各异、表达能力各异，并且穿着打扮的喜好也各不相同，有人穿得很讲究，有人穿着很一般。

在继续阅读之前，通过完成以下练习来思考你的领导力特质：下面有 12 句论述，在你认为大部分情况下与你相符的论述前写“对”，反之写“错”。

____ 1. 很受成员欢迎。

____ 2. 对于讨论的话题很了解。

____ 3. 可靠。

____ 4. 善于设立小群体目标。

____ 5. 善于给出方向。

____ 6. 能够激发小群体成员的活力。

____ 7. 有魅力（即有活力、较为积极、有力量）。

____ 8. 给成员带来力量。

____ 9. 诚实正直，有道德。

____ 10. 既擅长完成任务，又擅长处理人际关系。

____ 11. 能够根据不同情况来调整领导风格。

____ 12. 能够分派任务。

以下内容可以帮助你从四种角度来探究自己的领导力。

- 1 ～ 3 项是从性格特征的角度来分析领导力，这几句论述将领导者定义为具有某种特征的人。如果这些问题的回答都是肯定的，那么你的性格就比较符合领导者的性格特征。否定的回答则意味着你认为自己不具有这些特征。
- 4 ～ 6 项是从功能的角度来分析领导力，这几句论述将领导者定义为实现某种功能的人。如果这些问题的回答是肯定的，那么说明你通常起到了领导者的作用。
- 7 ～ 9 项是从转变的角度来分析领导力，这几句论述将领导者定义为可以让成员发挥最大潜能的人。如果这些问题的回答是肯定的，那么说明你具有改变他人的力量。
- 10 ～ 12 项是从情境的角度来分析领导力，这几句论述将领导者定义为能够根据具体情况来调整风格和平衡需求的人。如果这些问题的回答是肯定的，那么说明你对于变化的情况能够灵活应对。

接下来的内容（见图 14-5）具体解释了这四种分析领导力的视角。在阅读这些内容的时候，试着找出自己可以学会的具体技能和能力，让自己朝着符合所有 12 条论述的方向去努力。

性格特征的角度

从性格特征的角度来分析，领导者是拥有领导力特性和技能的人。这个角度强调了那些通常（但不总是）可以用来区分领导者和非领导者的特征。这个角度的缺点是这些性格特征时常会随着具体情况的改变而改变，如群体人数的多少、各个成员的性格和角色、小群体的文化背景等都会带来一些影响。因此，对于有些群体（如一个新的电脑游戏团队）而言，一位年轻、有活力、有幽默感的领导者可能最适合；而对另外一些群体（例如一个医疗诊断小组）而言，一位年长、经验丰富、严肃的领导者也许最适合。

功能的角度

从功能的角度分析，领导力是指能够在特定情况下完成任务的能力。我们在讨论群体角色时已经提到了其中一些，其他与领导力相关的功能还包括：设立群体目标、为成员指引方向，以及总结群体的进展（Schultz，1996）。在本章后面“领导力技能”一节中还会讲到更多的相关功能。

转变的角度

转变的角度描述了变革型（也被称为“远见型”或“魅力型”）领导者，他们能够激励群体成员，让成员们不仅完成小群体的目标任务，还能成为更有力量的个人（Hersey、Blanchard 和 Johnson，2001）。这个角度的核心就是“魅力”这一概念，也就是个体让他人相信和追随自己的品质。甘地、马丁·路德·金和约翰·肯尼迪都是常见的例子。在人们眼中，他们是行动的榜样，他们有突出的才干，是杰出的道德典范（Northouse，1997）。

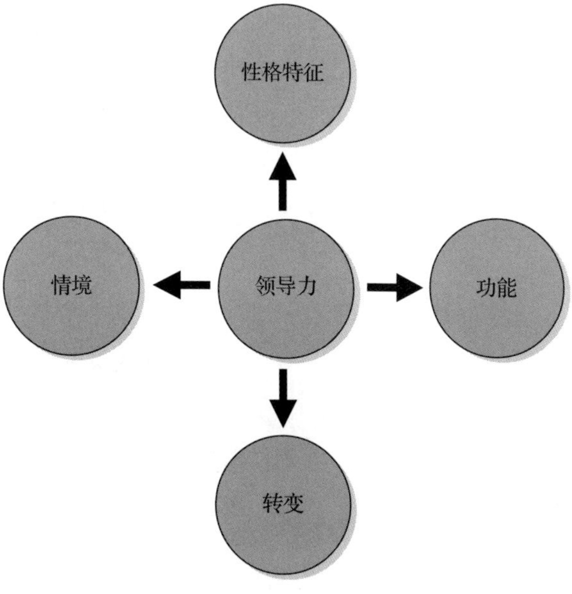

图 14-5　分析领导力的四个角度

情境的角度

从情境的角度分析，成功的领导者应该能够根据群体面临的具体情况来平衡完成群体任务（即明确小群体面对的问题并专注于解决问题）与让群体成员满意（即满足小群体成员的心理和人际需求）二者之间的关系。你可能已经注意到，这两个功能分别对应我们在本章前面所讨论过的群体任务角色和群体建立与维护角色。有些群体需要对任务的高度关注，但不太需要成员间的相互鼓励。例如，一群经验丰富的科学家在一起研究艾滋病的治疗方法。与之不同，一个戒酒群体就非常需要领导者能够重视成员的情感需求。情境领导力的总体思想就是没有一种领导力风格是适用于所有情况的；每种情况都需要维持群体任务和群体成员需求之间的平衡（Fielder，1967）。

公开演讲选择点

表现领导力技能

你在竞选工会主席，需要在各种会议中展示自己的领导力。针对这种情况，有哪件事是你一定会去做的，有哪件事是你会避免去做的？

领导力技能

我们分析了不同视角下对领导力的理解，也了解了从情境的角度来看，领导力既要关注群体目标，又要关注群体成员个体，接下来我们看一看群体领导者的主要职能以及完成这些职能需要什么样的技能。当然，这些功能或技能也不仅仅适用于领导者，有时群体所有成员会轮流或共同承担领导者职责。但是，如果群体有明确的领导者，这就意味着人们期待这位领导者能够实现这些功能，并展示出自己相应的技能。

帮助成员做好准备并开启互动

群体是一步步组建的，在正式讨论前应该先有一个平缓的预热过程。作为领导者，你不仅需要让大家为讨论具体问题做准备，也要让群体成员之间有良好的互动。如果成员之间互相不熟悉，那就很难指望他们能够团结在一起解决问题。同样地，如果群体要讨论某个具体问题，那么需要事先告知成员。如果需要在正式讨论前分发材料，那么可以考虑用电子邮件事先发给成员，又或许成员需要提前观看某部电影或电视剧。无论做何种准备，你都需要做好组织和协调工作。群体正式组建后，你需要鼓励成员间的互动。

增强群体凝聚力

群体的凝聚力是指成员之间互相亲近和互相喜欢的程度。凝聚力会因群体不同而有很大不同。一般来说，凝聚力是正面的、积极的，有凝聚力的群体会更加成功，例如群体成员会更喜欢互动，会准时参加会议，不会早退。有凝聚力的群体成员会更喜欢待在一起，并且会逐渐发展出“集体”的感觉，感觉群体是一个整体。由于成员们在一起很轻松自在，所以他们也更愿意提供一些开始看起来似乎不可能的建议和想法，而它们很可能帮助小群体找到最终的可行方案。

然而，如果凝聚力过强，成员们也有可能不太愿意发表不同意见，这样会妨碍小群体对提议的批判性分析。尽管如此，相比之下还是有凝聚力的群体更容易成功。要打造凝聚力，群体领导者需要强调事物的积极面，经常奖励成员，让成员尽可能感觉心情愉悦，感觉个人有收获。几句简单的称赞或是喜爱之语都有助于打造有凝聚力的群体。共同取得成就也有助于增强群体的凝聚力。

保持有效的互动

即使群体成员开始互动之后，你也需要关注互动的质量。如果讨论开始变得拖沓乏味，你就需要介入并调动成员发言的积极性。另外，你还需要确保每个成员都有机会表达自己的想法。

引领成员完成所有会议议程

作为领导者，你需要保证讨论顺利进行；也就是说，你要进行相关的提问，定时总结小群体已经讨论的内容，或者帮助小群体从一个议题过渡到下一个议题。这也意味着要完成小群体议程中罗列出来的任务事项，并且高效地安排每一项事务的时间。

确保成员的满意度

每位成员都有不同的心理需求，很多人加入群体就是为了满足这些需求。例如，尽管一个群体的主要目的是处理某个政治议题，但是也许很多成员聚到一起不仅仅是为了政治目的，还为了获取彼此心理上的支持。一个成功的群体在实现群体目标（比如说上例中的政治目标）的同时，还应该顾及当初激发群体成员凝聚在一起的心理需求和目的。作为领导者，方法之一是偶尔允许离题和个人感受的宣泄，只要不是太频繁或者太长篇大论就好；方法之二是给予群体成员积极的鼓励。

赋予成员力量

领导者角色的重要功能之一就是赋予他人力量，让群体成员对于自己的生活、对于自己周围的环境都更有控制力。要实现这一功能，领导者应该做到以下几点：

- 尊重成员的自尊心。对成员的态度以赞扬、肯定为主，不要总挑毛病。
- 让成员一起做决策。发挥每个成员的能力，并且一起做决策。
- 给出有建设性的批评。愿意提供你的见解，也愿意对所有成员的建议都给出真诚的回应，而不仅仅是回应地位高的成员。
- 积极倾听。通过时不时点头或者简单的“我明白”“我理解”这样的话语来表明你在认真倾听，遇到不懂之处就提问，保持目光交流，身体适度前倾。

- 不要打断他人的发言来变换话题。当你打断他人发言时，其实就在暗示他的发言没有你要说的重要。
- 给予鼓励性的回应。让成员意识到你很欣赏他的发言。

鼓励持续的自我评估与改进

所有的小群体在解决问题、做出决定或者生成想法时都会遇到障碍。没有群体是完美的，所有的群体都有改进的空间。要想改进，小群体就需要多关注自身。在试着解答外部问题的同时，也要处理好内部的问题，如成员间的冲突、某些成员的迟到或者缺乏准备等。如果你注意到群体内部确实存在较明显的问题，就要立刻着手处理它，也可以把这个问题本身（如成员的拖沓行为）作为一个待解决的问题来加以讨论。

指导

指导是领导力技能之一，这种技能特别适用于小群体沟通，同时在职场、商务环境和人际关系中也都被广泛应用。当一位较有经验的人去指导一位（群）经验欠缺的人，就常常会形成一种指导关系，如一位名师去指导新来的或者毫无教学经验的教师。一名群体领导者可能既是成员的监督人，也指导被监督的成员。指导者会带领新人熟悉环境，教他们成功的技能与策略，并把自己长期以来积累的经验和知识传授给这些人。同时，指导者也能从讲述问题、表达思想中获益，能在交流中获得看问题的新视角，还可以从思考各种问题的答案中受益。正如成员可以从领导者身上学到东西一样，领导者也可以从成员身上学到东西。

代表群体发言

在本书的最后，我们将之前学习的公开演讲和群体沟通的知识与经验结合起来，为如何陈述群体的想法提供一些建议。

发言的总体原则

群体在想出问题解决方案后，通常都要将它付诸实施。所以一般来说，有必要说服群体之外的人相信这种方案是可行的、节约成本的等。这个过程可参考以下几个建议：

- 用平和的态度提出解决方案。新的方案经常会让人感觉恐慌。例如，如果你的方案会让人们觉得工作难保，那么一定要先缓解人们的焦虑，再做进一步的阐述。总体原则就是介绍应逐步推进，尤其是当你预期会有许多受众对此不满和反对的时候。
- 试探性地提出解决方案。想出方案时人们会很兴奋和激动，所以未必能想到方案的现实可行性究竟如何。所以，你可以试探性地提出方案，这样的话即使最终被告知这个想法并不实际或不可行，你心里也不会觉得太难过，最重要的是你会更愿意再提出新的想法。

- 在要做的改变和现有问题之间建立联系。例如，如果你要求员工们完成一份很长的调查表，那么你应该向他们说明这样做可以解决一个长期存在的问题，并且可以给他们个人以及整个组织带来好处。
- 解释你为什么认为这个方案可行。介绍你的方案在目前情况下的优势所在，并且解释为什么你认为应该实施这个方案。组织公开演讲的模式（第 8 章）可以帮助你做一次成功的发言。
- 说明方案的缺点。大多数想法都有自己的缺点，也许有必要在介绍想法时也同时说明其不足之处。当然，你接下来也要解释为何你认为这个想法的优点胜过其缺点。
- 在解决方案与受众的需求和利益之间建立联系。说明你的解决方案是如何直接影响到相关人士的。向他人说明这个解决方案会给他们带来什么样的益处。

在专题讨论组中发言

要让专题讨论模式更成功，可参考以下几个建议：

- 作为主持人，尊重专题讨论组的成员及他们提出的问题。你可能会在一些谈话节目中注意到这一点：无论问题听上去多么愚蠢，主持人都会很认真地对待它，当然往往主持人会对问题稍加改动，让它更有意义一些。客观地对待问题，不要用带偏见的语言或非语言信息去对待任何问题及其答案。
- 作为专题讨论组成员，轮流发言，每次发言时间不要太长。小群体之间的互动更像是对话，而非个人做公开演讲。尽量不要讲很长的故事或者讨论太细节的内容。
- 尽量平均分配发言时间。一般来说，尽量让每个成员都

公开演讲选择点

做调整

你是四人专题讨论组中的第三个演讲者。问题是前两个演讲者已经涵盖了几乎所有你想讨论的内容。在这种情况下，你有哪些选择？你会怎么做？

有同样的发言机会。

在研讨会及在团队演示中发言

以下建议有助于你更好地在研讨会及团队演示中发言：

- 仔细协调每位成员的发言。协调团队演示或研讨会都比较有难度。要确保每个成员知道自己负责哪部分内容。确保成员的演示之间没有（或很少有）内容重叠。
- 排练发言，为各个环节做好准备。如同为公开演讲做准备一样，尽量对每场演示及各场演示之间的协调过程进行排练。也许实地排练不是很现实，但是在脑海中或想象中“排练”也会很有帮助，可以把全过程都预演一遍。
- 严格遵守时间限制。如果你发言超时，下一位发言者的时间就不得不减少，所以你应该明白，违反时间限制会严重影响整个小群体的演示。
- 两场演示之间有清晰的过渡。内部总结这种方法非常适用于衔接两场演示。例如，你可以说：“鉴于朱迪已经解释了提议的大致内容，彼得和玛格丽塔接下来会说明这个提议的一些优缺点。我们先来听取彼得分析的优点，然后来听取玛格丽塔分析的缺点。”

做口头或书面报告

在许多情况下，小群体领导者需要将小群体的发现、建议或决定汇报给一个更大的群体，如向董事会、工会成员或部门领导做汇报。

根据具体情形的不同，这些报告可能是说明性的，也可能是说服性的。例如，如果你是群体领导者，你的任务也许只是向更大范围的受众汇报你们这个群体的发现和建议，如关于增强士气的建议、新养老金计划、竞争组织的新发展等。在另外一些情况下，你的报告在很大程度上是说服性的。例如，也许你需要说服更多的人来提供更多的资金，便于你们小群体的建议得到真正的实施。

在某些情况下，简短的口头报告和详细的书面报告都是必需的。典型的例子是记者招待会。在记者招待会上，你面对所有新闻记者做口头报告，同时还会发给他们一份书面报告。记者会继续提出一些关于细节的问题。有些时候，你也许需要做一次有电脑辅助的演示，并打印出你的全部幻灯片、演讲者笔记或部分幻灯片，记住要留出空白以方便受众记笔记。以下是关于如何做好口头和书面报告的建议：

- 像撰写学期论文一样撰写书面报告，基于报告做一份可供公开演讲的总结报告，可以参考我们之前学习的准备演讲和发表演讲的十个步骤。

- 不要照着书面报告念。尽管口头和书面报告内容大致相同，但是其论述和表述方式有很多不同。书面报告是供人阅读的，而口头报告是供人倾听的。
- 在有些情况下，可以把书面报告分发下去，用口头报告来强调所有的要点。注意，如果你一开始就把书面报告发给受众，也许他们在你发言时就会不断看书面报告，但大多数公开演讲都不鼓励这样。你也可以在做完口头报告后再分发书面报告。然而，受众一般不喜欢这种顺序，因为他们更喜欢由自己选择究竟是在听的过程中翻阅书面报告还是在听完全部内容后再去翻阅书面报告。

Hero Images Inc./Alamy Stock Photo

观点

口头报告和书面报告

你如何定义记者招待会上口头报告和书面报告的不同?